★ 四川大学边疆问题研究丛书

边疆地区的增长极构建：

新疆乌昌一体化发展研究

李素萍 李 江◎著

中国社会科学出版社

图书在版编目（CIP）数据

边疆地区的增长极构建：新疆乌昌一体化发展研究 / 李素萍，李江著.
—北京：中国社会科学出版社，2016.12
（四川大学边疆问题研究丛书）
ISBN 978-7-5161-8648-0

Ⅰ.①边… Ⅱ.①李…②李… Ⅲ.①区域经济发展—研究—新疆
Ⅳ.① 127.45

中国版本图书馆 CIP 数据核字（2016）第 174946 号

出 版 人	赵剑英
责任编辑	王 茵
特约编辑	王 称
责任校对	崔芝妹
责任印制	王 超

出　　版	中国社会科学出版社
社　　址	北京鼓楼西大街甲 158 号
邮　　编	100720
网　　址	http://www.csspw.cn
发 行 部	010-84083685
门 市 部	010-84029450
经　　销	新华书店及其他书店

印刷装订	三河市君旺印务有限公司
版　　次	2016 年 12 月第 1 版
印　　次	2016 年 12 月第 1 次印刷

开　　本	710×1000　1/16
印　　张	14.5
插　　页	2
字　　数	230 千字
定　　价	55.00 元

丛书编委会

主　编　罗中枢

副主编　晏世经

编　委
（以姓氏笔画为序）

王　虹　王　卓　左卫民　石　硕　卢光盛
朱晓明　次旦扎西　孙　勇　李志强　李　涛
杨明洪　杨　恕　周　平　周　伟　姜晓萍
姚乐野　徐玖平　黄忠彩　盖建民　樊高月
霍　巍

丛 书 总 序

历史经验一再表明，边疆稳则国家安，边疆强则国力盛。边疆安全与发展问题，关乎中国改革开放发展梯次推进，关乎国家的地缘政治经济战略安全，关乎中国能否有效参与国际政治经济新秩序的建构，关乎全面建成小康社会和"中国梦"的实现。

边疆问题研究，在中国有悠久的历史。上溯明代张雨的《边政考》，下及近代仁人志士所列诸种学说，以及20世纪二三十年代活跃在成都华西坝的"华西边疆研究学会"及其主办的《华西边疆研究学会杂志》等，都有筚路蓝缕之功。近年来，"治国必治边"渐成共识，边疆研究方兴未艾，国内多家高校和研究机构先后建立边疆研究机构，一批中青年学者成长起来，相关成果在服务国家治理体系和治理能力现代化、推进"一带一路"建设、构建边疆学学科体系等方面发挥了积极的作用。

2012年，四川大学联合云南大学、西藏大学、新疆大学、国家民委民族理论政策研究室、国务院发展研究中心民族发展研究所等单位，在北京成立了中国西部边疆安全与发展协同创新中心。该中心以兴边富民、强国睦邻和国家长治久安为目标，致力于发挥理论创新、咨政建言、人才培养、舆论引导、社会服务、公共外交等重要功能，服务于边疆稳定与发展，服务于国家安全战略，服务于西部周边睦邻友好，服务于"一带一路"建设。

中国西部边疆地域辽阔，疆线绵长，民族多样，是大国利益交汇区域，也是中国应对各种涉及国家安全、稳定与发展挑战的前沿阵地和战略依托，安全屏障地位十分显要。从云南、西藏到新疆，从边界争议到"一带一路"建设，从民族团结到反分裂斗争，从资源开发到生态保护，从民生改善到周边关系处理，西部边疆的一系列问题都是涉及国家核心利益的重大问题，且生存安全问题和发展安全问题、传统安全威胁和非传统安全威胁相互交织，情况特殊而复杂。

近几年，中国西部边疆的安全与发展面临突出的问题。

（1）西部边疆地区从过去随机状态下的基本稳定，向专项控制下的基本稳定转变，由于外部势力的介入，其安全稳定的变数显著增加。国际上，西部边疆相关议题的国际话语权争夺日趋激烈，特别是在国际话语权仍旧由西方国家和媒体主导的大背景下，围绕西部边疆问题"讲好中国故事、传播好中国声音"已成为当务之急。在国内，西部边疆地区从各民族"命运一体，荣辱与共"，开始出现局部否定国家和中华民族认同的暗流，特别是在境内外敌对势力的渗透下，极少数群体的民族分裂意识有抬头趋势。

（2）西部边疆地区社会经济发展面临越来越大的挑战。中国经济发展速度地区差异明显，西部边疆地区经济发展长期落后于全国经济发展平均水平。在全球化和市场化加速推进的背景下，西部边疆地区面临"强者愈强，弱者愈弱"的发展困境，到2020年要与全国同步实现全面建成小康社会的目标，时间短，要求高，发展压力巨大。

（3）西部边疆地区的人口、资源、环境关系从基本稳定向局部恶化转变。由于社会经济发展需要，一方面农村人口大量向城镇转移，造成农村空心化，不利于守边固边，也不利于自然资源的高效利用；另一方面，农村人口向城镇集中，在给当地经济发展带来动力的同时，也由于过度开发承载力有限的自然生态环境而造成当地生态环境破坏，致使局部自然生态环境恶化。近年来，我们社会经济发展转型强调生态文明建设，西部边疆地区则是中国生态文明建设的重要区域，如何协调生态文明建设与社会经济发展的关系，促进人口、资源与环境的协调，是西部边疆地区发展必须处理好的重要问题。

（4）西部边疆地区战略地位不断提升，迎来前所未有的发展机遇。随着"一带一路"建设的推进，随着中国从过去主要实行沿海开放转向扩大内陆沿边开放，特别是受到东海、南海问题的影响，西部地区向西向南开放的紧迫性显著增强。近年来，"一带两廊"通道问题正在由重大国家利益转化为国家核心利益，喜马拉雅区域生态安全问题日益成为涉及中国潜在核心利益的重大全球性问题；西部周边国际环境正从局部对抗向构建"睦邻、富邻、友邻"格局转变，在中亚、南亚、东南亚构建新型周边关系和新型大国关系的任务十分迫切；西部边疆及周边国家正面临打造"利益共同体、责任共同体、命运共同体"的契机和考验，中国需要更多从地缘政治角度转向地缘文化和地缘文明，树立以人为核心的治理理念和治理模式，把争取民心和民心相通作为边疆治理和"一带一路"建设的最重要抓手。

总之，中国西部边疆问题作为一个问题域，覆盖面广，错综复杂。围绕西部边疆安全与发展战略开展协同创新，必须运用辩证唯物主义和历史唯物主义的立场、观点和方法，整体布局，精心谋划，综合配套，持续推进，防止浅表化、片面性和短效性。中国西部边疆安全与发展协同创新中心肩负着时代的使命，希望经过一个时期的共同努力，加快推进中国西部边疆问题研究和边疆学学科建设。为此，我们与中国社会科学出版社共同策划了《西部边疆安全与发展研究丛书》、《边疆学学科建设丛书》及《边疆研究资料丛书》，这些丛书不拘形式，重在创新，成熟一批，推出一批。由于时间仓促，水平有限，我们对很多问题的认识尚处于探索阶段，希望读者批评指正。

编　者

2015 年 9 月 8 日

目　　录

绪　论 ···1

　第一节　问题的提出和研究的目的································1

　　一　问题的提出···1

　　二　研究目的···4

　第二节　本书研究方法和基本框架································5

　　一　研究方法···5

　　二　基本框架···5

　第三节　前提假定和主要创新······································7

　　一　前提假定···7

　　二　本书的创新···9

第一章　理论综述和研究范式··13

　第一节　基本概念的界定···13

　　一　地方政府···13

　　二　地方政府竞争···14

　　三　区域经济一体化···14

　　四　乌昌经济区域···15

　第二节　文献综述··15

　　一　地方政府竞争理论回顾······························15

　　二　区域经济一体化文献综述··························20

　第三节　区域经济一体化的研究范式·······················22

　　一　区域经济一体化理论··································23

　　二　经济区位理论···25

三　区域经济发展理论 ································· 27

四　区域经济关系理论 ································· 28

五　理论启示 ··· 32

第四节　区域经济一体化实践范式研究 ··············· 32

一　珠江三角洲模式 ································· 33

二　长江三角洲区域经济发展模式 ··················· 34

三　环渤海地区经济发展模式 ······················· 35

第二章　乌昌区域经济一体化的形成与发展 ············· 37

第一节　乌昌区域经济一体化的先天优势 ············· 37

第二节　乌昌区域经济一体化的提出和形成 ··········· 39

一　乌昌区域经济一体化的提出和形成 ··············· 39

二　乌昌区域经济一体化的形成 ····················· 44

第三节　乌昌区域经济一体化的主要内容 ············· 56

一　乌昌区域经济一体化的基本思路 ················· 56

二　乌昌区域经济一体化的实施步骤和战略目标 ······· 56

三　乌昌区域经济一体化的战略任务 ················· 57

四　乌昌区域经济一体化的产业布局 ················· 58

五　乌昌区域经济一体化的工业布局 ················· 58

第四节　区域经济一体化中的乌昌模式及其发展动力 ··· 58

一　区域经济一体化中的乌昌模式 ··················· 59

二　乌昌区域经济一体化的发展动力 ················· 62

第三章　区域经济一体化中的地方政府间关系：竞争与合作 ··· 66

第一节　区域经济对地方行政的重塑与再造 ··········· 66

一　区域经济对地方行政的重塑 ····················· 66

二　区域经济对地方行政的再造 ····················· 67

第二节　地方政府的经济职能 ······················· 69

第三节　地方政府间的关系 ························· 70

一　依赖中的竞争关系 ······························· 71

二　竞争中的依存关系 ······························· 82

三　区域经济发展中地方政府间关系的实质 ················83

第四章　区域经济中的地方政府竞争 ················86
第一节　地方政府利益函数和行为倾向 ················86
一　地方政府的多维角色 ················87
二　地方政府的利益函数和行为倾向 ················90
第二节　地方政府竞争的主要内容 ················96
一　制度竞争 ················97
二　基于产品市场的竞争 ················98
三　基于要素市场的竞争 ················99
第三节　基于要素市场的竞争 ················100
一　税收和补贴竞争 ················101
二　规制竞争 ················104
三　公共物品和服务竞争 ················105

第五章　地方政府竞争对区域经济发展的正效应 ················108
第一节　地方政府竞争对基础设施环境的改善 ················108
一　地方政府竞争对基础设施环境改善的外在表现 ················108
二　基础设施改善对区域经济发展的作用 ················111
第二节　地方政府竞争对产业结构升级的促进 ················113
一　乌昌地区产业结构现状 ················114
二　产业结构调整对经济增长的影响 ················118
第三节　地方政府竞争与区域制度创新 ················121
一　地方政府制度创新的动机 ················121
二　地方政府竞争中的制度创新表现 ················121
三　制度革新对经济发展的影响 ················125

第六章　地方政府竞争对区域经济发展的负效应 ················130
第一节　地方政府竞争与重复建设 ················130
一　重复建设 ················130
二　行政性重复建设的负面影响 ················133

第二节　地方政府竞争中的引资大战·······················134
　　一　过度招商引资的表现······························134
　　二　过度招商引资过度竞争的危害························137
第三节　地方政府竞争中的地方保护主义···················138
　　一　地方保护主义的表现·····························138
　　二　地方保护主义的危害·····························139
第四节　地方政府竞争负效应的原因分析···················140
　　一　地方政府竞争负效应产生的原因·····················140
　　二　地方政府竞争负效应的制度原因·····················144

第七章　中国地方政府竞争秩序的重构与乌昌区域经济发展展望···148
第一节　中国地方政府竞争秩序的构建····················148
　　一　中央与地方关系的制度化·························150
　　二　政绩考核制度的改革····························154
　　三　竞争约束机制的强化····························155
第二节　地方政府职能转变·····························157
　　一　区域经济一体化发展趋势给对地方政府的带来的挑战···········158
　　二　新形势下地方政府经济职能的逻辑框架·················160
第三节　乌昌区域经济发展展望·························162
　　一　乌昌区域经济一体化取得的成果和存在的问题··············162
　　二　乌昌区域经济一体化应涉及的内容···················169
　　三　乌昌区域经济发展展望·························174

结束语　·····································197

附　录　·····································198

参考文献　····································209

绪　论

第一节　问题的提出和研究的目的

一　问题的提出

社会化大生产需要统一的市场，经济全球化则客观要求区域经济对外以整体形态出现，这正是本书的逻辑起点。而通常以整体形态出现的区域经济通过资源整合、优势互补、人才信息共享、降低经济交流障碍等方式加强区域内的经济联系，可以提升区域经济组织整体的竞争力、拓展市场空间，以更加充足的经济条件参与全球化市场竞争，实现成员国或区域内组织个体只靠其自身无法获得的经济利益。

然而，由于特殊的历史与体制背景，中国地方政府在客观上促进区域经济发展的同时，地方政府及官员对既定条件下的利益最大化的追求，导致其利用手中的资源，对经济的发展进行强有力的干预甚至掌控，无形中在行政区划界线上竖起了一堵"看不见的墙"，在一定程度上限制了资本、技术、人才等要素在市场内的自由流通，人为地造成了区域经济持续健康发展的行政瓶颈，阻碍了地方经济的进一步发展。为了走出这一困境，为地方经济发展营造更为宽松和有利的环境，从而达到地方利益最大化实现的良性循环目的，近几年来，国内掀起了区域经济一体化发展的热潮，跨省级和州市级行政区的区域经济联动式发展不断兴起。跨省级的区域经济一体化联动发展的典型有长三角、珠三角、京津冀、环渤海等区域，跨州市级的主要有西咸、天水—关中、长株潭以及武汉城市圈等区域。从形式上看，无论是跨省还是跨州市级的区域经济联动式发展，其都是通过达成一系列的契约协议，打破辖区地理范围的诸多政策壁垒，促进区域内要素的自由流动，以实现经济的快速发展。但在实践中却有两个非常突出的矛盾，严重影响区域经济的协调发展。

一是中央政府与部委利益的矛盾。如果我们只从政治学的一般观点来看，那么中央政府体现国民的意志，代表国民最终的核心利益，中央政府行为的目标是全体国民利益的最大化或者说国家利益的最大化，因为从理论上讲二者的利益是一致的；然而如果我们从经济学观点来分析，就会发现中央政府包括各级地方政府都有各自的利益诉求，当然我们也应该把它们作为一个个相对独立的利益主体。从当前广受社会关注的热点现象来看，我们可以举一个例子，即公众经常非议的所谓"国富民穷"现象，这应该可以看作是中国现阶段政府与群众利益相矛盾的典型例证。不过，中央政府的利益也受到其他强势利益集团的制约。从实践来看，近年来中央在经济领域如宏观调控、节能减排、绿色环保、淘汰落后产能等方面的政策，几乎无一例外受到部分地方政府的消极应对，打折扣和讨价还价现象越来越普遍，甚至出现个别地方政府阳奉阴违和欺骗中央的现象。2003 年以来，中央政府与地方（主要是省级和市级地方政府）在房地产宏观调控方面的博弈就非常典型。从 2003 年起，几乎每年中央都会出台促进房地产健康发展的调控措施，从 2003 年中国人民银行 121 号文件和国务院 18 号文件，到 2005 年 3 月的"国八条"至 5 月的"新八条"，再到 2010 年的"国十一条"，但房地产价格却像脱缰的野马，在中央一次次严厉的调控政策中一次次上涨。应该说地方政府（主要是省级和市级地方政府）是中央房地产宏观调控政策落空的阻力之一。

在经历了 2003 年和 2008 年两次中央机构改革调整后，许多重要资源包括资金、项目和优惠政策的计划调配都掌握在重要部委手中。这些部委权力高度集中垄断，缺乏有效的制约和监督，由此部门权力逐渐演变为部门利益，部分国家行政部门追求部门权力和部门利益的倾向越来越明显，由于职能的细化和信息的不对称，不可避免地出现部委决策、中央背书的现象，国家的利益在某种程度上被部门利益所挟制或取代。在一些涉及全局的宏观调控、机构调整以及政治、经济体制改革等重大的问题上，中央各相关职能部门之间相互博弈的事件屡屡发生。党的十六大以来，这种争斗博弈已经逐步从以前的隐蔽逐步转向公开、从间接转向直接。例如，一部《中华人民共和国反垄断法》前后酝酿争论了 13 年，中间多次面临中断和波折，最终在 2007 年发布，其深刻的背景就是部门利益的博弈和调整，实质就是国家发改委、国家工商总局以及国家商务部三家在法规的起草权和管理权上的纷争；在面临全球金融危机冲击下，民营企业和民间资本对促进民间投资"新36条"的细则迟迟不出台感到疑惑不解，并对此议论纷纷，其中很重要的原因就是细则牵涉国家相关40多个部委，导致难产。

　　二是地方政府（主要指省级和市级）唯GDP至上。在市场经济条件下，地方政府已然成为具有自身利益诉求的集团，并且是掌握大量资源的强势集团，因此地方政府在追求经济利益方面是雷厉风行、当仁不让的。在进入新世纪的这十几年中，中国经济经历了高速发展的阶段。在这个阶段，各地方政府无论是东部沿海地区还是中西部偏远城市，各地都把所谓"新圈地运动"搞得如火如荼、遍地开花，大量的农民"被市民"、"被上楼"和"被进城"，而在这个现象背后隐藏着土地财政的怪胎，实质就是地方政府GDP至上以及土地财政在作祟。不可忽视的是，地方政府在大搞土地财政的背后，还有另外一个利益集团的影子即开发商。一些地方政府官员和部门为追求自身特殊的利益，在政策制定和执行过程中以公共利益为借口，不惜损害政府形象和公共利益进行权钱交易。此外，在征地拆迁、医疗、教育、贷款、行业准入、交通等许多领域，时常出现一些地方政府与百姓争利的现象，导致部门权力化、权力利益化，如温州永嘉公务员分配经济适用房、厦门经济适用房分配的"双轨制"，以及宝鸡市眉县经济适用房申领者，几乎都是党政机关的干部；而首都机场高速、济南黄河大桥的超前收费也非个案。

　　从区域经济协调发展的实际情况来看，区域之间的联动式发展的契约保证并未达到预期的效果，各区域政府仍在"打击对手"或"在竞争中胜出"等理念前提下进行着明争暗斗，从而各区域间的契约保证非但未使各区域间的合作达到纳什均衡的境况，反而在横向上让同级地方政府关系陷入了"囚徒困境"。[①] 除此之外，在政府关系的限定下，诸如地方保护主义等经济健康发展的绊脚石并未从本质上得以改变，即使是同属一个省级行政范围的两个城市，在产品准入时展开检疫大战仍是普遍现象，如乌鲁木齐市和昌吉州，无论是本区域的免检产品还是检查合格的产品，到了对方的城市都必须从上到下再"跑一趟"，重新检查，这使得企业不堪重负。

---

　　① 施锡铨：《博弈论》，上海海财经大学出版社2005年版。

这样的恶性竞争现象，不但加大了企业发展的成本，而且从本质上损害了市场利益，严重阻碍了经济的健康发展。因此在政府竞争的层面上，探讨如何消除区域经济一体化发展中存在着的各种障碍，以实现地区间利益的平衡，促进各地方经济与社会的协调和可持续发展就成为一个亟待解决的现实课题。

二　研究目的

改革开放后，中国结合国外有关成功经验及自己的基本国情，采取了非均衡发展的经济发展战略，取得了巨大成就。珠三角、长三角、京津冀地区随着区域联动式发展战略实施逐步成为中国经济快速发展的增长极后，西咸、天水—关中、长株潭等州市级区域也伴随着中西部大开发的号角，开始了一体化发展的推进。但从推进的历程来看，这些州市级区域虽同属一个省级行政区，但由“行政区经济”所造成的重复建设、恶性竞争、地方保护等问题和矛盾同样非常突出，这些问题和矛盾不但限制了实施经济一体化发展战略区域的经济发展，同时也阻碍了整个西部区域经济跨越式发展的推进。因此，分析地方政府间竞争对经济发展会产生哪些影响、如何产生影响，以及如何应对，就成为目前中国区域经济发展迫切要求解决的问题。而本书的研究目的正是运用市场经济理论、区域经济理论、区域行政、政府竞争理论等已有的理论研究成果，通过解剖乌昌经济一体化过程，对地方政府竞争与区域经济一体化的形成、发展等进行相应的深入系统的研究探讨，希望能以此为切入点，揭示出具有中国特殊国情的关于政府竞争和区域经济一体化发展的基本特点和内在规律，分析重构政府之间的竞争关系，以确保区域政府在区域经济一体化中的竞争趋于科学合理，从而提高资源和要素的配置与整合效率，为区域整体协调发展提供一种行之有效的制度安排，以实现区域经济协调发展，并希望为其他同一省区内的区域经济一体化发展提供理论参考。从这个角度出发，本书认为目前乌昌区域经济一体化战略的实施，在政府层面上至少应包含经济运行和管理、财政、规划、基础设施、要素市场等基本内容的一体化。

第二节　本书研究方法和基本框架

一　研究方法

基于地方政府在区域经济中行为的复杂和多样性，本书在对地方政府间竞争理论和区域经济理论相关概念界定及理论回顾的基础上，结合乌昌区域经济一体化发展的实践过程，采用规范研究与实证研究等基础方法，将经济学研究常用的概念逻辑推理和数学模型的演绎相结合，对本书主旨进行了相应研究。因为，对于地方政府行为的复杂性采用概念逻辑推理表述和论证会相对充分，而采用数学模型推理可以得到一般性的结论。另外，基于政治制度对经济反作用的基本定律和本书的探讨主题，在写作过程中制度分析法就顺理成章地贯穿了全书始终，成为本书又一重要的基本分析方法。本书从中国中央政府推行分权化制度改革着手，探讨了这一变革对中国地方政府行为角色转变、行为动机转化的深远影响，认为中央与地方分权化后，中国地方政府间不可避免地会陷入竞争的局面，并且其竞争在制度不完善、产权所有者不明确、监督机制缺位的情况下必然会走向失效。在分析探讨了存在的问题及其原因后，本书又在制度层面上提出了地方政府竞争秩序的重构问题，其关键是将中国地方政府与中央政府、民众和市场等社会主体间的关系固化，从而实现区域政府间的良性互动，推动中国区域经济的健康发展。

二　基本框架

绪论部分，主要是对本书的研究主题、研究方法、全书的结构安排以及前提假设和主要创新点进行了说明。

第一章属于导论的延伸部分。该章首先对书中的核心概念进行了界定，其次是对国内外有关地方政府竞争及区域经济一体化的相关文献进行了梳理。

第二章切入正题，开始讨论乌昌区域经济一体化的形成。该章首先从实际出发介绍了乌昌区域实施经济一体化的先天优势，然后梳理了乌昌区域经济一体化提出的理论基础及模式范例，接着从经济基础和上层建筑的双重视角对乌昌区域经济一体化的提出和形成进行了探讨，得出乌昌区域实施经济一体化的发展战略是从区域实际情况出发、符合经济发展一般规律的结论。

第三章分析区域经济中的地方政府间关系。之所以如此安排，与本书写作的指导思想息息相关，即地方政府的行为或者关系作为被经济基础决定的上层建筑，其必然随着经济发展方式的转变而不断地产生相应的变化。无论这一变化是主动的还是被动的，地方政府在地方经济发展中的角色转变都必然使其使命或者职能以及地方政府间关系产生相应的调整或变革。而在具体的写作过程中，虽以乌昌区域经济为例，但其意指却几乎涵盖了所有的区域经济一体化组织。与此同时，该章还发挥着过渡的作用，即在论述经济发展中的地方政府竞争前，对地方政府在区域经济中的竞合作必要的梳理和介绍。

第四章为论文核心部分的开始。该章首先从中国地方政府的多维角色出发，借助前人的研究成果对地方政府在经济发展中的利益函数进行了修正，并依据修正后的利益函数对地方政府的行为倾向进行了细致分析，得出了如下结论：地方政府及官员在利益上与辖区居民有着较高的一致性，与中央政府利益一致性相对较弱，因此，在两者或三者利益产生冲突时，自身利益会被地方政府放在最优先考虑的位置，所在区域的居民的利益会被放在次优考虑的位置，最后才是中央政府的利益。而后该章从地方利益函数出发，以其行为倾向为视角，对地方政府在区域经济中竞争的内容和手段进行了相应阐述。

第五章和第六章主要阐述了地方政府竞争对区域经济发展产生的正负效应。如此安排是出于对现实经济社会生产或生活逻辑的一般追寻，即行为必定产生结果，而从辩证唯物主义的视角看，任何行为的结果都必然有利有弊。因此，该章从逻辑结构上讲可以说是第五章的延续，也是本书的核心所在。在具体的论述过程中，本书始终采用经济基础与上层建筑共同作用的二分法态度，从经济运行本身的视角出发，构建相应的分析模型，对政府竞争负效应的原因进行了经济学视角的演绎阐释，从某种角度说，这也是本书创新的核心所在。

第七章作为本书的最后一章，首先从经济利益维度和制度层面对重构中国地方政府竞争秩序进行了阐述，认为对地方政府竞争秩序进行重构的关键，是将中央政府、地方政府和辖区居民三者的经济主体关系在法律制度层面进行调整、重塑和固定。总之，地方政府职能在区域经济一体化发展中必须做出相应的界定和调整。基于此，该章的第二部分对地方政府的职能转变进行了相应的论述。该章最后一部分也是全书的最后一部分，首先对乌昌区域实施经济一体化发展战略中存在的问题以及欲实现乌昌经济一体化的深度发展必须涉及的内容进行了相应的说明，接着对乌昌区域面临的历史机遇和调整进行了概述，并给出了相应的政策建议，希望能够通过地方政府竞争秩序的重构，使乌昌区域经济一体化发展走向真正意义上的康庄大道。

第三节　前提假定和主要创新

一　前提假定

正如科斯所说："经济学一直因未能清楚地说明其假设而备受困扰。在建立一种理论时，经济学家常常因忽略对其赖以成立的基础的考察而引起不必要的误解和争论"①，因此，为了避免本书在表述和理解上可能出现的分歧，这里有必要对本书借用的经济主体行为假设进行简要的说明。

（一）"复合经济人"假定

"经济人假设"是西方经济学研究的前提。在市场信息对称、人的知识水平足够、市场机制充分有效等前提下，"自利的理性人"会寻求利益或效用的最大化，但实际上这样的条件在现实中是不存在的。因为人在遇到物质与精神利益的双重选择时，其选择会因个体差异而出现巨大的反差，使得"经济人假设"在现实经济社会中并不具有适用性。因此，有学者针对性地提出了"社会—文化人假设"。人的选择取决于个人的社会经验、经历以及由此而形成的价值取向，因此，人的行为受限于其生活所在的社会文化环境。这一假设与加里·贝克尔提出的"新经济人"范式较为接近，其作为制度经济学派主要代表人物也认为：当人们面临众多选择时，总会在自我满足和社会认可中进行抉择，并选择包括物质和非物质在内的最大

---

① 谢晓波：《地方政府竞争与区域经济协调发展》，浙江大学博士学位论文，2006 年。

化利益可能。① 公共选择学派的代表人 J.M. 布坎南继承了加里·贝克尔提出的"新经济人"范式的核心原则，并以古典经济学中的"经济人假设"前提为基础，采用经济学的分析方法，对集体或非市场决策进行了大量研究②，来分析不同制度下人的经济行为选择。正如布坎南吸收了古典经济人假设的理论成分一样，本书在分析地方政府竞争行为时，也赋予了作为竞争性地方政府及政府官员"经济人"的特征。但从本质上说，地方政府与社会人又有所不同，首先，地方政府并不是独立的行为主体，而是中央政府和辖区居民的代理人，它的行为并非总能够独立自主，在现实社会中它不得不考虑中央政府和辖区居民的意志；其次，地方政府行为还可能受到其他人或利益集团的影响；再次，地方政府行为人的行为总是受到制度、道德和舆论的约束，等等。我们认为地方政府在追求利益最大化时，受到的约束往往比社会人更大。除此之外，相互合作是社会人实现利益最大化的唯一途径，但地方政府由于拥有一个多元的利益函数，其在利益最大化的实现过程中享有较大的选择权，即可以根据外部环境和约束条件的变化，主动在自身、辖区居民和国家利益间进行选择，因此，本书将地方政府这一行为特征称为"复合型经济人"。

（二）"有限理性"假定

"理性"这一概念在经济学文献中，一般包含"目标理性"和"工具理性"两层理解。而理性假设中的目标理性是经济学研究独有的假设，从某种程度上讲，这一假设是将经济学研究与其他社会科学研究相区别的重要标志。也正因其重要性，这一假设在经济学界一直保持着争论，其中主流经济学派传承了新古典经济学 "完全理性"（complete rationality）的内核，即认为"经济人"有能力分析计算和掌握实现行为目标相关的所有备选方案的实施后果，并在比较中作出最优的选择。另一种是以西蒙为代表的对经济人的行为持 "有限理性"（bounded rationality）观点的经济学家，其大多认为人类行为必定会受所处的环境复杂性和自身认知能力有限性的限制，因而不可能在行为前对所有备选方案及其实施后果进行计算。因此，西蒙将完全信息、信息处理成本等因素引入经济分析目标函数，得出左右人类

---

① ［美］加里·贝克尔：《人类行为的经济分析》，上海三联书店 1993 年版，第 11 页。

② ［美］布坎南：《自由、市场、国家》，北京经济学院出版社 1988 年版，第 18 页。

经济行为的现实目标不是"最优"而是"满意"的结论。这一观点与我们对地方政府行为能力和目标的认同恰好吻合，地方政府在竞争中寻求的是竞争中的胜出，而非利益的最大化。因此，结合上述分析，我们可将地方政府的行为称为"有限理性的复合型经济人"。

二 本书的创新

尽管本书参考和借鉴了许多相关文献，但基于其研究对象的独特性，在具体的写作过程中，笔者还是进行了诸多的独立思考，阐述一些相对独立的见解。具体说来表现在以下几个方面。

（一）对地方政府的一般定义赋予新的内涵

正如海德格尔所言，"真正的科学'运动'是通过修正基本概念的方式发生的"[①]。基于此，本书为在地方政府竞争对区域经济发展的理论探讨方面有所突破，首先对全书观点的前提假设进行了重新修正。"修正"，顾名思义，就是在参考前人的观点下，结合写作目的及研究对象而进行的总结。"经济人假设"是经济学区别于其他社会科学的显著特征。关于"经济人假设"的争论由来已久，但不带情感色彩的研究探讨才更具客观性，所以本书在对观点之前提假设进行界定时，采取了中立的态度，尽可能地吸收前人观点的合理内核，参考前人对这一问题的探讨范式，结合在中国特殊的政治体制下，地方政府既是中央政府管理地方事务的代理人，又是代理辖区居民行使公共权利的具体行为人，更是有着自身利益的社会经济人的事实，对其多维行为角色下的"个性行为特征"进行了定性分析。地方政府基于其多维角色，在追求集合利益最大化而非单纯的自身利益最大化过程中必然成为一个复合型经济人。除此之外，尽管政府是经济社会生活中最大的信息掌握者，但地方政府也和所有经济行为人一样，受制于其自身知识水平、认知能力、价值偏好等因素的限制，不可能对所有备选方案及方案的实施后果实现完全掌握，而只能采取相对最优的策略，这就使得其同样作为有限理性的行为主体而存在。基于这两点分析，本书大胆地将地方政府定义为"有限理性的复合型经济人"。这一前提假设的创新，为后文中分析地方政府在竞争中是争取"胜出"的相对最优结果而非利益

---

① ［德］海德格尔：《存在与时间》，生活·读书·新知三联书店1999年版，第11页。

最大化等内容作了更为合理的预设，也为读者深入理解地方政府在竞争中为什么会出现盲目竞争、重复建设等竞争失范行为提供了理论支点，同时更为本书深入分析地方政府竞争失灵的内在机理奠定了理论基础。

（二）将政治和经济视角紧密结合起来，对政府竞争的双重性进行辩证分析

本书在参阅区域经济一体化的相关文献过程中，发现绝大多数文章对区域经济一体化形成和发展的论述，都集中在经济层面或者说是经济要素层面，而这一出发点并不符合马克思主义政治经济学中"经济基础决定上层建筑，上层建筑反作用于经济基础"的一般逻辑，也与我们对地方政府行为乃至整个区域经济发展的理性思考结论不符。因此，本书在对独立研究对象——乌昌区域经济一体化的形成和发展的讨论中，紧紧围绕经济基础决定上层建筑的逻辑，并摒弃"非此即彼的"工具理性，采用辩证法的观点，将经济发展内生的因素作为区域经济形成和发展的根本动力，将制度等政治动因作为区域经济发展的重要条件，二者相互制约、相互影响，并且始终坚持制度变革本身也是经济发展的内在要求这一观点，对地方政府角色的重塑、行为倾向的改变、竞争中的各种现象以及原因和解决之道等进行了辩证的分析。

（三）系统剖析乌昌区域经济一体化案例，解释"试点"现象

目前，国内对区域经济一体化的探讨，大部分集中在跨省级区域的范围，如对长三角、珠三角和环渤海经济圈等跨省级区划的探讨，就同一省级行政区内的区域经济一体化探讨不但相对缺乏，而且这一探讨本身的对象往往代表性不强。幸运的是，本书的研究案例——乌昌区域，不但在地理位置上较为特殊，而且区域内两地地方政府的合作方式以及促成合作的方式等本身也有着显著的特征，是对目前同一省级行政区内地方政府合作、采取区域经济联动式发展的有力创新。这一先天优势本身就为本书增添了几分特殊。笔者通过结合自己在工作中的所触所感以及独立思考，发现无论是探讨何种形式的地方政府间的离合聚散，都必须要将其放在一个更大的系统中去考量，这是因为政府官员特别是地方政府"一把手"的竞争早已跨越了自身所辖的行政区域，尽管这一观点并未在书中详细论述，但其确是影响本书论述思路的重要因素。基于这一因素，本书发现各地方政府

官员为了追求政绩，实现其政治利益或前途，会采取超越以政治、经济为主要内容的竞争手段。但无论这一手段是什么，其目的只有一个，就是在竞争中胜出。而要在竞争中胜出，最好的方式就是争做"试点"，因为"试点"就意味着更多的优惠政策、更高的施展平台。而随着中国经济总量的不断扩大、地方经济发展特色的不断丰富，要争做"试点"，就必然要求地方政府有着更为强大的"试点"获取能力，这就刺激地方政府在行为的合作上达成了一致，因为有且只有联合的区域发展策略，才能使得区域或者地方政府在最短的时间内获得在与中央政府对弈中能力的最大提升。从这个角度讲，我们甚至可以在某种程度上说新中国的经济发展史就是"试点"经济的发展史。笔者相信，这一独立的视角对以后区域经济发展的研究探讨一定会有或多或少的启发。

（四）重新构建地方政府竞争的比较模型

为了进一步对地方政府的行为以及其行为对经济发展的影响进行分析，本书在对地方政府的多维角色进行了探讨后，引用借鉴了杨再平构建的地方政府行为模型和刘金石关于地方政府官员的利益函数。杨再平的探讨对象主要是地方政府，而刘金石的论述则侧重于政府官员。虽然地方政府和地方政府官员是两个截然不同的范畴，但二者却是一个内在的有机整体，因此任何将二者割裂开来的讨论都会有失偏颇。所以本书大胆地对二人的模型进行了综合，给出了既考虑地方政府又兼顾地方政府官员的利益函数，认为地方政府及地方政府官员的最优选择，是追求自身利益、辖区居民利益和中央政府利益相融合的集合利益最大化。这一方面呼应了本书关于地方政府及地方政府官员是一个"复合型经济人"的前提假定，另一方面为本书进一步探讨地方政府的行为倾向打开了大门，并得出了地方政府实现区域经济的快速发展只是实现自身利益的手段而不是目的的全新观点。地方政府在具体的决策过程中，理所当然会先满足自身利益，然后是辖区居民利益，最后才是中央利益。

（五）提出"社会节约劳动时间"，进一步分析地方政府竞争效应的内在原因

本书在经济基础决定上层建筑的逻辑指导下，从经济学内在的视角，

对区域经济发展中地方政府及官员行为诱发的负效应的原因进行了演绎推理。这一推理表述虽不复杂，但却非常重要，因为这一分析涉及对《资本论》中核心概念——价值的深入思考。马克思在《政治经济学批判》一书中提到："真正的经济——节约——是劳动时间的节约"。本书大胆地进行了与时俱进的尝试，运用还原论的思考方式，引入"社会节约劳动时间"这一概念作为影响或者说决定社会经济主体行为的核心变量，构建了相应的数学模型，通过演绎推理，得出了地方政府竞争负效应的产生有其内在经济根源的结论，即社会经济主体在追求"劳动节约时间"或超额利润的实践中会演绎出"暴利效应"[①]。这一结论与马克思的"社会平均利润率效应"在内在逻辑上是统一的。

　　诚然，除以上可能的创新点外，本书也存在诸多的不足和遗憾之处。在此虽未罗列，但仍恳望各位前辈和同行不吝赐教，以帮助笔者完善自己的研究。

---

　　① 所谓的暴利效应是指当某一行业影响利润率的社会节约劳动时间 α 增大时，经济主体会跟风似的涌入这一行业，这一现象在信息不对称和市场滞后性的作用下最终会导致严重的产能过剩。

第一章

理论综述和研究范式

本章的主要任务是通过对前人的研究进行梳理和综合，一方面可以对本书的思想理论来源做进一步的厘清，另一方面也能让读者对后面的内容和论述逻辑有一个清晰的理解。笔者认为"拿来主义"的关键在于要清晰地知道自己需要什么，因此，在对前人的研究进行梳理和综合以前，对本书基本概念的界定显得必不可少。

第一节 基本概念的界定

一 地方政府

对地方政府的界定，依赖于考察问题的不同而不同，并没有一个一致的定义。在西方经济学范畴中，地方政府（local government）与"地方主管机构"、"市政当局"交替使用，有时地方政府也被简单地称为"次级中央政府机构"[①]。《国际社会科学百科全书》中的地方政府定义是公众的政府[②]，它作为地区政府或者中央政府的一个分支机构而存在。《辞海》中的地方政府是指中央政府设置的负责地方各级行政工作的国家机关。本书认为地方政府的内涵应包括地方国家机关和地方行政机关以及各政府职能部门。不仅如此，本书的研究还将地方各级党委也包括在广义的地方政府之中。因为中国现行的政治制度通常采用的都是以党领政的行为原则，各级党委掌握着广泛的决策权、执行权和财政、人事

[①] 苏长和：《全球公共问题与国际合作：一种制度的分析》，上海人民出版社2000年版。

[②] International Encyclopedia of the Soctal Sciecne. Volumn9-10,（London: Malmillan, 1968）, p. 451.

权等重要权力，因而本书所指的地方政府比一般广义政府具有更加宽泛的范围。

二　地方政府竞争

地方政府竞争这一概念源自布雷顿的"竞争性政府"。因为实行资本主义制度的国家基本采用的是多党制，即各党派通过宣传自己的执政理念及方针来赢得执政党的权力。这样一来，各政党会为了赢得选民的选票，而在税收、公共产品、社会保障、服务和就业岗位等方面展开激烈的竞争。这种政府竞争不仅存在于政党之间，在执政党内部也存在着各职能部门之间和上下级政府之间的竞争。而在中国，由于特殊的历史和体制，通常具有行政隶属关系的上下级政府之间不具有竞争主体的对等性，进而出现竞争的可能性很小，因此本书中的地方政府竞争是指同级地方政府和职能部门之间，为了实现自身利益最大化，围绕促进本辖区、本属领域的经济和社会发展而展开的制度和体制等方面的竞争。

三　区域经济一体化

区域经济一体化被最初的一些西方经济学家定义为各国经济之间的贸易合作达到一个更大的区域的过程，这主要是从市场拓展的角度展开的。随着欧洲经济共同体的成立，经济一体化的概念也得到丰富。1951年，荷兰经济学家 J. 丁伯根（J.tinbergen）正式提出"经济一体化"概念[1]，1954年在其论著《国际经济一体化》中，丁伯根对世界经济一体化作了较为系统深入的理论分析。他认为："经济一体化就是将有关阻碍经济有效运行的人为因素加以消除，通过相互协作与统一，创造最适宜的国际经济组织。"巴拉萨（B.Balassa）在《经济一体化理论》中对经济一体化作了更为广泛的解释，他认为："经济一体化就是指产品和生产要素的活动不受政府的经济限制。就过程而言，它包括旨在消除各国经济单位之间的差别待遇的种种举措；就状态而言，则表现为各国间各种形式的差别待遇的消失。"[2] 综上所述，本书中的经济一体化应包括空间上的各种生产要

---

[1]　Tinbergen, Jan. International Economic Integration, Amsterdam: Elsevier. 1965.

[2]　冯之浚等：《区域经济发展战略研究》，经济科学出版社 2002 年版。

素的流动和因空间状态上的生产要素流动所形成的经济集聚核心和经济扩
散点。

四 乌昌经济区域

从广义和狭义上来讲，乌昌经济一体化有两种不同范围的界定方式。
从广义上来讲，乌昌经济区域包含位于北疆的乌鲁木齐市、昌吉州及所辖
市［昌吉市、阜康市、米泉市（米东区）］、新疆生产建设兵团农八师的
石河子市以及农六师的五家渠市等以天山北坡一带为主的城市群。狭义上
的乌昌经济区则仅包含乌鲁木齐市、昌吉州［特别是所辖昌吉市、阜康市、
米泉市（米东区）］和五家渠市等5个中心城市。本书从地理的邻近性这
一经济一体化本身的要求出发，认为狭义的乌昌经济一体化概念更加接
近本书的写作要求。

第二节 文献综述

由于国内对地方政府间竞争探讨起步相对较晚，且中国在体制上与国
外存在着较大的差别，所以我们对地方政府竞争的探讨还存在较大的空间。
在具体探讨展开以前，对国内外地方政府竞争的有关理论进行简单的分析
对比，对本书的写作和阐述有着重要的意义。

一 地方政府竞争理论回顾

（一）西方关于地方政府竞争研究的理论

西方有关地方政府竞争研究理论中，在当今影响比较大的主要是财政
分权理论，即研究公共职能和政策工具应如何在中央政府和地方政府之间
进行分配，才能更好地发挥政府功能的理论。其代表性理论主要有以下
几种。

1. 泰伯特（Tiebout）模型和奥茨（Oates）模型

早在1776年，亚当·斯密就在其《国民财富的性质和原因的研究》
一书中阐述了地方政府间制度竞争的有关内容。该书中提到："土地是不
能移动的对象，而资本则容易迁移。土地所有人必然是他的地产所在的某
一国的公民，而资本的所有者则很可能是一个世界公民，他不一定附着于

哪一个特定国家。他会放弃这样一个国家，在那里他遭受令人苦恼的调查，以便对他课征重的赋税；他会把资本移往其他国家，在那里他能更加容易地进行营业，或享受自己的财富。"[①] 这一描述中暗含了经济学意义上政府间竞争的存在。近 200 年后，泰伯特在其《地方支出的纯粹理论》中提出了泰伯特模型，奠定了地方政府间竞争理论的基础，为学者们从经济学角度对地方政府间竞争进行研讨打开了大门。泰伯特（1956）的"用脚投票"理论继承了斯密的关于地方政府竞争的基本思想。[②] 其认为社会中的经济主体可以按照效用最大化原则，自由地对公共产品与税收的组合进行选择，而地区政府也会尽可能提高税收利用效率，进而提高公共产品和服务供给效率，从而吸引那些有纳税能力的经济主体进入辖区。如此一来，地方政府间的竞争就会为资源的高效配置提供有效的保障。随后奥茨（Oates）运用了泰伯特理论模型的内核，对公共品的供给效率与地方政府间竞争的关系进行了论证，并得出了相似的结论。但二人的理论模型都建立在个人或资本能够在不同地方政府的管辖下，在无迁移成本、无信息障碍的前提下，可以完全理性自由流动，并且地方政府的目标就是实现当地社会居民的福利最大化这一基础上，但二人的前提假设都过于理想化，使得他们的论证无法得到广泛的认可。其中公共选择等学派大多认为地方政府是一个自私的、追求实现利益最大化的独立利益团体，泰伯特的"用脚投票"理论只能解释地方政府间"奔向顶层的竞争"行为。

2. 怪兽假定下的地方政府竞争

怪兽假定是指一些学者认为地方政府行为目标更多体现为财政收入—支出的最大化，地方政府是一个效率低下、规模不断膨胀的怪兽。Brennan 和 Buchanan（1980）两人率先在怪兽假定下探讨了地方政府竞争行为。他们认为，选民意志并非影响地方政府行为的根本，地方官员们总是从实现自身的利益出发制定更大规模的财政预算，而当地方政府行为缺乏行之有效的制度约束时，地方政府就会体现出怪兽的特征。而阻止地方政府成为怪兽的最好方式就是引入政府间竞争，政府间竞争会促使经济资

---

① ［英］亚当·斯密：《国民财富的性质和原因研究》，商务印书馆 1974 年版，第 408 页。

② 王德高、韩莉丽：《我国中央与地方政府间财政关系问题的探讨》，《公共经济评论》2006年第 11 期。

源要素自由流动,而要素的自由流动会对政府部门征税能力产生内在约束,并且这种约束会演化成制度层面的规范,从而让地方政府的竞争显现出合意性。但由于地方政府竞争本身可能出现竞争失范,进而导致资源配置的扭曲,并且资源扭曲的程度的大小会直接影响到合意性的状况。这一结论暗含了财政分权程度和政府规模之间的反向关系,但奥茨(1985)通过对43个国家的数据的校检,发现政府规模和财政分权程度之间并不存在系统的关联性。此后,其他学者也对怪兽理论进行了多维度的校检,其中大多得到的是反对的结论。尽管如此,这一理论仍对我们的研究有指导意义。

3. 新制度经济学的政区竞争理论

新制度经济学的政区竞争理论的代表人物主要有诺斯、波斯纳、柯武刚、史漫飞等制度经济学家。其逻辑出发点是政府也相当于一个特殊的垄断组织或者利益集团,但却受到国内潜在统治者竞争的压力,这一压力会让政府主动完善产权保护制度的建设,而产权制度的完善必然导致经济增长。新制度经济学还认为投资环境、法律制度、政府效率、产业政策等构成了各政区间竞争的主要内容,这些内容在国家以及国家内部的行政区之间广泛存在。诺斯以此为出发点,得出了建立使社会产出最大化的产权制度是抑制国家税收最大化的直接动力的结论,并以此揭示了历史上的统治者在国家之间和国内的竞争压力下是如何做出不同的制度选择。[①]这一论断在一定程度上解释了经济全球化下开放的国家及国家内部的地方政府为什么会不断地在制度上寻求创新。

(二) 中国地方政府竞争的相关研究

1. 西方对中国地方政府竞争的一些主要研究

由于特殊的历史,中国在改革开放前处于政治经济集权化的状态下,经济生活中很难形成地方政府的实质性竞争,因而对中国地方政府竞争的研究基本处于空白状态。改革开放后,中国逐步开始实施财政分权,地方政府对中央政府逐渐形成了经济上的制约,也导致了地方政府间的竞争出现,不但为经济发展提供了良好的制度和公共品环境,而且还为民营企业提供了发展的机会和可能性。钱颖一及其合作者温加斯特等第一批研究国内地方政府竞争的学者揭示了这一现象。但他们忽略了地方政府在统一的

---

① [美]道格拉斯·诺斯:《经济史中的结构与变迁》,上海三联书店、上海人民出版社1994年版。

政策面前会有不同反应这一现象，没能就中国多样化的经济转型道路给出满意的解释。而德国籍中国问题专家何梦笔则准确把握了这一现象，他发表了如《中国辖区竞争、地方公共品的融资与政府的作用项目分析框架》、《政府竞争：大国体制转型理论分析范式》等一系列文章，指出中国作为一个存在地区巨大差异的国家，各地方政府会根据自身的实际情况对中央的统一政策做出不同反应，久而久之就会让各区域形成各具特色的转型和发展道路，因此，对中国地方政府间竞争的分析框架应该包括初始结构条件、政治体制及政治文化和对外经贸关系等条件。何梦笔的理论框架比较符合中国政治经济现状，在很大程度上将中国地方政府竞争的分析本土化，能较为有效地解释如中国这样的转型国家中中央和地方的关系。除此之外，何梦笔还通过对俄罗斯和中国的经济转型进行比较，发现两国的中央和地方之间都存在围绕税基和财政收入等方面的讨价还价，这种讨价还价都促使了"地方产权制度"的形成和发展。与此同时，何梦笔还注意到中俄两国都出现了地方政府对经济要素强力的控制和干预，特别是在制度变革前期，两国地方政府都把各种非正式的收费作为地方财政的重要来源。这也说明，中央和地方的关系必然存在非正式约束，进而使地方政府在谋求自身利益的过程中可能步入囚徒困境。应该说，何梦笔的分析范式对中国学术界就地方政府竞争的分析探讨产生了积极的影响，成为目前研究中国地方政府竞争的理论研究的重要参考文献。

2. 国内学者对地方政府竞争的研究

随着市场经济建设的逐步推进，中国行政体制改革也不断深入，地方政府竞争也随之成为国内学术界关注研究的热点。这些研究主要从地区经济增长、地方性公共物品的供给和区域协调与发展等视角等展开。在此，本书根据需要，将从地方政府的积极竞争和消极竞争两个方面进行概述。地方政府积极竞争的研究主要涉及产权制度的变革和市场化的推动，消极竞争的研究主要涉及中国地方政府竞争中出现的地方保护和竞争无效以及竞争秩序的建构等问题。

（1）地方政府经济行为的有效方面。早在1995年，罗小朋在其发表的《地区竞争与产权——中国改革的经济逻辑》一文中，就分析了地方政府间竞争会为私营经济和外向型经济提供制度保障。接着，杨瑞龙（1998，2000）从制度变迁的角度出发，认为地方政府与当地企业在某种程度上构成了利益的平行线，在利益的共行前提下二者会通过各种方式达成一致，以换来作为"试点"的制度受益权，从而实现制度变迁收益。与此同时，张维迎、粟树和等则从产权和博弈等维度出发，分析了中国地方政府竞争对国有企业民营化的影响，指出地方政府在财政压力下会竞相采取抓大放小的策略将国有企业民营化，从而在客观上推动中国市场改革的深化。随后，赵晓（1999）分析了不断加剧的地方政府竞争必然会促使地方政府采取抓大放小的国企经营策略，否则国有企业经营状况势必会恶化，并且中小国有企业经营状况的恶化程度和速度都将大于大型国有企业，因此，地方政府不得不作出"抓大放小"的尝试。这一分析与王红领、李稻葵、雷鼎鸣（2001）的观点达成了一致。需要进一步说明的是，这些文献虽然并不仅从地方政府竞争的视角出发，但在客观上都强调了地方政府在中国经济转轨过程中具有的重要作用。

（2）地方政府经济行为的无效方面。樊纲、张曙光（1990）作为首批研究国内地方政府间竞争问题的学者，在其《公有制宏观经济理论大纲》中将中国地方政府间的竞争关系比喻为"兄弟竞争"，"兄弟竞争"和企业竞争一样，主要都是围绕发展所需的各种资源展开，进而会导致实际投资远远大于计划投资。特别是在中国地方政府能够或多或少地影响到货币投放量的情况下，会使得银行提供超过信贷计划的贷款规模，进而导致通货膨胀，使得改革的成果大打折扣，并加剧地方政府的投资饥渴症。随后，张可云（2001）发现地方政府的异常行为之间往往是互相关联的，于是将地方重复建设作为变量引入了地方政府竞争的理论研究，认为重复建设的根源在于区域间的利益和整体利益之间的矛盾，而协调和合作是避免这种区域间过度竞争的关键所在。与此同时，魏后凯（2001）则认为，重复建设本质上是竞争动态过程中的一个链条，是信息不充分、不对称所造成的，重复建设本身是中性的，是市场效率维护的重要手段，而不合理的重复建设才是源于投资体制的不完善。曹建海（2002）则认为，中国区域间的重复建设是行政干预所造成的，出台相应的反行政垄断措施，才能减少中国政府间竞争中的不合理现象。本书一定程度上同意魏后凯的观点，但值得强调的是应对重复建设进行划分，魏后凯的观点只适用于市场性重复建设。

二　区域经济一体化文献综述

区域经济一体化研究属于交叉学科领域，需要综合运用和借鉴政治学、经济学、社会学、地理学、行政学、管理学等多学科的基本理论和研究思路，其涉及的内容相当广泛，本书只根据特定主题进行简要梳理。

（一）国外对区域经济一体化的研究

关于区域经济一体化概念的界定，首推美国经济学家贝拉·巴拉萨（Balassa bela）1961年在《经济一体化理论》中提出的"过程—状态"论，在《新帕尔格雷夫经济学大辞典》里，其又进一步解释了经济一体化的不同阶段会表现出不同的形式，经济一体化的最终完全实现，表现为经济政策在区域内的统一，区域内会出现一个超国家权威组织，该组织的决定、制度对所有成员国都具有约束力。但巴拉萨更多的是在国与国的层面界定区域经济一体化，不能对区域经济一体化发展进行更为完备的解释。相比较而言，经济学家弗历次·马克鲁普（Machlupl Fritz）的区域经济一体化论述则较为全面，其指出经济一体化不但在国家之间正在形成，而且在一个国家内部的各个地区间也在发生。除此之外，他还将国家之间发生的一体化细分为区域性的和次区域性的两种，即跨洲界线的一体化为区域性的一体化，跨国家界限的一体化为次区域性一体化。

还有一些经济学家提出了相左的观点，他们认为经济一体化并不能用过程和状态进行解释。其中保罗·斯特里坦（Streetenl Paul）在1961年指出："自由贸易、统一市场、可兑换性、自由化等经济一体化实现的手段不应成为经济一体化本身的定义，而是应该根据经济一体化的目标指向（目的）和实际效果来定义。"皮德·罗伯逊（Robson Peter）则认为："国际经济一体化发展只是全球经济发展的手段而不是目的。"丁伯根从促进经济一体化形成发展的行为主体——政府出发，认为政府采取措施促成的经济一体化会形成"消极一体化"（Negative Integration）和"积极一体化"（PositiVe Integration）。积极一体化指政府通过谈判来消除对有关各国的物质、资金和人员流动的障碍，以实现经济的共同繁荣；而消极一体化指政府强行去干涉或者纠正自由市场的错误信号，人为强化自由市场正确信号，进而加强自由市场的一体化力量。

实际上，由经济学者们提出的区域经济一体化，无论是在哪个层次发生，也无论区域背景（经济、社会文化等）的异质化程度有多高，所发生的区域一体化的本质都可以说既是一种过程又是一种状态，而且促成区域经济一体化的动力机制十分相似，只是所发生的区域经济一体化模式与演化进程各具特点，并且从马克思主义历史唯物主义的观点看来，区域经济一体化只是经济全球化过程中的一个经济发展阶段，是经济发展、国家消失的必然发展路径。

（二）国内对区域经济一体化的研究

中国学术界对区域经济一体化的研究主要分成两大阵营。一方是以侯若石、庞效民等为代表，他们通过对国外区域经济一体化理论文献中的概念和观点进行借鉴、演绎和总结，进而就区域经济一体化对中国经济社会发展的影响进行了阐述。另一方则是以杨开忠、佟家栋、焦军普等为代表，他们运用区域经济一体化经济学理论，对影响区域经济一体化发展的因素、区域经济一体化的发展过程以及区域经济一体化对制度变迁的影响等进行了分析。随着中国区域经济的发展，近年来，不少学者对贝拉·巴拉萨的过程与状态区域经济一体化观点更为青睐，孟庆民等学者提出了区域经济一体化是不同的空间经济主体为了降低交易成本，让生产、消费、贸易等利益得以实现，而促成的一体化市场产生的过程。[①] 因此，区域经济一体化是状态与过程、手段与目的总和。目前区域经济一体化的发展，同时出现在发达国家之间、发展中国家之间和不同发展水平国家之间。

从发展的角度看，在当今全球化的背景下，区域经济一体化是全球化的基础，并影响着全球化的发展方向和模式[②]。此外，王瑛从商流的集聚效应与扩散效应、产业转移的多赢合作、区域分工协作的专业化生产、自由市场的贸易一体化四个方面，对作为区域一体化形成的市场机制进行了分析[③]，得出了如果政府对经济过度干预，则会出现政府行为延缓区域一体化进程可能的结论。安虎森利用"扩展的自由资本模型"对区域经济一体化的效应进行了分析，认为区域经济一体化的实质是提高区际贸易自由

---

① 孟庆民：《区域经济一体化的概念与机制》，《开发研究》2001年第2期。
② 安虎森、李瑞林：《区域一体化效应和实现途径》，《湖南社会科学》2007年第5期。
③ 王瑛：《区域经济一体化发展的驱动机制分析》，《区域经济》2005年第4期。

度，促进产品、要素等的自由流动，实现资源的优化配置。而且，由于经济一体化具有贸易转移、生产转移和投资转移的效应，所以有利于提高一体化区域总体的福利水平，从而促进区域经济发展。因此非一体化区域为了追求高的福利水平，为了促进区域经济的发展，会通过经济一体化这个途径来实现目标。根据这个观点，我们可以认为，区域经济的发展本身就是区域经济一体化的潜在动力。刘澄等（2007）从新制度经济学的视角对区域经济一体化进行了分析，指出各国、各地区市场的分割以及权力的分割与限制，导致了经济发展的障碍，使跨国界、跨地区的经济活动成本上升。而在经济全球化中各利益主体都要获得最优利益，这就迫使经济市场要超越狭隘的国内、地区市场范围，由此一种跨国界、跨地区的制度安排便应运而生，这就是区域一体化。而且，他认为区域一体化组织是在企业和民间推动下发展起来，并由政府行为给予巩固和深化的。安筱鹏指出了改革开放以来，多元利益主体的格局正在形成，这种格局使得区域内部地方利益与整个区域利益出现偏离，各地方为实现各自的利益最大化展开多维角度的竞争，阻碍了区域一体化的形成。[①] 在这种情况下，建立一种实现地方利益与整个区域利益相统一的制度体系，就成为实现区域一体化的关键，而且这个制度应该具有法律效应。

通览众多的研究成果，我们可以认识到，无论是中央政府还是地方政府，各个利益主体在对利益的追求中都处于矛盾的境地，一方面为了实现区域经济发展，会愿意推动区域一体化，以从中获得更多利益；另一方面出于对自身既得利益的保护，它们又会采取相应不合作策略，从而在客观上对区域经济一体化的深化造成阻碍。因此，在目前中国国内的区域一体化形成与发展中，构建出合理的竞争秩序，对区域间合作在制度上加以推进和保证是必要和紧迫的。

第三节　区域经济一体化的研究范式

随着第三次科技革命的深化，世界经济发展进入了一个崭新的阶段，"区域经济一体化"这个词语使用频率也越来越高。据有关学者研究，这

---

① 安筱鹏：《利益主体多元化背景下的区域一体化》，《人文地理》2003年第5期。

一概念至少在 1942 年以前几乎从未被提及。直到 1950 年，有经济学家将单一的经济体发展组合成为更大的包含更多内容经济体的这一复杂演变的过程解释为区域经济一体化；也有学者将区域经济一体化解释为一种由不同国家形成的多国经济区域的过程，在这个由不同国家组成的具有特殊形式的经济区域内，贸易壁垒和障碍减少或者消灭，各种生产要素如劳动力、商品、货币等能够自由流动。

当然，这里所指的"区域"，通常是指一个地理范围，在这个范围内可以进行多边经济合作。通常意义上，这个地理范围一般是大于一个主权国家的国土疆域。按照国际通行的经济地理标准，全球可以被划分成许多不同地理范围或地带，并组成各具特色的不同经济区域。但从地理学概念来看，这些经济区域同国家主权疆域常常不是在同一区域。为了解决两个地区之间存在的矛盾和冲突，我们主张采取特殊的经济政策和措施，来解决由不同国家所造成的经济发展过程中有形和无形的各种障碍，由此区域经济一体化的思想源头也就逐渐形成和发展起来了。从 20 世纪 70 年代至今，各种形式的区域经济组织纷纷涌现，形成了一股席卷全球的一体化热潮，从欧洲、美洲、亚洲、非洲以及洲际的各种政治经济组织纷纷成立，至今方兴未艾，这股一体化的潮流也充分折射出当今世界经济全球化发展的大趋势。

一　区域经济一体化理论

（一）关税同盟理论

在区域经济一体化的理论中，关税同盟理论占有重要地位。这一理论是美国经济学家维纳（J Viner）在其于 1950 年出版的《关税同盟问题》一书中提出的，用来说明贸易歧视在什么样的条件下是好的、在什么样的条件下是不好的。关税同盟理论的主要内涵，一是静态效应，指关税同盟对价格、数量、进口来源以及经济福利的效应，即贸易创造和贸易转移；二是关税同盟的动态效应，包括规模经济、促进竞争、刺激投资和资源配置等效应。

（二）大市场理论

大市场理论（Theory of Big Market）的代表人物是西托夫斯基（T.Scitovsky）和德纽（J.F.Deniau）。其认为在真正的区域经济一体化出现以前，由于恐惧和竞争，每个国家都从本国利益出发，往往采取贸易保护政策，这种只顾本国利益的贸易政策过于狭隘，其结果会使广阔的市场分割得非常狭小，并且严重缺乏包容和活力，无法实现大批量生产的规模经济利益。而大市场的建立一来可以使国内市场向统一的大市场延伸以获取规模经济利益，从而实现技术革新的利益；二则，大市场必然带来激烈的竞争环境，而激烈的竞争环境又会促进规模经济和技术利益的实现。之后，德纽对大市场带来的规模化生产进行了描述，最终得出结论："这样一来，经济就会开始其滚雪球式的扩张。消费的扩大引起投资的增加，增加的投资又导致价格下降、工资提高、购买力提高，并且只有市场规模迅速扩大，才能促进和刺激经济扩张。"西托夫斯基则对西欧的现状进行了研究，认为西欧目前陷入了高利润率、低资本周转率、高价格之间的矛盾，是典型的"小市场与保守的企业家态度的恶性循环"。解决这一恶性循环，唯一的办法就是通过促成贸易自由化条件下共同市场形成，进而在共同市场中激烈竞争迫使企业家改变现有生产模式，转向大规模生产，最终出现一种积极扩张的良性循环。

（三）协议性国际分工原理

日本著名教授小岛清首先系统提出了协议性分工原理。他认为：经济一体化组织内部如果仅仅依靠比较优势原理进行分工，不可能完全获得规模经济的好处，反而可能会导致各国企业的集中和垄断，影响经济一体化组织内部分工的发展和贸易的稳定。因此，必须实行协议性国际分工，使竞争性贸易的不稳定性尽可能保持稳定，并促进这种稳定。另外，在生活水平和文化等方面接近的地区，容易达成协议，并且容易保证相互需求的均等增长。也就是在实力相当的国与国之间可按水平分工，实现协议性的国际分工；但在实力不等的国家之间却只能按垂直分工进行，按比较成本进行价格竞争，其结果只能导致差距越来越大，矛盾会更加尖锐，这一点对广大发展中国家有一定启示。

以上理论分别从经济利益、市场结构扩张、内生性契约文化、国家需要等角度，抽象地论述了区域经济一体化的形成和发展。这些理论体系在为乌昌区域经济一体化发展提供理论基础的同时，也为从理论上深入揭示乌昌区域经济一体化的发展提供了可行性。因为，乌昌区域经过多年的发展，其经济基础奠定了区域内文化的融合，加之区域内经济结构存在互补需求的客观现实，乌昌区域完全具备开展区域经济协作的基础，并通过整合区域开发力量，协调各方行动，刺激整个区域投资的放大和高效，进一步加快区域资源合理有序开发，促进经济和社会资源的合理配置，逐步在天山北坡经济带上形成一个统一的大市场，以获取规模经济效应，并提高竞争力。

二 经济区位理论

"区位"一词源于德语的"standort"，英文译为 location，含有位置、布局、分布、位置关系等含义。在经济学理论里，区位通常是指人类行为活动的空间。区位理论主要研究人类活动的空间选择及空间内人类活动的组合。具有代表性的区位理论主要有农业区位论、工业区位论和中心地理论等。

（一）杜能农业区位论

杜能（J.H.V.Thunen，1783—1850）于 1826 年完成的《关于农业和国民经济的孤立国》（简称《孤立国》）一书，奠定了农业区位理论的基础。为了便于理论研究，杜能假设农业在下列典型环境中经营："一是唯一的城市，位于平原中央，城市周围是农业用地，外层被荒地包围；二是城市的农产品全部来自周围腹地，不从其他地区获得农产品；三是孤立国内部的交通工具是马车，运输费用按马车运价计算；四是城市周围腹地的土地状况有均质性，各地的土壤肥力、气候等地理条件相同；五是腹地内农业经营者的能力和技术条件相同；六是农业经营者追求最大利润，按照市场需求调整农业结构以获得最大利润；七是运费与距离成正比，由农民负担。"[①]杜能认为，体积大的作物或者生产易于腐烂或必须在新鲜时消费的产品，一般在城市近处种植，而其他作物将根据运输成本依次而定与城市的距离，如此一来就形成了农作物以城市为中心的同心圆结构。这种同心圆结构又称杜能圈，尽管杜能圈是一种完全均质条件下的理论模式，但其农业区位论阐明了农业土地利用类型和农业土地经营集约化程度，不仅取决于土地的天然特性，而且更依赖于经济发展状况和交易的成本，这为以后区

---

① ［德］约翰·冯·杜能：《关于农业和国民经济的孤立国》，商务印书馆 1986 年版。

位学者从级差地租出发，构建合理的农业集约化经营模型奠定了基础。

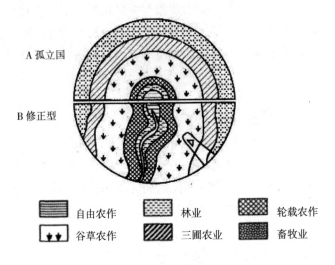

图 1 -1 杜能圈圈层结构

（二）韦伯工业区位理论

如杜能首创了农业区位论一样，德国经济学家韦伯（A Weber）首先完整地阐述了工业区位理论。韦伯 1909 年出版了工业区位理论的开山之作《工业区位理论：区位的粹理论》，从而创立了工业区位论。紧接着 1914 年他又出版《工业区位理论：区位的一般理论及资本主义的理论》一书，从经济区位的角度来观察德国在产业革命之后发生的新变化，初步探索资本、人口等生产要素向中心经济区域和大城市移动（中心城市人口与产业集聚现象）背后的空间机制，确定三个一般的"区位因子"，即运费、劳动费、集聚和分散。[1]韦伯的理论首次将抽象和演绎这两种基本研究方法运用于区位理论研究中，建立了比较完善的区位理论体系。韦伯区位论的最大特点是最小费用区位原则。韦伯的理论并不局限于工业布局，对其他产业布局也具有指导意义。韦伯的理论至今仍是区域科学和工业布局的基本理论。

---

① 经济区位论：http://www.souezu.cn/item/165510.aspx。

（三）克里斯泰勒的中心地理论

中心地理论是由德国城市地理学家克里斯泰勒（W.Christaller）和德国经济学家廖士（A.Lüsch）分别于 1933 年和 1940 年提出的，50 年代起开始流行于英语国家，之后传播到其他国家，被认为是 20 世纪人文地理学最重要的贡献之一。它是研究城市群和城市化的基础理论之一。克里斯泰勒创建中心地理论深受杜能和韦伯区位论的影响，故其理论也建立在"理想地表"之上，其基本特征是每一点均有接受一个中心地的同等机会，一点与其他任一点的相对通达性只与距离成正比，而不管方向如何，均有一个统一的交通面。后来，克氏又引入新古典经济学的假设条件，即生产者和消费者都属于经济行为合理的人的概念。这一概念表示生产者为谋取最大利润，寻求掌握尽可能大的市场区，致使生产者之间的间隔距离尽可能的大。消费者为尽可能地减少旅行费用，都自觉地到最近的中心地购买货物或获得服务。生产者和消费者都具备完成上述行为的完整知识。经济人假设条件的补充，对中心地六边形网络图形的形成是十分重要的。

三　区域经济发展理论

（一）新增长理论

新增长理论，又称为内生增长理论（Endogenous Growth Theory），以保罗·罗默（Paul M.Romer）1986 年发表的《递增收益与长期增长》及卢卡斯（Robert E.Lucas）1988 年发表的《论经济发展机制》两篇论文为形成标志，随后一些持有相同或类似观点的经济学家建立了各种增长模型，主要包括罗默的知识溢出模型、卢卡斯的人力资本溢出模型、巴罗的公共产品模型和巴斯托齐的边干边学模型等。新增长理论的基本思想是经济增长不是外部力量（如外生技术变化和人口增长），而是经济体系的内部力量（如内生技术变化）作用的产物。经济增长的真正源泉应在于投资、知识、人力资本等方面，并着重探讨了后工业知识社会中最重要的因素——知识，深度分析了技术创新、人力资本积累、知识溢出对经济增长的影响。当引入知识、人力资本等内生技术变化因素后，资本收益率保持不变或者递增，人均产出可以无限量增长，并且增长率可能长期单调递增。

新经济增长理论重新阐明了跨国经济增长率和人均收入差异，较好地解释了一些经济增长案例，为各国政府实施财政政策、产业政策和贸易政策等提供了理论指导。

（二）区域创新理论

区域创新体系（RIS）是相对于国家创新体系（National Innovation System, NIS）而言的，是创新体系的两个层面之一，一般是指由某一地区内的企业、大学科研机构、中介服务机构和地方政府构成的创新体系。区域创新体系通常由创新主体、创新环境和行为主体之间的联系与运行机制三个部分构成，目的是推动区域内新技术或新知识的产生、流动、更新和转化。其形成是企业、政府、高校、科研机构和中介组织等交互作用的结果，依赖各主体因素在创新活动中所结成的网络关系。

（三）区域产业集群理论

产业集群是一群相互联系的企业和机构，在某个地理区域紧密地集聚在一起的经济发展模式。区域产业集群是指在地理上集中的产业集群，通常位于由大都市区、劳动力市场区和其他的功能性经济单元组成的区域。产业集群需要一些制度规范和一些机构来支持企业的活动（比如商会、质量监督部门或文化、习惯等）。在某个区域内形成时间比较短的企业集聚也不能成为产业集群，还需要较长的时间来形成自己的制度规范和辅助性机构。产业集群有利于促进技术进步和扩散，有利于集中资源，加之产业集群的规模效应，区域产业集群的成长有利于区域产业和经济的增长，增强区域经济实力。

四　区域经济关系理论

（一）绝对成本学说

英国古典经济学家亚当·斯密（Adam Smith, 1723—1790）于1776年在其《国民财富的性质和原因的研究》（简称《国富论》）一书中提出这一学说。亚当·斯密从分析分工利益得出依照绝对成本进行分工的学说，即"绝对成本说"（Theory of Absolute Cost）。亚当·斯密认为各国（或地区）根据各自的自然条件如自然资源、土质和民族素质，生产在成本上占绝对优势即低于别国的产品，并进行交换，对各国都有利。他据此提出自由贸易学说，认为自由贸易会引起合理有序的国际大分工，当然促使产生国际分工的基础条件是先天的丰富资源及自然禀赋，或者是高效率生产条件。这些有利条件都能够促使一国在生产上和对外贸易方面处于领先地位。从这个设想出发，按照各自有利的生产条件，假使所有的国家都能在这些理想的条件状态进行交换和分工，那么各种生产要素如资源、资本、劳动力等都能够得到最有效率的开发和利用，最终全世界的物质财富会得到极大的增加，人类的生产效率也会得到极大的提高。但是处在商品生产绝对劣势的国家在国际贸易中，如果参与国际贸易并获得利益，则与斯密的绝对成本理论相违背，如果不参与国际贸易或参与了却无法获取利益，则与现实经济生活不符。

（二）比较成本学说

比较成本学说由英国经济学家大卫·李嘉图创立，它是对亚当·斯密成本学说的继承和发展。该理论的核心根据是比较优势原则，它深刻揭示了人类分工协作这一社会存在发展的普遍规律，在许多方面科学回答了斯密绝对成本学说一直无法合理解释的问题。自该学说提出的近两个世纪以来，它一直被众多经济学家尊为圭臬，并始终作为一条主线深深影响了国际贸易分工理论发展。即使在当代国际经济学界，作为研究国际贸易理论的起点，它也一直深受专业人士的高度重视，并将其作为理论研究的重要理论基础。比较成本学说的基本出发点是：在生产技术方面存在的绝对差别并不是产生国际贸易的唯一前提，只要存在生产技术上的相对差别，生产成本和产品价格这两个关键经济指标在不同地域或不同国家就一定会出现相对不同，这个差别使不同地域或不同国家在不同的产品生产制造过程中自然产生相对的比较优势，这一过程直接或间接地促使国际分工和国际贸易成为经济社会发展的可能，进而获得比较收益。它充分证明，只要不同区域或者国家仅仅通过有效的贸易流通就有可能获益，做到贸易的互利互惠，即通过出口有比较优势的商品，进口生产效率比较低、成本比较高的商品，就可能实现贸易的互惠双赢。[①] 受比较成本说的启示，各国应该实行自由贸易政策，以保证参加国际分工和贸易所能得到的利益。但是这一理论未能从经济学理论一般规律中寻找出具体分析结果，而仅仅是国际分工的一个重要依据，该学说自然也存在着不足和缺点，比如未能深刻揭示出国际分工的根本原因和内在价值规律。

---

① 绝对优势理论：价值中国网，http://www.chinavalue.net/wiki/。

（三）要素禀赋理论

早在 1919 年，瑞典经济学家赫克歇尔（E.F.Heckscher）就提出了国际贸易的发生和商品的流向取决于生产要素的丰缺程度的要素禀赋论点。1933 年俄林（B.C.ohlin）在《区际贸易和国际贸易》一书中以西方经济学和供求理论为基础，着重考虑土地、劳动、资本等基本经济发展因素，对赫克歇尔的观点进行了深化完善，得出了国际贸易和分工协作的首要条件是各种商品生产存在要素的禀赋差异，即商品之所以确定在某地区进行生产，是因为其生产更为经济的结论，并以此荣获了 1977 年的诺贝尔经济学奖。俄林的重要观点主要体现在他认为造成成本差异的两个基本因素：①自然资源禀赋存在差异；②在生产制造商品的过程中，生产效率的差异和所使用的各种生产要素的比例不同，成本的绝对差异最终导致市场上商品价格之间的绝对差异。

（四）梯度转移理论

梯度转移理论源于产品生命周期阶段理论，即弗农等人提出了工业各部门和各种工业产品都处于创新、发展、成熟、衰退四个不同生命周期阶段。此后，威尔斯和赫希哲等人将这一理论引入区域经济学中，建立了关于新技术、新生产力会在区域间进行扩散的梯度转移理论。该理论认为一个区域经济的兴衰取决于它的产业结构，而产业结构又取决于它的主导部门。如果一个区域是处在创新阶段的兴旺部门，该地区就属于经济高速增长的高梯度地区，反之则属于低梯度区域。高梯度区域会通过城市系统向低梯度区域推移，因为创新主要集中在城市，城市的环境条件和经济能力以及人们的思想意识比农村更便于接受创新成果。因此，新技术、新生产力总是首先在经济较为发达的城市产生，然后向次发达、落后的地区转移。

20 世纪 70 年代末 80 年代初，学者将梯度转移理论引入中国，用来指导经济发展战略的制定和区域开发，中国学者通过分析落后的英国超过了西班牙、葡萄牙，美国赶上并超过了英国、德国等现象，提出了超越现有生产力发展水平进行转移的反梯度转移理论、并存论、主导理论等。其中反梯度理论认为落后地区可以通过引进先进技术，实现生产力水平的跨越式发展，为中国西部大开发政策提供了理论基础。

（五）区域经济发展的辐射理论

辐射在物理学中是指能量高的物体会通过一定媒介将能量传送给能

量低的物体的过程。而区域经济发展中的辐射是指经济发展水平相对较高的地区的资本、人才、技术、市场、信息、思想观念、思维方式、生活习惯等会向经济发展水平较低的地区进行转移传播。二者具有很大的相似性，在区域经济学中我们可以将中心城市当作一个高能量点，是经济发展的辐射源；而交通运输、信息传播和人员的流动是辐射的传播媒介。通过不同的传播媒介，我们又可以把区域经济中的辐射分别称为点辐射、线辐射和面辐射。点辐射一般以大中城市为中心向周边城市扩散；线辐射一般以铁路干线、公路干线、大江大河以及大湖沿边航道和濒临沿海的陆地带为辐射源，先进技术和生产力等会以此为源头向周边地区或上下游地区扩散；而面辐射是点辐射和线辐射交织成网络辐射并向外进一步扩散所形成的辐射。通常在资本以追求利润为天性的前提下，辐射源或中心城市会将技术、人才、资金、思想观念、思维方式和生活习惯等较为先进的物质文化传到周边相对落后的区域或城镇，与其丰富的自然资源和充裕劳动力联姻，实现地区间优势互补，从而在获取超额利润的同时，巩固中心城市的核心地位，加速周边城市的发展。

综上所述，亚当·斯密的绝对成本学说，启示乌昌区域经济发展应充分考虑其自然优势或"获得性"优势，从而扩大自身的市场份额；李嘉图的比较成本学说和俄林等人的要素禀赋理论，启示乌昌区域经济发展应对自身经济发展中的优势与其他区域进行深入比较，对区域发展的相对优势加以明确，从而更科学地制定出本区域的产业发展战略；而梯度转移理论、中心—外围理论和经济发展的辐射理论，则为乌昌区域经济发展深度一体化提供了理论支持，因为就新疆整体经济发展而言，乌昌区域已然是全疆经济发展中的中心、辐射源和顶级梯度区，所以全方位加强经济主导或产业主导部门的建设，巩固强化其中心城市的地位，拉大乌昌区域与其他区域的经济发展能量级差[①]，以提高产业梯度推移速度、经济发展辐射强度和广度，从而全面带动整个天山北坡乃至全疆经济的快速发展。

---

① 能量差别越大，均衡速率越高。

五 理论启示

上述理论从不同维度对区域经济一体化的形成及发展进行了阐释，对乌昌区域经济一体化发展而言，其核心启示如下。

首先，乌昌区域各城市应从各区域的实际情况出发，因地制宜，充分考察并利用其资源禀赋上的优势、经济发展的特点，以及禀赋优势和经济发展的不平衡，构建区域合作的模式，使整个乌昌区域在制度、发展水平、产业结构等方面实现优势互补；各城市应进一步加强货物贸易自由化、服务贸易自由化和贸易投资便利化等制度建设，以规避区域经济发展中的相互排斥和恶性竞争，从而强化经济基础。

其次，乌昌区域地方政府间应进一步加强合作，在充分利用中央、自治区给予的优惠政策及发展机遇前提下，制度上寻求协调统一，完善相应的制度安排，对各城市在区域经济一体化过程中的权利和义务进行规定；并在自治区政府的统一领导下，各个地方政府间全力合作，加强区域交通设施一体化，加强城际快速道路的建设和投资力度，着力改善区域交通通达性和对外交通的联系性，尽快构建"一（两）小时城市圈"。

再次，乌昌区域应制定统一的发展思路，制定产业的主导方向，各城市要接受采取差异化发展道路，因为差异化是区域经济一体化的前提，城市之间只有差异化发展，才能加速城市间要素的流动。差异化发展道路实质是错位竞争、区别发展，其结果是各城市实现优势互补和共赢的良好发展格局。

第四节 区域经济一体化实践范式研究

就国际范围内的区域经济一体化模式和范例而言，最具代表性的应属欧盟、北美自由贸易区和亚太经合组织，这三大经济联合体的成功范式和经验，其借鉴意义已不言而喻，本书不再赘述。但对区域经济一体化进行实证分析仍是十分必要的。因此，本书将通过对珠江三角洲、长江三角洲地区的区域经济一体化模式的分析，为乌昌区域经济一体化发展寻求实践支持。

一　珠江三角洲模式

（一）"珠江三角洲模式"最大的优势就是紧挨香港和澳门，以及面向东南亚的地理位置，这应该是其得以迅速发展的基础条件

"珠江三角洲模式"的核心以深圳经济特区的建立为发展起点。中央把深圳特区作为改革开放的窗口、体制改革的试验场和衔接香港的桥梁，给予特殊经济政策，使得深圳毗邻香港地理位置的优势迅速转变为一种巨大的经济势能，在较短时间里发展成为实力最雄厚的经济特区。随着深圳特区经济的快速发展和深圳市的迅速崛起、产业链的延伸，整个珠江三角洲地区便成为香港和深圳两市的生产基地。

（二）"珠江三角洲模式"的基本动力是以深圳为龙头的区域极化效应和扩展效应

20多年来，深圳的发展具有三种功能：一是接受香港（包括世界其他地区）高经济势能地区的资金、技术、管理等方面的辐射和扩展功能；二是吸引国内其他低经济势能地区的资金、技术、人才等要素的极化功能；三是迅速向珠江三角洲地区扩展、扩散的功能。这三种功能和效应在较短时间内相互作用的结果，便出现了"珠江三角洲的奇迹"。

（三）以出口导向和发展外向型经济为主是"珠江三角洲模式"的基本战略

"珠江三角洲模式"充分利用了毗邻香港的优越地理位置，以出口导向和发展外向型经济为主，充分利用外来直接投资和国际市场，使珠江三角洲地区成为中国开放度最高的地区。

伴随珠三角区域企业现代化的发展及相应国际市场环境的改变，《内地与香港关于建立更紧密经贸关系的安排》和《内地与澳门关于建立更紧密经贸关系的安排》（以下统称《安排》）于2003年6月29日和10月17日分别进行了签署，标志着香港、澳门与内地之间的经济关系进入全新的阶段。对于内地来说，港澳服务业大量进入内地，不但为内地中介服务机构提供了良好的学习平台，为服务水平整体提升打下了基础，而且增加了就业空间，为内地经济在港澳地区的发展提供了新的契机；对于港澳来说，内地居民进出港澳手续得以简化后，旅游等人

员大幅度增加，在带动了相关产业发展的同时也带来新的就业机会；对于以整体形态出现的内地和港澳来说，不但在产业上形成良好互补，使产业的现代化进一步提升，市场反应速率显著提高，国际接轨步伐明显加快，而且零关税的约定为国外具有高增值效应的高科技企业带来了显著利润的可能性，使得国外高科技、高产值、高增值的企业掀起了到港澳投资的新热潮，港澳及内地企业赢得了大量的优质资本。2007 年 8 月，在港深合作论坛上《构建"港深都会"》研究报告提出推进生产要素在中国境内外的合理流动，实现香港与深圳深度经济合作，共同构建一个顶级世界级都会区。港深都会的主要特征体现在区域内部各省、自治区和行政特区的制度合作上。制度合作的深化使得"泛珠三角"模式取得了全面的发展，区域内部各省、自治区和行政特区逐渐成为全新的合作主体，省（区）级政府在区域合作与发展中不断强化，地级市的主体地位逐渐弱化，这一变化使区域内部协作明显提升，有力地实现了人力、物力、财力等各种要素资源的共享，为区内统一制定政策和打造投资环境打开了大门，加快了区内统一市场的建设和形成。

二　长江三角洲区域经济发展模式

以上海为中心，以苏州、杭州、无锡、南京、宁波等 15 个城市为主的长江三角洲地区，其经济总量已占全国 GDP 总量的 16%—17%。其发展的主要特征是在社会制度基本相同前提下，形成了"苏南模式"、"温州模式"和"环渤海地区经济发展模式"等"一制多式"的格局。

（一）苏南模式

苏南模式，通常是指江苏省的苏州、无锡和常州（有的也包括南京和镇江）等地区通过发展乡镇企业实现非农化发展的方式。其主要特征是，农民依靠自己的力量发展乡镇企业；乡镇企业的所有制结构以集体经济为主；乡镇政府主导乡镇企业的发展。苏南地区的经济发展在起步阶段与珠三角类似，也依赖于由社队企业演化而来的乡镇企业，其区别在于苏南的当地政府不是以主导形态参与经济发展，而是同乡镇企业组成了一个产权的"混合主体"，苏南地区采取以乡镇政府为主的组织资源方式。政府出面组织土地、资本和劳动力等生产资料，出资办企业，并由政府指派所谓的能人来担任企业负责人。这种组织方式将能人（企业家）和社会闲散资本结合起来，很快跨越资本原始积累阶段，实现了苏南乡镇企业在全国的领先发展。不可否认，在计划经济向市场经济转轨初期，政府直接干涉企业，动员和组织生产活动，具有速度快、成本低等优势，因而成为首选形式。

（二）温州模式

温州模式是指浙江省东南部的温州地区以家庭工业和专业化市场的方式发展非农产业，从而形成小商品、大市场的发展格局。小商品是指生产规模、技术含量和运输成本都较低的商品，大市场是指温州人在全国建立的市场网络。其基本特征是：①经济形式家庭化，小商品大都是以家庭为单位进行的；②经营方式专业化，有家庭生产过程的工艺分工、产品的门类分工和区域分工；③专业生产系列化；④生产要素市场化，按市场的供需要求组织生产与流通，资金、技术、劳动力等生产要素均可自由流动；⑤服务环节社会化。由于缺乏必要的监管和引导，温州模式曾一度导致了假冒伪劣横行，在一段时间里，温州产品几乎成为劣质假冒的代名词。温州经济在飞速发展的同时，也暴露了许多弊端。20世纪80年代中后期，一些温州人急功近利，大量制造伪劣产品，欺骗市场，其结果是失去了市场。温州的决策者此刻清醒地意识到，如果不引以为戒，温州人的全民创业就有可能转变为"全民待业"、"全民失业"，所以必须重塑温州形象。温州市委、市政府积极加强市场调控，规范市场行为，引导市场经济向健康的方向发展。

三 环渤海地区经济发展模式

环渤海经济区或者环渤海经济圈，在广义上是指环绕着渤海全部及黄海的部分沿岸地区所组成的经济区域。环渤海地区在狭义上是指以京津冀为核心、以辽东半岛和山东半岛为两翼的环渤海经济区域，主要包括北京、天津两个直辖市加河北、山东、辽宁三个省的区域。与珠三角和长三角区域不同，环渤海地区内多属国资主导型的老工业基地，传统体制的惯性影响较大，缺乏活力。20世纪90年代初，环渤海地区实施了制度的调整和创新，形成了"交通轴+葡萄串+生态绿地"的发展模式。环渤海城市对全国经济的发展提供了基础支持。

　　本章首先对本书的基本概念进行了相应的界定，而后对地方政府竞争和区域经济—体化的相关文献进行了梳理，最后对区域经济—体化的经济学理论和国内的实践范例进行了相应的讨论。之所以这样安排，是因为对前人的相关研究进行梳理，一方面有助于理清本书的思想渊源，让读者能较为容易地弄清楚本书的思想来源、研究思路等写作的基本逻辑，另一方面有助于理清乌昌模式的独特性以及其形成和发展的脉络等基本问题。

第二章

乌昌区域经济一体化的形成与发展

通常而言，经济一体化分为产业经济一体化与经济区域化。前者主要发生在产业内部，通过企业兼并、重组等形式来实现，而后者主要发生在政府层面，地方政府通过契约协议来整合区域内部经济，以提高区域经济整体的竞争力。因此，从这个角度看，产业经济一体化与经济区域化共同促成了区域经济一体化的形成和发展。这种共同的特性主要表现在一定的区域范围内各子区域单位或者城市的良性融合的互动上。在这里，首先把乌昌地区〔包括乌鲁木齐市、昌吉市、阜康市、米泉市（米东区）、五家渠市5个城市〕作为分析研究的特定对象，在充分研究乌昌地区的一般属性之后，系统梳理乌昌区域经济一体化形成发展的过程。

第一节　乌昌区域经济一体化的先天优势

乌鲁木齐市和昌吉州地域相连、人文相同，是全疆政治经济文化中心，也是天山北坡经济带和全疆最具实力与发展活力的地区。作为新疆经济发展领头羊的乌昌区域，从特定的角度讲，具有鲜明而典型的系统完整性，是在西部少数民族地区同一省级行政区内推进区域经济整合最具条件的经济区之一。其具备实现经济一体化联动发展的各种优势主要体现在以下几个方面。

首先，从历史渊源上看，乌鲁木齐市与昌吉回族自治区原本就曾是一个整体。昌吉史称庭州，唐朝"北庭都护府"就设在今昌吉州。唐朝诗人岑参在北庭府任幕僚时，写过《白雪歌送武判官归京》等许多脍炙人口的诗歌，他的诗中频繁提到的"轮台"就是北庭四县中的一个，最近经考证，位置在今乌鲁木齐市境内。乌鲁木齐在清朝才大规模建城，到光绪时才成为省会，名为"迪化"，此前一直是昌吉的辖地。新中国成立后，两地间的辖区曾经过了多次更迭。比如，玛纳斯、呼图壁、奇台、吉木萨尔、阜康和木垒哈萨克自治县就是 1958 年从乌鲁木齐专区划归昌吉州的，而次年昌吉又将乌鲁木齐县"归还"给乌鲁木齐。[①]

乌鲁木齐作为西部名城，曾是闻名于世的"古丝绸之路"中重要的交通枢纽，不但是丝绸和瓷器的重要流转通道，而且还是信息流的汇集、疏散和传播地，这条路上不仅有着如陶瓷、丝绸等实物形式的流转，还有着技术、书籍的传播，它并不是一条简单的交通线，而是具有文化交汇和经济辐射的重要商道。长期的思想、文化的积淀和发酵，使乌鲁木齐和昌吉区域在语言文化、生产贸易、人情风俗、生活习惯等方面相互渗透融合。除此之外，作为重要的交通驿站，乌昌区域还有着良好的开放和包容性，并由于流动人口和移民人口而具有很强的文化接受能力；在城镇联系上，其也因经济辐射地和政治文化中心的地位而发挥着举足轻重的作用和区域内得天独厚的优势。

其次，从地缘上看，乌昌地区是连接天山南北、沟通新疆与内地的交通枢纽，乌鲁木齐通过亚欧大陆桥，与亚欧大陆 50 多个国家和地区建立了直接的联系，现已成为中国扩大向西开放的重要门户。乌鲁木齐是亚洲大陆的地理中心。除此之外，乌昌地区现在不但是中国重要的能源基地，为新疆和内地提供大量发展所需的能源，成为西部大开发的重要支点，还是维护新疆长治久安和跨越式发展的重要引擎，承接内地的技术、资金、人才等向新疆转移的主要窗口，为实现地区互补等发挥积极的作用。

再次，从经济基础和发展过程来看，乌昌地区是新疆重要的农牧业生产基地，已基本形成了粮食、棉花、畜产品、制种、蔬菜等支柱产业，畜牧业占大农业的比重和肉类总产均居新疆首位。因此，乌昌地区工业基础相对较为雄厚，是新疆最重要的工业基地，目前已建成以石油生产和加工、钢铁、电力、煤炭、纺织、建材等为支柱，以化工、机械、新能源、绿色食品、制药、家具等为分支的工业体系，涌现出乌石化、八一钢铁、天山水泥、特变电工、准东油田等一批大型骨干工业企业，其中全疆排名

---

① 张亚：《乌昌党委——跨行政区域的联合党委》，《小康》2005 年第 11 期。

前 50 位的工业企业一半以上集中在乌昌地区。近年来，随着国有企业改
制的深入推进，国有工业企业焕发出新的活力，民营工业企业异军突起，
涌现出像广汇能源、金风科技、华凌工贸、屯河水泥、麦趣尔食品等民营
企业和股份制企业，民营经济在国民经济中的比重占到 50% 左右，全疆
约 80% 的上市公司在乌昌地区落户，工业经济呈现出新的生机和活力。[①]
在新疆区内共有 6 个国家级经济技术开发区，其中 4 个在乌昌区域内，即
乌鲁木齐经济技术开发区、甘泉堡经济技术开发区、准东经济技术开发区、
五家渠经济技术开发区，而且这 4 个开发区相互毗邻，形成了一个超大规
模的产业开发带。

　　基于以上原因，乌昌区域各城市间建立了密切的区内联系。以乌鲁木
齐为中心，形成了天山北坡经济带。可以预见，随着各个中心城镇产业结
构的调整及区域内产业分工的演进，乌鲁木齐作为区域内的增长及其梯度
转移效应将不断增强，从而促进乌昌区域经济一体化的发展，并最终促成
乌昌区域乃至整个新疆跨越式发展的实现。

第二节　乌昌区域经济一体化的提出和形成

一　乌昌区域经济一体化的提出和形成

　　在上述理论和实践基础的前提下，新疆自治区党委和人民政府坚持从
区域经济发展的实际出发，结合国内外区域经济一体化实施的成功典范，
经过多年的深入调研、反复论证，在不涉及乌鲁木齐市、昌吉回族自治州
行政区划调整的前提下，于 2004 年 12 月成立了中共乌鲁木齐市昌吉州委
员会（简称乌昌党委），形成了乌昌区域城市联动发展的战略。其中乌昌
党委的成立主要出于行政保证上的考虑，因为乌昌党委不但是作为新疆自
治区党委的派出机构，在自治区党委的直接领导下开展工作，对乌昌地区
经济社会发展负有领导责任，而且被赋予了统一制定并组织实施乌昌地区
经济社会发展规划、城市整体规划、产业发展规划、研究解决乌昌经济社
会发展中的重大问题的职责，以逐步推动区域内财政、市场和规划实现统
一。而乌昌区域联动发展是指以乌鲁木齐为中心，以周边昌吉、五家渠、

---

① 冉启英：《乌昌地区产业分工实证研究》，《喀什师范学院学报》2010 年第 3 期。

阜康、米泉（米东区）4 城市为基点，以 1 小时交通为半径，组成的具有区域经济发展一体化特征的城市合作与联动发展平台的战略构想。其基本思路是在 1 小时交通圈内的城市发展空间，通过数个城市的联盟与经济合作，变行政区域为经济区域，变行政管理为经济整合，以实现经济一体化为取向，在充分发挥资源优势和经济优势的基础上，实现资源共享、优势互补、互惠互利、共同发展，形成整体优势，合力构筑经济发展的新高地，增强参与国际竞争的能力，实现对全疆经济发展的强有力的带动作用。[①]

乌昌经济一体化战略决策，虽然不涉及行政区划调整，但通过"三统一"原则的落实，即财政统一、市场统一、规划统一原则，超越了行政区域的限制，打破了原有的利益格局，实现了规划与政策的统一，为区域经济真正实现协调、可持续发展创造了有利的体制和机制条件。从这个意义上讲，加快推进乌昌经济一体化，不仅是对自治区融合经济发展实践与理论的总结和提升，也是对全国区域经济发展思路与模式的创新与突破，不仅是乌昌两地经济社会实现可持续发展的内在要求，也是提升乌昌地区在天山北坡经济带的龙头地位、更好地发挥对全疆经济社会发展辐射带动作用的重要举措。同时这一发展思路和发展战略顺应乌昌地区经济社会协调发展的良好条件和内在要求，不失时机地推进乌昌经济一体化，对进一步强化城市集群的辐射功能，推动城市合作由行政区划向经济区域转变、由行政管理向经济整合转变，从而形成高度紧密的区域"同城效应"新优势，无疑是及时和必要的。

乌鲁木齐位于新亚欧大陆桥和新丝绸之路经济带的中心位置，同时是乌昌石城市群的核心城市。优越的地理位置和区位优势为乌鲁木齐加快建成连接亚欧大陆、面向中西亚的国际商贸中心打下了良好基础。中国以市场化为导向的改革开放全方位推进，东西部差距将逐步缩小，有利于乌鲁木齐加快承接东部产业转移。随着"向西开放"战略的实施，中国与有关国家在资金、技术、物流等领域的合作必将不断深化，从而在中国西部周边地区建立起一个幅员辽阔、造福多国的"经济合作带"。向西开放不仅包括沿边开放，还包括内陆开放，不仅是面向陆地接壤国家的开放，而且

---

① 刘亚军：《乌鲁木齐城市经济圈七城市旅游地吸引力评价及分析》，硕士学位论文，新疆大学，2006 年。

向西延伸到欧洲等国家和地区。

近年来，国家打造了一批向西开放的桥头堡。批准设立了新疆喀什、霍尔果斯经济开发区，珲春国际合作示范区，以及广西东兴、云南瑞丽、内蒙古满洲里3个沿边重点开发开放试验区和宁夏内陆开放型经济试验区；国家积极推进中西部地区有序承接产业转移。这是中西部地区发展特色外向型产业群和产业基地、增强对外产业合作能力的重要途径。

中国对外开放格局发生重大变化，从侧重沿海向全方位开放转变，西部边境地区将成为对外开放的新热点，有利于乌鲁木齐对外开放的全面展开。中国"十二五"规划明确提出，要扩大内陆开放，加快沿边开放，制定和实行特殊开放政策，把新疆建成向西开放的重要基地，不断提升沿边地区对外开放水平。"向西开放"具有重大战略价值，将在扩大中国地缘政治、地缘经济、地缘安全利益方面起到重要作用。在继续提升沿海和向东开放的同时，进一步扩大内陆开放、沿边开放，进而形成沿海与沿边、向东与向西遥相呼应的全方位开放新格局。党的十八届三中全会对全面深化改革开放做出了系统部署，进一步提出"抓住全球产业重新布局机遇，推动内陆贸易、投资、技术创新协调发展"、"加快同周边国家和区域基础设施互联互通建设，推进丝绸之路经济带、海上丝绸之路建设，形成全方位开放新格局"等重要决定。总体来看，未来30年中国的发展仍将延续1978年以来的改革开放步伐，并将进一步优化开放环境，强化市场机制，全面推进市场开放。预计中国的对外开放将向更高层次迈进，形成海陆统筹、东西互济的全方位开放新格局。2013年，习近平总书记提出打造"丝绸之路经济带"，重在加大与中亚各国睦邻友好关系，推进国家之间经济、贸易、文化交流与合作，这意味着向西开放将成为中国新一轮开放的重要突破口，并上升为国家战略。新欧亚大陆桥、新丝绸之路和海上丝绸之路建设将全面启动并取得实质性进展，沿海、沿江、沿边的全方位开放格局将全面形成。

中国潜在经济增长率逐步下降，经济结构将出现实质性调整，有利于乌鲁木齐加快经济结构调整步伐。改革开放以来，中国经济的高速增长在很大程度上是依靠人口红利、储蓄红利、土地红利和房地产红利的支撑。随着人口老龄化发展、土地资源紧缺和要素成本上升等因素，支撑中国经济快速增长的各种要素将发生深刻变化甚至逆转，传统红利将逐步消失或弱化。受其影响，中国将难以回到改革开放前 30 年平均近 10% 的高速增长，逐步进入"中速"增长区间。据 OECD 预测，中国经济将从加速发展逐步走向成熟，经历较快增长期和平稳增长期两个阶段。预计到 2060 年中国经济年均增长率为 4%（全球为 2.9%），其中 2011—2030 年为较快增长期，年均增长 6.6%，2030—2060 年为平稳增长期，年均增长 2.3%，逐步收敛到全球平均水平。随着中国经济规模的迅速增大，城市化率将逐步提高，据联合国开发计划署预计，中国在未来 20 年将有约 4 亿人口从农村转移到城市，超过美国人口总数，这将对经济发展方式、产业结构、生活方式等产生重大影响。随着社会主义市场经济的日益完善，居民收入水平的层次性逐步明显，内需将成为拉动经济增长的首要力量，以信息消费、服务消费和网络购物为代表的新兴消费将成为消费中增长最快的部分。同时，信息化与工业化将同步推进，预计 30 年内，中国将在高新技术及其产业化的诸多领域达到世界先进水平，电子信息技术水平、产业规模，以及国民经济信息化程度将会接近发达国家，这必将极大地推动中国新兴产业的发展。

在区域格局上，新丝绸之路经济带的战略和新疆的跨越式发展，有利于乌鲁木齐加快建设中国向西开放的新高地。2013 年 9 月，习近平总书记在出访中亚 4 国期间，提出了共建丝绸之路经济带的战略构想，指出："为了使欧亚各国经济联系更加紧密、相互合作更加深入、发展空间更加广阔，我们可以用创新的合作模式，共同建设'丝绸之路经济带'。"这标志着中国将进一步加快向西开放步伐，与中、西亚地区的基础设施互联和经济往来将得到空前的发展。新丝绸之路经济带一端连接正在迅速崛起的亚太经济圈，另一端连接发达的欧洲经济圈，辐射范围达 30 多个国家，总面积 5000 万平方公里，人口约 30 亿，能源、矿产、旅游和文化及农业资源丰裕，潜在市场规模在全球独一无二。其沿线国家经济互补性增强，在交通、金融、能源、通信、农业、旅游等各大领域开展互利共赢的合作潜力巨大，被认为是世界上最长、最具有发展潜力的经济大走廊。新丝绸之路经济带战略构想的实施，将重新打通阻滞多年的亚欧经济动脉，实现各国从交通、贸易直至投资、金融的互联互通，绘出惠及经济带沿线各国的亚欧经济新版图，也为实现国内统筹东西发展、推进西部大开发战略开辟了广阔空间，对全球经济、政治新格局的形成影响深远、意义重大。

推进丝绸之路建设的关键是利用新疆向西开放的地缘优势，依托新丝绸之路和第二亚欧大陆桥，建设连接东、西部两个超过13亿人口的大市场。乌鲁木齐位于新丝绸之路经济带的枢纽位置，也是中国向中、西亚开放的重要门户。新丝绸之路经济带的发展，将不仅促进沿线各国、各城市的快速发展，也有利于加快把乌鲁木齐建设成面向中亚的国际商贸中心，建立以乌鲁木齐为中心的中亚经济圈。新疆是中国西部大开发的重点地区，也是向西开放的桥头堡。2010年中央新疆工作座谈会后，国家出台多项措施，努力维护新疆社会大局稳定，促进新疆实现跨越式发展。多轮对口援疆工作全面开展，19个援疆省区市通过建立人才、技术、管理、资金等全方位的援疆机制，把保障和改善民生置于优先位置，着力帮助各族群众解决就业、教育、住房等基本民生问题，支持新疆特色优势产业发展，提高新疆自身的"造血"功能。2013年9月，全国第四次对口支援新疆工作会议研究部署了就业、教育、人才等新一轮援疆重点工作，提出要抓住打造丝绸之路经济带的历史机遇，围绕丝绸之路经济带建设，努力把新疆建设成为中国向西开放的桥头堡。

截止到2012年底，对口援疆省市已累计实施援助项目2378个，拨付到疆援助资金248.6亿元。75%以上的援疆资金用于民生建设。中央企业完成自治区地方项目投资1782.6亿元，自治区地方引进19个援疆省市经济合作项目2662个，已到位资金2580亿元，一批强产业、惠民生的重大项目陆续开工建设和建成投产。

2010年以来，新疆经济发展明显提速，GDP年均增长超过10%，位居全国前列。乌鲁木齐作为新疆的首府城市，直接受益于新疆的快速发展。"十二五"前两年GDP年均增长16.3%，突破2000亿元大关的乌昌石城市群的发展，有利于实现资源优势互补，进一步提升乌鲁木齐的区域龙头地位。2013年8月，国家发展改革委公布了中国城市群发展目标，提出了打造包括乌昌石在内的10个区域性城市群。乌昌石城市群国家战略的深入推进，使乌鲁木齐的区位优势、城市功能优势和二三产业优势与昌吉、石河子的第一产业优势和资源优势加速实现互补。

与中国大多数省会城市不同，乌鲁木齐设7个建成区，仅辖1个县。"大城区、小郊区"的行政架构，导致乌鲁木齐市农牧业比重过低。作为一座成长中的西部城市，无论是推进新型工业化，发展实体经济，还是在保持物价稳定、改善民生等方面，都需要坚实的农业基础作支撑，而昌吉和石河子恰好弥补了乌鲁木齐的这块短板。

二 乌昌区域经济一体化的形成

乌昌区域内的昌吉市、阜康市、米泉市（米东区）、五家渠市和乌鲁木齐市五城市同处天山北坡经济带的黄金区域。总辖区面积 60019 平方公里，约占新疆土地总面积的 3.6%；总人口 360.63 万，占全疆总人口数的 18.93%，其中农业人口占 36.1%。区域内维吾尔族、哈萨克族、回族、蒙古族等为主的少数民族占总人口的 25.6%（见图 2-1）。[1] 2011 年，乌昌地区实现地区生产总值 2392.9 亿元，占全疆的 36.4%；工业增加值 783.1 亿元，占全疆 28.3%；固定资产投资 1145 亿元，占全疆 24.3%；一般预算收入 254.4 亿元，占全疆 35.3%。五城市经济增长速度都超过了 10%。各城市经济、社会的基本情况见表 2-1。

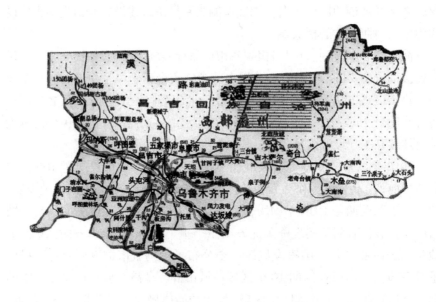

图 2-1 乌昌经济一体化的地理和行政划分

---

[1] 刘亚军：《乌鲁木齐城市经济圈七城市旅游地吸引力评价及分析》，硕士学位论文，新疆大学，2006 年。

表 2-1 城区面积与人口结构情况

城 市	面积（平方公里）		人口（万人）		主要少数民族成分（人）		
	总面积	建城区面积	总人口	城市人口	回族	维、哈等	少数民族占总人口比重
乌鲁木齐市	12000	270.8	275.72	260.01	156453	323928	26.51%
五家渠市	711	34	28.54	10.65	12555	883	7.4%
昌吉市	7964	52	45	21.74	18958	7955	29.05%
阜康市	11726	26	15.51	7.55	13802	5130	26.30%
米泉（米东区）	3789	41	37.89	37.89	55483	4843	41%

注：指标数据依据《2008 年新疆领导干部手册》和各城市 2007 年社会经济统计资料。

（一）乌昌区域经济一体化形成的经济基础

市场经济的高度发展，必然促成生产要素在更大范围内的流动和配置。目前发展比较成熟的京津唐环渤海、长江三角洲、珠江三角洲以及新兴起的长株潭、成渝、西咸一体化等经济圈，正是这一规律的体现。对于乌昌区域而言，首先，乌鲁木齐、昌吉等 5 城市同属内陆离海最远的城市，其空间距离和联合发展的基础是西部任何地区都无法比拟的，具有经济一体化建设的绝对优势。其次，乌昌经济一体化有利于两个地区做大做强。中心区域发展需要城市空间拓展和内涵提高的相互作用，而乌昌经济一体化正是城市规模扩大和城市集约发展的现实选择。再次，乌昌经济一体化不但可以化解土地资源、矿产、能源以及水资源短缺对经济持续发展的限制，而且可以让其发达的服务业和重化工业得以充分发展，对昌吉州而言，其有利于接受乌鲁木齐市的外溢效应，缓解乌鲁木齐水资源短缺、环境污染严重以及交通拥堵等弊端，分散乌鲁木齐的部分城市功能，并充分利用乌鲁木齐的人才、技术、信息、资本、科技等多方面优势，扩大昌吉州的城市规模及利用的能力，使昌吉城镇化水平在较短时间进入西部区域经济中心城市平台，充分发挥其地域广阔，矿产、能源、水资源、旅游资源丰富的优势，增强参与国内外交流与合作的实力，提高招商引资的竞争力、吸引力，让其经济发展潜力得到应有的发挥。

因此，实现两地资源共享、优势互补基础上的乌昌经济一体化已成为必然，体现了经济发展规律的内在要求。具体表现在以下几个方面。

1. 地理的邻近

地理的邻近性是区域经济一体化的首要要素。因为地理邻近与现实条件的相似性有利于促进区域经济一体化。而乌昌两地之间紧密的地理联系，使两地之间长久以来就一直存在非常紧密的经济、文化、商贸方面的交流，人流物流交流频繁，两地群众经常相互迁徙、居住甚至通婚；其文化、宗教、风俗习惯等也极为相似，并且在资本、技术、人员等方面早就存在着频繁的交流，这为区域政治、经济一体化的深入发展打下了良好的基础。另外，乌昌区域各城市经济发展水平比较接近。从这些城市的发展水平来看，人均国内生产总值比较接近，具体数据可以参见表2-2。其中的一些主要经济指标虽然也存在差异，但比国内其他经济区的内部差异要小得多，有利于各城市间统筹安排，沟通合作。

表2-2　　　　　　　　　　2010年五城市主要经济指标

城　市	国内生产总值（亿元）	人均国内生产总值(元)	地方财政收入（亿元）	全社会固定资产投资(亿元)	工业总产值(亿元)
乌鲁木齐市	1311（+12.3%）	39000	197.6（+26.6%）	500.11	476.06
昌吉市	178.6（+16%）	30406	16.69（+40.20%）	61.5	156.08
阜康市	82.1（+15%）	28717	8.65（+20.3%）	35.16	67.31
米泉市（米东区）	110.91（+17%）	30113	10.8（+27.9%）	90	107.32
五家渠市	86.08（+14.3%）	30500	2.83（+42.3%）	102	64.47

注：指标数据依据《2011年新疆领导干部手册》和各城市2010年社会经济统计资料；括号内系各项指标较上一年度增长率。

2. 资源禀赋差异

各种商品生产存在要素的禀赋差异是经济贸易和分工协作的首要条件。从乌昌区域各城市目前的主导产业及5个城市根据主导产业对城市发展所作的定位，可以得知乌昌区域 5 个城市间存在着明显的资源禀赋差异（参见表 2-3、表 2-4、表 2-5、表 2-6）。

表 2-3 各城市目前主导产业情况

城 市	目前主导产业
乌鲁木齐市	现代服务业、高新技术产业、物流业、机械制造
昌吉市	畜牧业、农副产品加工、家具办公用品制造、煤炭、建筑建材
阜康市	旅游业、石油化工、煤炭、冶炼
米泉市（米东区）	特色农业、建材、煤炭、化工、批发市场、旅游（农家乐）
五家渠市	农副产品加工、观光农业

注：指标数据依据《2011 年新疆领导干部手册》和各城市 2010 年社会经济统计资料。

表 2-4 各城市所做出的定位

城 市	城 市 定 位
乌鲁木齐市	位于中亚的现代化国际商贸城市
昌吉市	天山北坡的生态型、田园式、现代化区域性中等城市
阜康市	生活富裕、环境优美、特色鲜明的现代化生态旅游城市
米泉市（米东区）	新型的工业城市，乌鲁木齐国际商贸中心的重要组成部分
五家渠市	兵团园林化生态城市，乌鲁木齐市郊具有军垦特色的现代化卫星城市

注：指标数据依据《2011 年新疆领导干部手册》和各城市 2010 年社会经济统计资料。

表2-5   各城市经济发展的优势及劣势

城市	主 要 优 势	劣 势
乌鲁木齐市	1.交通、通信枢纽，现代的"丝绸之路"； 2.新疆的首府，是新疆政治、经济、文化中心； 3.经济相对发达，在新疆拥有绝对的经济优势	1.空气污染严重，严重缺水； 2.城市发展空间严重不足； 3.基础工业比较薄弱
昌吉市	1.私营和民营企业相对发达； 2.具有新疆的龙头企业，煤炭资源储量巨大； 3.水资源丰富	1.农副产品加工水平不高； 2.与首府发展相割裂； 3.人才缺乏
阜康市	1.矿产资源丰富； 2.旅游资源丰富； 3.交通便利，土地储备资源丰富	1.经济发展滞后； 2.信息人才严重不足
米泉市 （米东区）	1.区位优势突出，已发展为首府的一部分； 2.自然资源丰富，有大量成本较低的工业建设用地； 3.城市基础设施比较完善	1.水资源缺乏； 2.污染严重，产业单一
五家渠市	1.具有区位优势； 2.自然资源丰富； 3.自然环境宜居	1.经济总体实力不强； 2.城市知名度较低，城市特色不显著； 3.行政区划约束作用明显

注：指标数据依据《2011年新疆领导干部手册》和各城市2010年社会经济统计资料。

表2-6   各城市提出的发展思路

城 市	总体思路	预期目标
乌鲁木齐市	建设面向中亚西亚的现代化国际商贸中心；实施乌昌经济一体化"四大战略"	地方财政收入、人均收入年均增长均达到12%以上；到2015年GDP预计达3500亿元
昌吉市	"六大支柱产业"初具规模，"三化"建设加速推进	人均地区生产总值达到67900元，达到西部地区先进水平；地方财政一般预算收入翻一番以上，年均增长25%以上

城　市	总体思路	预期目标
五家渠市	以纺织、食品、塑化、旅游为主导产业	国内生产总值增长实现年均增速 12%，建设成为富有军垦文化特色的卫星城
米泉市（米东区）	以工业为主导，把米泉建成新型的工业城市和乌鲁木齐国际商贸中心的重要组成部分	国内生产总值年均增长 21%，人民生活水平率先达到小康标准
阜康市	加快优势资源转换，发展有色金属冶炼及精深加工产业	人均国内生产总值年均增长 12.6%

注：指标数据依据《2011 年新疆领导干部手册》和各城市 2011 年社会经济统计资料。

根据俄林的观点，如果各国之间的要素生产率相同，那么国际贸易的直接原因要么是国家间商品价格的差异，要么是两国各种商品的成本比例不同。各国应生产并出口那些密集使用其相对丰裕要素的产品，而进口那些密集使用其相对稀缺要素的商品，区际贸易的流向应以要素禀赋的密集度为重心，向稀缺要素地区倾斜，由此形成最佳的区际分工协作格局。那么在现代经济发展中，一个地区的发展仅仅依靠自身内部资源与要素的投入产出循环是远远不够的，它必须借助于地区之间的互补和协作。而乌昌经济区域正是借助自然资源、人力资源、技术等经济发展的基本要素存在不同程度的差异，制定了不同城市的发展定位和主导产业，形成了一定程度的区域分工，奠定了地区间经济联系的基础。

3. 产业结构的互补

根据表 2-7 可知，总体上乌昌区域城乡二元结构突出，各城市间的产业结构存在明显的差异。普遍来看，各城市的第一产业比重都偏高，第二产业比重偏低，并且从结构来看，内部机构也很不合理，第三产业虽然较高，但是发展水平较低。具体以乌鲁木齐市和五家渠市为例，乌鲁木齐市呈现出"三、二、一"型，而五家渠市则体现为"二、一、三"型，新疆自治区则是"二、三、一"型。乌鲁木齐市第三产业比重较高，具有相对较高的工业化水平，已进入工业化中期。而五家渠市的第一产业比重高于全疆平均水平，说明农牧产业在整个五家渠市地区经济产业中占有重要比例，五家渠尚处于工业化初期阶段。乌昌地区产业结构特征各异，乌鲁木齐市的"三、二、一"型与昌吉州的"二、一、三"型经济结构，不但使得两地的产业具有极强的互补性，使两地在产业布局上的分工合作成为必然，而且产业的互补性也要求两地必须发挥各自优势，最终实现区域内各经济要素优化配置，形成布局科学、结构合理、优势互补的区域产业结构。

表 2-7　　　　　　　　　　　　　三次产业指标

城　市	第一产业 （亿元）	第二产业 （亿元）	第三产业 （亿元）	三次产业 比重
昌吉市	23.15 （+8.1%）	78.52 （+18.43%）	77.72 （+18.1%）	17.2：42.6：30.2
阜康市	.12.11 （+7.2%）	33.77 （+17%）	14.29 （+14%）	15.1：64.8：20.1
米泉市 （米东区）	7.45 （+11%）	76.16 （+19.8%）	26.52 （+14%）	9.3：71.1：20.6
五家渠市	33.24	34.85	29.41	33.3：34.8：31.9
乌鲁木齐市	19.03 （+6.13%）	587.95 （+12%）	695.25 （+12.4%）	1.45：45.57：52.98

注：指标数据依据《2010 年新疆领导干部手册》和各城市 2011 年社会经济统计资料；括号内系各项指标较上一年度增长率。

4. 转移就业

随着劳动生产率等经济增长内生因素的改变，劳动力或就业结构也必然随着产业结构的变化而发生改变，但受到知识、技能以及经济内部本身的诸多因素影响，劳动力的转移必然是滞后的，不能与产业结构的转变保持一致，从而出现就业结构的偏离。表 2-8 为 1998—2007 年乌昌地区的就业结构偏离度。

表 2-8 反映出，自 20 世纪 90 年代末以来，乌昌地区第一产业结构偏离度始终为负值，且总体呈加剧趋势。根据公式 $M1/L1=M2/L2$[①]（式中

表 2-8 　　　　　　　　　　　　乌昌地区的就业结构偏离度表

年 份	偏 离 度 结 构		
	第一产业	第二产业	第三产业
1998	−9.13%	−5.14%	7.04%
1999	−21.90%	−4.02%	10.17%
2000	−16.30%	0.42%	4.32%
2001	−20.83%	5.02%	1.93%
2002	−19.80%	−0.98%	5.79%
2003	−21.68%	10.83%	−1.27%
2004	−20.35%	22.70%	−8.67%
2005	−11.58%	11.42%	−4.41%
2006	−17.68%	22.04%	−8.25%
2007	−19.20%	23.79%	−8.87%

---

① 此公式为自建经验公式，即假定社会在某一时期，对某一种商品的需求一定，那么生产这种商品所需的劳动力数量和劳动生产率成反比。由于前提假设的限制，其再对产业状况进行分析时对第一产业比较适用。因为，二三产业的产品更为多样化，需求很难确定。

M1 代表原劳动生产率，M2 代表当下劳动生产率，L1 表示原劳动生产率下所需劳动者数量，L2 表示现有劳动生产率情况下所需劳动者数量），可以推断出乌昌地区第一产业总体上劳动生产率呈现持续上升趋势，就业人员基本处于超出当前产业所需要的状态，始终为劳动力的净流出部门，在未来一段时间内可持续为第二、第三产业提供劳动力的转移。另一方面，由于乌昌区域近年来第一产业就业偏离度始终为负值，这说明乌昌地区第一产业遭遇劳动力转移障碍，且根据表 2—8 的数据中各城市三次产业比重可知，一产劳动力主要集中在乌鲁木齐以外的各城市，而与之对应的是乌昌地区第二产业偏离度自 2003 年开始为正值，且有数据显现乌昌第二产业主要集中在乌鲁木齐市，这说明乌鲁木齐市第二产业现有就业人员不能满足当前产业结构发展的需要，需要更多的劳动力进入。与此同时，由于区域内社会保障体系的分割和人力资源统筹制度的缺失，劳动力自由流动受到较大的限制，但就业的充分与否作为经济发展和政绩考核的硬性指标，不得不让各地方政府对此作出被动调整，通过建立统一的人力资源流动管理制度来解决上述问题。因此，就业偏离度所导致的劳动力转移问题客观上要求乌昌区域必须实行一体化的发展战略。

5. 难以为继的生态环境

现代自然科学家与社会学家逐渐在人类生存和发展上达成了一致，即经济发展必须要考虑到自然生态承载力，这关系到发展是否具有可持续性。世界环境与发展委员会（WCED）给出了相应的数据，即为了保护生物多样性，至少有 12% 的生态容量需要保留用来作为地球上其他生物生存所需。根据计算，新疆乌昌地区人均生态供给为 1.47902 hm^2，在扣除 12% 后，乌昌人均生态赤字为 3.58420hm^2，其中就城市发展必须涉及的建筑用地而言，仅乌鲁木齐市建筑用地的生态赤字，在 2004 年时就为 0.05387 hm^2，现在已是负数。这表明乌鲁木齐市建筑用地已无法保证，其城市失去了扩张的空间。而与此同时，昌吉地区的建筑用地却有足够的生态盈余，但却缺乏资金、项目与技术，这正好与乌鲁木齐形成了互补。除此以外，乌昌区域五城市中不但有四个城市出现了水资源严重短缺问题，而且各城市在化石能源用地、草地等领域都存在不同程度的生态赤字，因此，乌昌区域如果想实现共赢和可持续发展，必须走经济一体化的发展道路。据环保部发布的《2011年上半年环境保护重点城市环境空气质量状况》显示，全国重点城市中，空气质量最差的是乌鲁木齐，为"劣三级"。①

（二）乌昌经济一体化形成的上层建筑

由于中国特殊的历史和体制，在改革开放以前，中国的地方政府实质上只是中央政府管理地方事物的"代理人"，其行为范式表现为"服从和执行"。改革开放后，中央和地方开始分权，地方政府获得了财政收支、投资、外资外贸、价格等管理权和地方性企业管理权等一系列权力，地方政府在地区经济发展过程中逐渐演化为"第一行动集团"，成为地区经济的利益主体。随即地方政府也出现了类似"经济人"的行为目标。按照有关学者归纳，地方政府的行为目标包含以下几个层次：一是地方政府官员个人及集体追求政绩的需要，这种追求政绩的需要包括物质利益和精神利益；二是地方政府需要在既定的资源、技术和社会条件下，采取经济、政治行动，寻求财政预算的最大化，从而最大化本辖区居民的社会福利；三是维护国家利益。而就这三个目标中前两个目标的考核而言，其涵盖了地区生产总值及增长率、经济发展质量指数、居民人均收入及增长率、税收增长指数、公共医疗卫生指数、生活环境指数、资源消耗指数和城市管理综合指数等内容，并且这些内容构成了地方政府官员个人和集体政绩考核的主要指标。在这些指标的约束下，地方政府为实现其行为利益，就会根据辖区实际的经济形态和具体的发展情况，在纵向和横向上展开广泛的竞争。这一过程主要体现在以下几方面。

1. 地方与中央的博弈

改革开放后，为促进经济社会的发展，中央政府开始逐渐将手中的诸多权力转移至地方政府手中，以激发地方政府对制度进行创新的积极性。这一举措使中央与地方政府关系的刚性化准则逐渐消失，使省级地方政府在既定的行为目标下，就制度变迁、经济增长速度等方面与中央展开博弈。在制度变迁方面，地方政府制度创新的收益和成本比越高，其赢得中央政府支持的可能性就越大，地方发展获取更多优惠政策和地方官员获得更大权力的可能性也随之增大。而在这一过程中，对制度创

---

① http://www.ucatv.com.cn/html/news/10/201108/01-139202.html.

新成本的压缩必然导致中国特有的制度创新模式——试点，而试点选择的关键就在于区域的选择。省一级的地方政府通常会选取本省内在经济、文化、政治等综合方面相对最为理想的区域，如湖北建立武汉城市圈为综合改革实验区，湖南则以长株潭作为全国两型社会建设综合配套改革试验区。以新疆为例，乌鲁木齐和昌吉州就是这样的一个区域。因此，可以说乌昌经济一体化的实施和推进，其实是新疆自治区政府争取更多的中央优惠政策和权力等的必然选择。在经济增长速度上，地方政府通常热衷于经济的较快增长，然而经济增长速度的过快，往往会导致通货膨胀而让改革大打折扣。这样，地方和中央便会围绕增长速度展开博弈，博弈的结果是发达地区总是获得更多的经济成果，落后地区则总是承担更大的经济隐性成本。因此，落后地区的省级地方政府面对中央，想改变自己在博弈中的不利处境，就必须选择相对较为理想的区域，对区域内的资源进行有效整合，调整经济内部结构，协调经济运行模式，形成规范的、互补的产业结构链，促成邻近区域的联动式发展，塑造出本省经济的增长极，以带动整个省级区域的发展，从而获取中央的信任和认可，并获得政策上的支持。从这个角度说，乌昌一体化的实施和推进，同样也是新疆自治区政府与中央政府在进一步加快天山北坡经济带上相互博弈的一个产物。

2. 地方政府之间的竞争

地方政府之间的竞争主要围绕技术、制度、公共品供给展开。其主要原因有以下几点：一是改革开放以来，无论是对哪一级地方政府而言，政绩评价的模式都从原先的政治取向演化为了经济指标，经济发展的速度和质量成为衡量地方政府政绩最重要的指标，这就使得同级地方政府会围绕经济发展而展开激烈的竞争。二是在同一省级行政区内，省级以下地方政府会为争取成为各种改革的"试点"，围绕经济发展展开激烈的竞争，因为"试点"拥有更多的权利和获得官员个人或集体利益实现的更多可能。地方政府横向之间的激烈竞争，其直接后果是释放了地方政府的潜能，在一定程度上解放了区域生产力；其在促进了区域经济增长点形成的同时，也埋下了区域引资大战、低成本重复建设、地方保护主义、环境污染等影响区域经济健康和可持续发展的祸根。

以乌鲁木齐市和昌吉州为例，两地均为新疆经济的核心区域，尽管在经济总量上乌鲁木齐有着相对的优势，但两地同属离海最远的城市，同属亚欧大陆的核心通道，同有着经济发展所需的同种资源，使得两地在产业发展方面有着诸多的同构。为了实现各自地方区域的经济利益最大化，近10年来，市、州地方政府在招商引资方面纷纷制定"n+1"的优惠补贴措施和政策，但由于地方政府把重点放在了引资的数量上而忽略了引资的质量，因此这种低水平、低层次的政府竞争必然导致产业发展上的重复建设。有数据显示，两地第三产业增加值位居前列的均有交通运输、仓储及邮电通信业、批发和零售业等行业，其所占比重都超过了50%。这必然出现盲目投资和低水平重复建设，造成产业结构趋同，从而极大地浪费了经济发展的资源，增加了经济持续发展的成本。另外，两地都将房地产业和工业园作为地区发展的重要抓手，但乌鲁木齐的特殊地理地形使其面临无空间可拓展的瓶颈制约，而昌吉却恰恰与之相反，面临的问题是有土地却缺少资金、技术、人才和项目等。如此一来，两地在发展上不但均受到了限制，而且严重削弱了其与东部争取国家优惠政策等经济发展制度要素的博弈能力。为了打破这一局面，改变自身在经济发展博弈环境中的不利地位，自治区政府和乌昌区域地方政府早在十几年前就曾组织乌昌区域进行过一系列积极的探索，并最终在2004年12月做出了在不涉及乌鲁木齐市、昌吉州行政区划调整的前提下，在一系列制度的革新下，打破原有的利益格局，在区域内一定程度上实现了城市、产业等规划的统一。从这几年的实践来看，随着区域经济一体化的推进，各个城市按照统一规划对产业结构进行调整后，区域内的产业合理分工格局正逐步显现，使乌鲁木齐作为全疆的经济中心、政治中心、文化中心和信息中心的地位不断增强，与其他城市之间的联系更加紧密，从而强化了乌鲁木齐作为增长极的经济扩散效应，促进了乌昌区域经济一体化发展，最终实现乌昌经济共同体。

综上所述，乌昌区域经济一体化的形成是在国内区域经济一体化大发展的背景下，借助现有区域经济的理论成果和实践模式，从区域的实际情况出发，基于毗邻同构的人文地理、相对受限的资源禀赋，以及必须实行互补的产业结构等经济内在需求和地方政府与中央政府纵向之间、地方政府与地方政府横向之间博弈的基础上共同促成的，其符合经济发展的一般规律。

第三节　乌昌区域经济一体化的主要内容

乌昌党委成立后，对乌昌地区经济社会发展制定了一系列的统一规划。

一　乌昌区域经济一体化的基本思路

乌昌经济一体化的核心是，始终坚持一个原则，即在财政统一、市场统一、规划统一的基本原则下，加快推进乌昌经济一体化。其发展的基本思路如下：一是要着力打破乌昌两地的利益界限，集中优势财力发展经济。二是要建立符合市场经济要求的新型投资体系和市场服务体系，吸引社会资本参与乌昌地区的开发建设。三是要统一制定乌昌地区中长期规划和各类专项规划，重点做好"十年"规划，促进乌昌经济一体化步入科学发展的轨道。四是要统筹经济与社会，兼顾资源与环境、城市与农村协调发展，坚持以信息化带动工业化，坚定不移地走新型工业化道路，以高新技术改造和提升传统产业，从根本上改变经济增长方式，发展乌昌新型工业化，并通过乌昌新型工业化带动乌昌经济一体化，推进乌昌工业化和乌昌经济一体化步入快速发展轨道。

二　乌昌区域经济一体化的实施步骤和战略目标

乌昌经济一体化分成三个阶段实施。第一阶段，全力抓好昌吉州米泉市和乌鲁木齐市东山区即米东新区的建设，充分利用米东新区土地资源富集这个最大优势，力争5—8年时间，把米东新区建成全疆重要的化工基地。第二阶段，鼓励乌鲁木齐两个国家级开发区，抓住乌昌经济一体化的新机遇，跳出园区建园区，真正把开发区建成乌昌乃至全疆新型工业化的核心集聚区。第三阶段，依托八一钢铁公司等大型企业，利用昌吉市和头屯河区现有工业基础，加快建设昌吉州昌吉市和乌鲁木齐市头屯河区即昌河新区，力争通过5年左右时间，把昌河新区建成乌昌地区最重要的冶金和机械制造业基地。通过三步走规划，加快推进乌昌新型工业化进程，努力把乌昌地区建成全疆最强的制造业基地、全疆最重要的出口加工和外贸基地、全疆最重要的农业和农产品加工基地、全疆最大的城市集群和最重要的人居生态区，辐射带动天山北坡和全疆经济快速发展。

三　乌昌区域经济一体化的战略任务

乌昌党委成立后，结合乌昌两地经济内在结构和发展阶段，综合制定了以下发展战略。

（一）工业经济总量显著提升

"十一五"期间，乌昌工业投资占固定资产投资的70%以上，年均工业增加值增长20%以上，地区生产总值和地方财政收入比2005年翻一番，分别达到1500亿元和120亿元。

（二）产业集聚快速形成

"十一五"期间，基本形成煤电煤化工、石油化工、资源型重工、机械制造、新能源开发等"十大产业集群"。目前，煤电煤化工、石油化工、新能源、钢铁冶炼、家具制造、农副产品和绿色食品加工等7个产业群基本形成。最终使产业集聚联动和辐射效应显著增强，乌昌特色的产业发展格局基本确立。

（三）企业集群不断壮大

发展和形成一批拥有自主知识产权和较强市场竞争力的品牌企业和名牌产品，逐步形成以具有较强竞争力的大型企业集团为龙头，大、中、小企业集群化、特色化发展的企业集群，力争经过今后5年的努力，形成年销售收入过100亿元的大型企业集团5—7个，过50亿元的企业20个，过10亿元的企业30个。

（四）园区经济格局基本建成

依托内涵提升和外延扩张，逐步形成以两个国家级开发区米东新区、昌河新区（昌吉市—头屯河区，下同）为中心，以水磨沟区、天山区东部和阜康工业园为重点的园区发展格局，使园区经济对乌昌工业的贡献份额大幅攀升。

（五）城市化水平进一步提高

通过实施工业化和城市化"双轮"驱动战略，以乌鲁木齐为中心，以昌河的城北新区为重点，以五家渠、阜康、玛纳斯等城镇为东西两翼的城市簇群框架基本形成，区域内各城市特色鲜明、优势互补的错位发展格局已初步确立。

四　乌昌区域经济一体化的产业布局

根据"中心体现繁荣、外围体现实力"的基本原则，乌鲁木齐市按照建设现代化国际商贸城和打造中亚地区最重要的商品集散地的目标，把第二产业作为基础，带动第一、三产业发展；发挥第三产业优势，促进第一、二产业发展，形成一、二、三产业协调发展的局面。昌吉州充分发挥得天独厚的地缘优势、土地优势和资源优势，把工业作为重中之重，大力实施"工业强州"战略，推动乌昌工业特别是重化工业向昌吉州有序转移。乌鲁木齐市的天、沙、新、水四个中心城区继续加快现代服务业和物流业的发展，做大做强第三产业和总部经济，推动乌鲁木齐向现代化国际商贸城的目标迈进。米东新区、头屯河区、达坂城区、乌鲁木齐县、昌吉市、阜康市、五家渠市、玛纳斯县、呼图壁县要充分利用自身优势和工业基础，重点发展第二产业，力求在新型工业化建设方面取得突破；奇台、吉木萨尔、木垒县要坚持从实际出发，宜农则农，宜工则工，宜旅则旅，找准自身定位，明确发展方向，促进乌昌经济的持续健康发展。

五　乌昌区域经济一体化的工业布局

乌鲁木齐市重点发展高新技术产业、外向型工业和都市工业；米东新区重点发展石油、天然气、煤化工等能源化工以及新型建材业；昌河新区重点发展冶金、建材、机电、绿色食品、家具制造、农副产品加工业；阜康市重点发展资源型高耗能大工业；五家渠、呼图壁、玛纳斯等县（市）重点发展农副产品加工业等。通过合理布局工业，促进乌昌工业化和城市化的协调发展。[①]

第四节　区域经济一体化中的乌昌模式及其发展动力

在天山北坡经济带经济一体化形成发展过程中，乌鲁木齐市和昌吉州积极探索融合发展的新路，在新疆自治区党委政府的关注和支持下，

---

① 杨刚：《新型工业化基地希望在乌昌》，《今日新疆》2005 年 8 月 15 日。

在全国第一次尝试跨地市级行政区域成立乌昌党委这一特殊领导机构，在不调整改变两个地区行政区划的基本前提下，从实质上打破行政区划的限制，并在两地行政区划没有统一的基础上，实现了两地区域经济中核心三要素的统一，即"财政、规划、市场"的统一。这无疑是国内推进区域一体化模式发展的有力创新，其中组建了跨行政区域的乌昌党委，是区域经济一体化中的乌昌模式最典型的特征和创新的核心所在。

一　区域经济一体化中的乌昌模式

乌鲁木齐—昌吉区域经济一体化简称乌昌经济一体化。作为新疆维吾尔自治区首府，乌鲁木齐市是自治区的政治、经济、交通和文化中心，而昌吉回族自治州三面与乌鲁木齐市相邻，目前昌吉州经济总量在新疆维吾尔自治区仅次于乌鲁木齐、克拉玛依、巴州，排名第四，2010年乌昌地区国内生产总值总量超过全疆的1/3，乌昌两地财政合计占到了全疆的40%，可以说乌鲁木齐—昌吉区域尽占了各种优势，即所谓的天时、地利和人和。乌鲁木齐和昌吉促进经济一体化基本前提条件，就在于两个地区所处的有利地理条件：昌吉州州府距离乌鲁木齐地窝堡国际机场12公里；乌鲁木齐市东山区和昌吉州米泉市仅一线之隔，整个区域的市政、教育、文化、交通建设完全连成一体；乌鲁木齐市头屯河区和昌吉市分别在乌鲁木齐国际机场两侧，鸡犬之声相闻，工业园区一渠之隔。从本质上来说，乌昌经济一体化就是以优势互补、互惠共赢来推动乌昌整体的区域经济发展。乌昌经济一体化在推进实施过程中，最具独创性的就是成立中共乌鲁木齐昌吉委员会（以下简称乌昌党委），并坚持在乌昌党委统一领导下，有目标、有步骤地不断推动两地区域经济一体化稳步有序地向前发展。

为了推动天山北坡经济带的更快发展，促进乌昌两地的强强联合，2004年新疆自治区党委政府作出了促进乌昌区域经济长远发展的重大决策，即在不改变鲁木齐市、昌吉州行政区划的前提下，成立乌昌党委，乌鲁木齐市和昌吉州的各级机关依然不变，只是增加一个具有决策权、任免权的乌昌党委，如此一来，乌昌党委就不仅仅是个议事、协调机构，其已成为乌昌地区经济发展的重要领导机构。

由于乌昌党委的强力推进，仅用了3年的时间，乌鲁木齐市和昌吉州两地就实现了规划、财政、市场的完全统一（以下简称"三统一"）。

2007 年乌鲁木齐市财政局和昌吉州财政局重新整合，机构和人员在内部进行调整，成立乌昌财政局，拥有所谓的"一套人马，两块牌子"，对外依然是乌鲁木齐市或昌吉州财政局，对内则称为乌昌财政局。按照同样的方法，2008 年乌昌发改委、人社局、环保局、规划局等纷纷建立。与此同时，其他领域的融合协调也在稳步推进中，对于区域经济起基础性作用的一些要素，乌昌党委相关职能部门也积极协调，两地相继在电信、城际高速公路、区域工业规划等方面逐步实现统一连接、统一部署、通盘考虑。当然这些统一在某种程度上还是低水平和低层次的。同时在自治区相关职能部门的支持下，一些自治区垂管机构（如工商、地税、质检、金融等）也在逐步作相应的调整。这些措施几乎涉及经济社会的方方面面，为逐步推进两地的经济一体化提供了物质上和组织上的保证。

（一）乌昌党委在推动乌昌区域经济一体化发展中的几个突出特点

第一，乌昌工作部门在经济发展中的作用得到落实。乌昌党委的成立在全国区域经济一体化推进过程中开了机构改革的先河，它不同于成渝、长三角、珠三角等地区在推进区域经济过程中成立的协调机构或者松散的联盟。

第二，抓主要矛盾，首先实现了经济利益的一体化。应该说利益之争是各级政府在经济一体化推进中的最主要障碍，而成立统一的乌昌党委，授予其实际的管理权力，并在其作用下顺利地实现了乌昌财政、通信、环保、规划的统一，有效管理和整合着所辖的 17 个县（市、区），将两地的共同利益牢牢地捆绑在一个有机体里，避免了内耗等不利因素。

第三，初步实现了规划统一。在两地制定各自规划的基础上，乌昌党委在广泛征求两地意见后，通过法律程序制定出台了乌昌地区共同的"十一五"规划和"十二五"规划，有效避免了项目恶性竞争、重复建设，提高了区域协调发展的标准和质量，为进一步协调发展打下了坚实的基础。

第四，实现了统一市场。乌昌党委对两地市场工商、质检、准入制度、招商等进行了统一，这无形中降低了市场交易和招商引资的成本。

第五，乌昌模式为打破行政壁垒提供了极具实践性的探索。乌昌区域的最大创新，是通过跨行政区域设立党组织为区域一体化提供可靠的政治保证。应该说，成立乌昌党委的意义，就在于跨行政区域设立党组织，为西部落后地区的区域经济一体化找到了有效途径，使党组织成为推动一体化的内生动力。这不仅仅是提供一个区域经济合作的可操作性的模本，更为区域协调发展找到了持续动力。

第六，发展成效明显。以前很多涉及两地的一些推诿扯皮问题，乌昌党委成立后很快顺利解决。涉及两地的电信通信收费实现了统一，连接两地的乌昌公路改扩建工程迅速完成，涉及乌昌两地的 4 条公路的收费站被撤销。从乌昌党委成立的 2004 年开始，乌昌两地的 GDP 年增速超过两位数，从 2007 年起，近 3 年里两地的财政收入增速更是达到近 20%，远超前 10 年的平均增速。

（二）乌昌党委在推动乌昌区域经济一体化发展中取得明显成效的原因

首先，乌昌党委的机构设置，既没有触及现行体制下的官员利益，也没有打破原有区划，但鉴于其制度层级设计，乌昌党委在行政级别上是一个高于两地政府的领导机构，符合中国目前政治和行政管理的特殊模式，并且其在约束力、调控力上比地方政府以及行政机关等其他以契约形成的组织更具力度，能使地方党组织表现出独具特色的魅力。乌昌党委既不同于长三角、珠三角地区的"会议制度"和"市长联盟"等松散的协调议事机构，也不同于由湖南省统筹的长株潭试验区改革建设领导协调委员会，它是由新疆自治区党委授权任命的党委机构，乌鲁木齐市和昌吉回族自治州的党委书记分别担任乌昌党委的正副书记，党委机关还分别依托乌鲁木齐市和昌吉州的政府机构，成立秘书处，专门协助处理涉及两地的日常工作。同时，根据区域经济一体化发展的客观需要，乌昌党委陆续组建政策、招商、规划、财经、环保和组织等多个"复合型"的工作部门，在实践中把调控、规划以及管理服务部门逐步做实，这样就有效地把以前两地政府"各扫门前雪"的各自为政，较变为现在的统一规划、统一编制。

其次，乌昌党委的设置有利于打破地方保护主义，有利于强化党的领导核心地位。在中国目前的国情条件下，相关的地区以及各个部门真正做到统筹协调，做到同向、同力，已经成为区域经济一体化顺利成功的关键因素之一。因此，区域一体化的实现，要有强有力的组织协调作保证，而乌昌党委的设置有效地实现了这一点。乌昌党委实体机构的建立以及其后陆续制定出台的"三统一"政策，不但打破了两地固有的利益格局对区域经济协调发展的消极影响，而且还充分调动原有部门对推动区域经济的热情，有利于两地优势资源的整合，从根本上解决了区域一体化过程中制度变革的适应问题。

再次，组建乌昌党委的现实意义在于，一方面树立了一个制度创新的范例，用全新理念和方法来促进区域经济合作，另一方面是通过这样的实践和制度创新，为区域经济协调融合发展提供了巨大的动力。可以说乌昌党委的设立不仅是经济一体化体制和制度上的创新，也是观念上的创新。乌昌党委的成立，充分发挥了具有中国特色的党政一体的巨大组织优势，发挥了地方政府在组织协调、宣传发动、宏观和微观调配等方面的优势，充分显示出其独特的政治魅力和作用，并在乌昌两地的区域经济发展中建立了有效的整合机制，在此基础上制定科学和具有约束力的发展目标。要实现区域经济一体化，公平、合理、互助的原则，应是各区域共同遵循的基本规则，必须坚持利益分享，同时还必须有所妥协和牺牲。只有这样，才能在博弈中逐步深化经济一体化的水平和层次。从乌昌区域经济一体化的实践来看，乌昌党委成立后，逐步建立和完善了一整套既依托原有的行政管理体制，同时又发挥高效作用的机制。这种机制实质就是充分发挥区域党组织的核心领导作用，在几乎不额外增加成本的前提下，极大地促进了乌昌地区经济的快速发展。

二　乌昌区域经济一体化的发展动力

区域经济一体化是经济全球化的必然结果。其形成和发展也如所有事物一样需要内外因的相互作用。一般来说，区域经济一体化，既依赖一定的自然条件、人文环境、管理体系等内在动力，也需要区域以外的宏观政策导向等外生动力。从区域经济理论一般规律来看，区域发展的根本动力是自身内部的竞争和合作，即内生动力应该是区域经济一体化的动力之本，外生动力、内生动力等多种动力相互制约、相互促进、相互影响，逐渐形成一个多层次、多结构、多模式的动力系统。如果这种动力因素能够搭配得当、运转有序，就能够共同推动区域经济协调发展。

（一）区域经济一体化发展的内生动力分析

1. 集聚和辐射

第二次世界大战之后，随着第三次技术革命的深入，从世界范围来看，无论是西方发达国家还是发展中国家，城市都得到迅猛的发展，大型和特大型城市不断涌现。区域的中心城市就像一个强力磁铁，强有力地吸引着区域内的各种经济要素，中心城市逐渐将各种生产要素汇聚，生产要素和产业分工在市场规律的作用下得到合理有效的配置。世界上的主要大都市群，如纽约、法兰克福、东京、上海等，在各自的都市圈经济区域内都表现出很强的辐射作用。

再比如，香港作为亚洲的金融中心，其区域辐射和影响中国的华南地区，包括整个珠江三角洲。而上海市则影响带动了整个苏南地区以及长江三角洲的发展。重庆设立为直辖市，更是大都市辐射带动区域发展的很好的例证。重庆辐射带动作用，不仅体现在整个企业公司或产业的一些有形扩散，更多的是有资本、技术的无形扩散，这种辐射带动了长江中上游乃至西南区域的交流和相互联系，促进了整个区域经济的发展。

虽然就规模和经济总量来讲，乌昌区域还无法与上述城市群相提并论，但其已基本具备了联动式发展的各种条件，比如人文相近、产业发展衔接较好、能源工业基础雄厚、交通通信便捷、经济互补性较强等因素，必然使乌鲁木齐—昌吉成为天山北坡的强大磁场中心，不断吸引各种生产要素源源涌入，并最终实现其顶级梯度的核心经济地位。

2. 利益机制

无论何种区域经济的合作，根本目的都是源于共同的利益追求，利益共享毫无疑问是区域经济一体化推动的最大内在动力。即使是不同发展程度、不同发展模式的区域，各种经济要素也能够互补、替代、共生、共用，获得最大的集约化规模效益，在竞争过程中实现"双赢"和"多赢"。

3. 创新动力

我们这里所说的创新，主要包括科技创新、管理创新、体制创新。

众所周知，科技创新是经济体发展的核心动力，区域经济作为经济体的一种形式自然也不例外。科技创新可以提高整个经济区域的竞争力，还可以加强内部各区域板块的连接，深化联系，强化交流。乌鲁木齐市作为国家创新型试点城市，应着力加快经济发展方式转变，培育和发展新兴产业，充分发挥科技的支撑引领作用；着力创新体制机制，以建立企业为主体、市场为导向、产学研相结合的技术创新体系为突破口，全面推进区域创新体系建设；着力加强创新人才培训和创新基地建设，增强可持续创新能力；着力落实和完善激励自主创新的政策措施，不断优化创新环境，以先行先试发挥示范和带动作用。昌吉州则应实施技术创新，加快新型工业化进程，围绕煤电煤化工、石油化工、农产品加工、矿产资源开发等六大支柱产业，加强技术引进、产品研发和成果转化工作，延伸产业链条，推动产业结构优化升级，努力形成支柱产业科技化、科技产业支柱化的发展格局；按照"科技创新、技术领先、管理先进"的要求，规划和建设八大工业园区，吸引更多高科技含量的企业入驻园区；大力发展高新技术产业，重点在新材料、新能源、现代制造业和现代农业等领域扶持一批骨干企业，形成高新技术产业优势，提升产业竞争力。昌吉州的特变电工股份有限公司及乌鲁木齐高新区（新市区），分别于 2008 年 12 月和 2010 年 1 月顺利成为国家级科技兴贸出口创新基地。乌鲁木齐采用的大容量公交系统即 BRT，使乌昌两地的人流、物流更加便捷地沟通。

管理创新可以在机制层面促进执行层面的进步，有效整合和优化生产要素，使实施、监督和反馈等环节有机、有序地形成一个约束管理机制。这种管理机制能够具有整合和优化各种生产要素并提高其效率、降低区域内部交易成本、发挥科技创新之功效，最终促进经济增长。

体制创新则可以为区域发展提供制度保证，只有制度和机制才能为持续发展提供强劲动力。

（二）乌昌区域经济一体化发展的外生动力分析

区域经济实施一体化发展策略后，其相较于各自为政的经济体而言，应该更具有开放性，可以进一步提升其通信、交通的效率，形成经济的摩天大厦，并由若干个相互畅通的节点构成有机市场网络。这个网络会统一服务、劳动力、信息等要素市场，实现区域内各城市间的物质和能量互换，增强区域整体的竞争力，为区域发展赢得更为宽广的物质、资金和人才等有利负熵，使区域经济体更具生机和活力。

1. 物质流

区域经济一体化最基本的功能是尽可能地促进物质的交流和交换，降低交易费用。乌鲁木齐作为全疆的商品集散地和物流中心，是内地商品进出新疆的主要通道，实现乌昌区域经济一体化后，不但能进一步加快区域内周边城市的物质流转速度，而且还能拓宽自身的发展空间。

2. 信息流

从现代经济的观点出发，当前的经济也可以分为物质经济和信息经济，即将信息也作为极其重要的经济要素，把获取信息的能力当作发展实体经济的关键环节。当今主要的经济体都把发展信息高速公路作为发展经济和科技的重要目标，这是因为区域经济一体化实施后，不但能降低信息的流转成本，而且能使区域更好地获取和利用信息。

3. 资金流

在现代社会，资金比其他生产要素更为重要。区域经济一体化战略的实施能降低资金的流动成本，提高资金的使用效率，增强对外资的吸引能力。中央和 19 个对口援疆省市在乌昌地区的基础设施、重点产业项目的资金投入，特别是对口援疆的 40 多家央企在乌昌地区的支援和投资，为乌昌区域经济的快速、健康发展带来了巨大的资金支持。

4. 人才流

人才流实际与区域经济发展水平互为因果关系，因为伴随着人才流，信息流、知识流必然会同时带来，并最终推动所在区域经济的创新。人才一般是从经济发展落后的地区流向经济发展较好的地区，从西部流向东部。正所谓"孔雀东南飞"。但在现实经济社会中，人才的流动同样受到制度和经济成本的限制，而区域经济一体化战略实施后，不但能降低这一成本，还会使整个区域的人才吸引竞争力得到提升，进而吸引更多的外来人才，形成人才高地。

第三章

区域经济一体化中的地方政府间关系：
竞争与合作

第一节　区域经济对地方行政的重塑与再造

一　区域经济对地方行政的重塑

改革开放以前，中国中央政府集权不断加强，地方政府只以中央政府分支机构的形态出现，其实质上只发挥着传达或执行中央文件的作用，是一个管理地方的延伸工具。在经济上中国实行的是高度集中的计划经济体制，在这一体制下，可以说地方政府对辖区内的经济活动几乎没有任何的话语权和控制权。区域内生产什么、如何生产等经济活动都在中央的计划调控之下，这一调控通常是不会考虑到地区差异或者优势的，其基本上都是按照所谓的国家利益和国家需要来确定。地方政府在这一过程中最多只是一个上传下达的"传话筒"，其在地区经济发展中的作用几乎可以忽略不计。

改革开放以后，在政治方面，随着中央将权力逐步下放，地方政府对地方的管理职能也逐步得以建立。在经济方面，随着中央财政和地方财政分权的改革推进，地方政府逐步由地区经济发展的旁观者变成了地方经济发展的最大获益者。这一转变使地方政府在经济建设方面的积极性得到了空前的激发，特别是在中央采取"非均衡"式的发展策略后，各地方政府进行了积极的效仿，省级政府确定州市级的优先发展次序，州市级政府则确定区县市地区的发展次序。因此，相应的次级地方政府为了获取优先发展权，以获取经济发展的最大收益，其在经济发展所需的制度创新等领域的创新热情空前高涨，各地都纷纷开始因地制宜，挖掘自身的优势，并制定出具有本地区特色的发展战略，努力实现资源配置的市场化转变，全力实现经济的快速发展，寻求成为经济的领跑者，以此获取更多的上级政府扶持，享受更多的优惠政策，实现自身的政绩利益。至此，与计划经济时代相比，地方政府应有的职能得以回归，地方行政也因此得以重塑。

二　区域经济对地方行政的再造

按照一般的逻辑，随着经济全球化的深入发展，"地球村"正在世人面前逐渐清晰起来。因为人类生存活动的相对空间距离被极大地缩小和拉近，经济活动中所需的很多要素，如标准化的元件、信息和技术等通过现代交通和网络已变得十分容易获取，甚至从某种角度说，现代信息技术已经使得我们赖以生存的世界变成了"地球村"，因此，地域的限制对于经济活动的限制理应逐渐弱化。但事实却并非如此。从经济全球化对区域经济带来的影响及各国或各区域应对经济全球化的策略角度看，基于地点地域的竞争非但没有被弱化反而日益激烈。这一违背常理的现象曾被美国的竞争战略专家 M. 波特在其《竞争论》一书中描述为"地点的悖论"。其认为之所以会产生竞争中的"地点的悖论"，是因为尽管在一个经济体拥有了快速的运输和通信后，空间距离的解禁会使其参与全球市场竞争的限制和成本大大缩小，但在全球化的竞争背景下，产业集群在区域经济的发展中发挥着日益重要的作用。

另一方面，所在经济区域的水平质量又与区域产业集群的产生、形成、发展和衰落呈现正相关，并且经济区域吸引力的大小和发展水平的高低，又与当地政府能否科学规划出正确的产业发展政策、能否创造良好的政务环境并发挥政府宏观协调作用，具有密切联系。因为，在经济全球化背景下，空间距离的急遽缩小就如同一把双刃剑，在使竞争主体缩减参与全球市场成本的同时，也弱化了因地理和历史因素形成的区域资源禀赋等比较优势。如此一来，在很大程度上区域间相互竞争的重点，就主要由资源禀赋、区位优势、自然条件等比较优势的竞争，逐渐演变为区域地方整体软实力层面上的综合竞争。面对这一重要的转变，就要求地方政府必须充分发挥宏观协调和微观经济管理职能，为区域经济持续协调以及区域竞争力的提升提供制度保证。

　　基于此，各区域政府在经济层面开始采取资源整合、优势互补、人才信息共享等方式提升区域经济组织整体的竞争力，以更加扎实的经济基础参与全球化市场竞争，实现"成员国"只靠其自身无法获得的经济利益。在政治方面，各区域通过一系列的合作契约，尽可能地降低经济交流障碍，加强区域内的经济联系，为区域经济的联动式发展提供全面的制度保障。

　　与此同时，由于中国各地方政府在不同的现实情况下有着同样的快速发展经济的目标，使得地方政府在实现各自目标的过程中展开了激烈的角逐与竞争。在促进区域经济快速发展的同时，各地方政府为了既得利益，有的不惜牺牲长远利益、全局利益，甚至采取杀鸡取卵的发展方式，使得经济发展得不偿失，失去了本身应有的意义，并且这一问题曾在相当长一段时间内随着经济总量的增加而不断恶化。可以说此时地方政府的竞争已在一定程度上阻碍了中国经济的健康发展。为了改变这一现状，中央政府采取了引"狼"入室的策略，加快了进入世界贸易组织（WTO）的步伐。这一策略使得各地方政府被动地被推入了一个更为广阔的竞争环境，即地方政府对外不得不应对经济全球化和区域经济一体化发展趋势，以及这一趋势所带来的经济竞争冲击。这一冲击使地方政府不得不改变区域内的竞争策略。在经济发展方面，采取贸易交换、资本投资等方式加强区域经济的内在联系，使区域经济对外以一个更大的整体形态与外部区域经济对接，以实现区域内经济社会效益的最大化；在政治层面尽可能建立市场统一运行、经济协调并可持续发展的制度保证，以实现经济快速增长带来的政绩利益。

　　以乌昌区域为例，由于长期以来地方政府单纯追求经济的高速发展，为生态环境、产业协调等一系列问题埋下了极大的隐患，经过多年累积，这些问题都有着显著的共性，即复杂性、整体性、跨区域。因此，要从根本上解决这些影响区域协调发展的深层次问题，就需要乌昌两地政府拿出政治勇气和政治智慧，进行合作治理解决。如新疆自治区环保厅在首次启动生态环保约谈中，对环境污染问题较为突出的 4 个县（区）的政府主要负责人进行集体约谈，被约谈的 4 个县（区）中就包括乌鲁木齐市米东区和昌吉州的阜康市。米东区有各类企业 1000 多家，很多属于国家明令关停的"十五小"、"新五小"及淘汰落后产能企业。又如，乌鲁木齐和昌吉交界处的青格达湖等水域污染也是如此，其影响具有整体性，但由于污染源和污染地分属两个行政区，这就导致地方政府在治理时陷入了两难困境，即不治理区域内百姓不愿意，而治理又会受到行政跨区的限制以及源头区的行政阻力。由此可见，在经济跨行政区域发展给区域内带来正负双向影响的同时，也必然会对地区公共管理的模式产生强烈冲击，并客观上要求地方治理必须打破以前形成的地方壁垒和各自为政的传统行政格局，相互协作，相互妥协，找到一种跨行政区域的解决办法，从整体层面上解决这一问题。如此一来，区域经济的发展就对地方行政运行的体制、机制实现了再造，即地方政府迫于经济的可持续和协调发展，以及顺利履行区域公共管理职能的压力，会撤去先前单打独斗、无序竞争的做法，开始寻求政府间合作，协调地方政府间横向关系的良性发展局面，并将这些措施在制度层面加以固定，以促使区域关联城市的地方政府在所关联的相应跨地区内，最终实现产业政策、整体规划以及发展战略等公共政策的统一制定与执行，从而能最终实现管理范式的转变，即由地方型行政向区域型行政的转变。

第二节 地方政府的经济职能

改革开放以前，中国实行计划经济体制，经济管理等权限和职能过度集中于中央。从严格意义上讲，只是作为中央政府在区域治理中代理人的地方政府，并不具有完整意义上的经济独立职能，从而导致地方政府缺乏制度创新的理由和动力，同时还使得企业也缺乏生产力革新积极性。为打破这一局面，1982年党的十二届三中全会通过了包含实行政企分开、放权让利、将相当部分权力下放给地方政府等内容在内的《关于经济体制改革的决定》，这一措施的通过从根本上改变了地方政府作为中央政府的延伸工具来行使国家公共权力的局面，地方政府逐渐成为相对独立的利益主体，极大地调动了地方政府在经济发展和地方治理等方面的积极性。为适应经济发展形势的需要，党的十四届三中全会通过《中共中央关于建立社会主义市场经济体制若干问题的决定》，进一步确立了地方政府的经济职能。随后，根据改革和经济发展的需要，国务院又先后颁布了财税、金融等体制改革的措施，使地方政府逐步朝向区域经济发展的"第一利益行动集团"迈进。

从以上对中国地方政府行政权限简单的描述可以得知，在中央高度集权计划的条件下，各级地方政府似乎仅仅起到传声筒的作用，仅仅成为传递中央命令的机械链条，几乎不具有独立的经济职能。而分权体系确定后，中央和地方对事权、财权进行相应的划分，地方政府才取得了相对独立的经济职能，并且其经济职能将主要体现在对市场的资源配置替代方面。需要进一步指出的是，中国中央政府之所以要将"培育市场体系"作为政府的经济职能提出，是因为长期的计划经济使中国缺少市场机制运行的基本环境和条件，因此，地方政府为其自身利益必然动用行政手段来推进市场化的改革，对资源实现合理的配置和有效的运用，迅速构建起真正意义上的独立的市场主体。因此政府的经济职能主要体现在"政府替代"上，而"政府替代"的核心在于培养市场机制的发育，一旦市场机制发育成熟，政府便自觉地弱化替代，从而形成了"政府替代强化—市场发育—政府替代弱化"的动态演进过程。[①]

以乌昌区域为例，由于中国西部地区相对而言生产力发展水平较低，市场化启动相对较晚，所以，乌昌区域地方政府还处在政府替代强化向市场发育的过渡阶段。因此，其主要经济职能一方面是为区域经济发展提供制度创新和保障，以促进市场机制的发育和成熟；另一方面是发挥其"引擎"的作用，避免产业的比例失衡，弥补市场自发调节的不足。

从上述地方政府在区域经济发展中的职能来看，地方政府的主要经济职能应具体体现以下几个方面：一是制定本地区宏观的和微观的经济发展规划；二是结合本地区的实际情况，探索符合本地区具体情况的特色发展之路和经济发展战略；三是将制定区域产业政策和培育市场结合起来，促进市场的不断成熟并还权于市场；四是地方政府应做好基础设施和公共产品服务的供给。

第三节　地方政府间的关系

从本章上一节对地方政府职能的论述中，可以得知地方政府的核心

---

① 李晓：《政府替代与经济发展》，《社会科学战线》1996年第1期。

职能是引导区域经济健康快速的发展，并且其构成了地方政绩的主要表现，但事实上，各地都因其独特的地理资源条件与历史人文条件，不同程度地形成了经济发展的短板和瓶颈。这种局面要求地方政府必须利用或借鉴、引进周围邻近区域或城市的技术、人才等资源，这就客观上对区域之间提出了整体规划与联动式发展的要求，使作为领导地方经济、社会全面发展的地方政府逐渐转向在竞争基础上寻求广泛、深入的协调，形成新的区域经济发展中的地方政府关系。

一　依赖中的竞争关系

在区域经济的深化发展过程中，各区域经济发展的分工倾向会日益明显，随之区域之间在竞争加剧的同时，其相互依赖的程度也在不断加深。区域经济之所以会走向统筹发展，其根源就在于经济发展需要优势互补、优势共享或优势叠加，尽可能地压缩成本，把分散的经济活动有机地组织起来，形成一种合作的生产力，获得分散条件下难以取得的规模经济效应。合作作为分工的必然结果，其不但可以打破要素在区域间流动的种种障碍，扩大市场对资源优化配置的范围，实现更大区域的要素最优配置，而且可以加强区际经济联系，形成更大的经济体，改善区域经济对外的竞争博弈环境，产生"1+1>2"的正效应。正是基于此，邻近区域的联动式发展成为当下经济发展的热潮，各区域在竞争的基础上又有着合作的依赖，已经成为区域经济快速发展的必由之路。因为在资本追逐利润的天性前提下，市场经济发展的一般规律开始显现出来，即由内而外地逐渐延伸扩展。以乌昌经济区为例，各城市在发展过程中既有着激烈的竞争，又存在着强烈的依赖。目前世界 500 强企业有 14 家入驻乌鲁木齐，国内 500 强有 41 家在乌鲁木齐市投资发展；与此同时，在全疆排名前 50 位的工业企业一半以上落户在乌昌地区，全疆约 80% 的上市公司也落户在乌昌地区，或者在乌鲁木齐设立研发中心、销售网络、分支机构等。并且，近年来随着国有企业改制的深入推进，区域民营工业企业异军突起，涌现出像广汇、华凌、特变电工、屯河水泥、麦趣尔等民营企业和股份制企业，民营经济在国民经济中的比重占到 50% 左右。这些企业发展到今天这样的规模后，都在不同程度地对外扩张，有的将主业扩展至其他领域，有的则向周边城市扩张主导产业和市场。如此一来，各经济主体间竞争中的依赖关系逐渐显现。

　　除此之外，周边各城市还对乌鲁木齐市的商品集散渠道、物流通道等产生了强烈的依赖。在商品集散渠道方面，乌鲁木齐作为西部城市中首批对外开放城市，现已与世界 60 多个国家及国内 200 多个城市和地区建立了稳定的经贸联系，区域内已建成各类大型商品交易市场 200 多个，年交易额近 300 亿元，外贸进出口增速在西部 12 个省会城市中排名第一。因此可以说，乌鲁木齐已成为新疆商品的集散地。也正是基于乌鲁木齐这一特殊的地理位置，周边的诸多城市为了将自己的优势资源转化为经济效益，无不积极参与由乌鲁木齐市政府组织的一年一度的"乌鲁木齐对外经济贸易洽谈会"（现已升格为亚欧国际博览会），并在乌鲁木齐设置办事处等。由此可见，各周边城市已然对乌鲁木齐市的商品集散通道产生了强烈的依赖。

　　从物流通道上看，乌鲁木齐地窝堡国际机场是目前中国五大门户机场之一，目前已开通国际国内航线共计 116 条。区域内还有吐乌、乌奎高速公路贯穿全境，有 19 对国内外对开列车进出，成为东联西出的黄金通道。乌鲁木齐市已拥有 1 个一类口岸和 6 个二类口岸，这 7 个口岸直接与周边中亚 5 国的边境口岸相互连接，成为亚欧大陆桥的核心交通枢纽。乌鲁木齐还是国家 3 条西气东输管道的中心节点。乌昌地区还是全疆的通信、邮电枢纽，具有数字微波、卫星、光缆等全方位的通信传输网络，能与世界200 多个国家和地区进行直通讯息。这样，通过物流，能把整个区域经济带起来。周边各城市对乌鲁木齐作为全疆的政治中心、文化中心和金融中心等也产生了不同程度的依赖，从金融角度看，乌鲁木齐市有着资金集中地的优势，相对资金较为充裕，而各地发展缺乏资金，周边政府向乌鲁木齐市拆借资金的现象时有发生，除此之外，乌鲁木齐大量的闲散资金和民间资本也对周边城市的发展给予了极大的帮助，使得周边城市的经济环境产生了较大的转变。

　　另外，由于乌鲁木齐市是新疆的政治文化中心，其与周边地区相比有着天然的制度优先获取权，特别是乌昌党委成立后，根据国家的产业导向和自治区所赋予乌昌的特殊政策，乌鲁木齐从自身自然资源丰富特别是煤炭资源丰富①的具体情况出发，敢于先行先试，制定了一系列投资兴业的优惠措施，努力从政策扶持、税收优惠、资源配置等多方面营造一个高效宽松的投资环境。据统计，2007年以来，乌昌地区省级以上工业园区共有218个项目引进落地（其中上亿元的企业38个），计划总投资234.9亿元。2007年开工项目72个，2008年又有50个新项目开工，"十一五"期间形成300亿元的产值、70亿元的利税。所以，发展区域经济对于促进区域间的良性互动、促进区域更大范围的共同繁荣有着非常重要的影响，这也是乌鲁木齐和昌吉已经连续6年地区生产总值增长速度超过15%的重要原因。但随着乌鲁木齐的发展，其商务成本不断攀升，人力成本和土地成本远高于周边地区，环境压力增大，其在资源上的竞争优势将逐渐消失。如乌鲁木齐普通的人员工资已在2500元以上，住房均价每平米也在6000元以上，商务用房每平米更是早已突破万元大关。如此一来，乌鲁木齐市的企业和个人资金就会大量投入周边地区，在一定程度上争夺着乌鲁木齐经济发展所需的资源。因此，乌昌地区经济表现为彼此依存基础上的竞争关系，但总体来看，经济一体化的趋势越来越明显。

（一）乌鲁木齐经济发展的现实基础

根据美国管理学家迈克尔·波特（Michael E.Porter）的竞争优势理论，一个国家或地区经济发展主要经历要素驱动、投资驱动、创新驱动和财富驱动四个阶段，在不同阶段，要选择和制定相应的发展战略及推动措施。

近10年来，乌鲁木齐经济增速大大高于全国平均水平，2012年实现地区生产总值2060亿元，人均GDP突破9000美元（见图3—1）。但由于历史原因，乌鲁木齐在全国还属于相对落后地区，在全国31个省会城市中，乌鲁木齐人均GDP排名第25位。在由《第一财经周刊》发起的2013年中国400个城市综合商业指数排名中，乌鲁木齐位列73个三线城市之一。综合判断，乌鲁木齐当前的经济发展水平相当于北京、上海、广东等东部发达城市20世纪末至21世纪初的水平，与中东部的地级区域中心城市和西部地区的省会城市相当。

---

① "准东煤田"是指准噶尔盆地东部从阜康市到木垒县的一条狭长地带，东西长约220公里。准东煤田资源预测储量达3900亿吨，目前累计探明煤炭资源储量为2136亿吨，是我国目前最大的整装煤田。

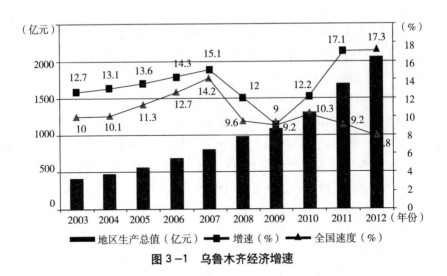

图 3-1　乌鲁木齐经济增速

　　长期以来，乌鲁木齐依托丰富的自然资源和较早的国家投资，形成了不同于沿海省份的以资源性产业为核心的发展模式。这一模式的主要特点如下：一是以重化工产业为主导的产业结构，工业以资源消耗型的能源、钢铁、化工、电力、建材为主。二是内部结构不合理、产业层次较低。三是经济增长主要由固定资产投资驱动为主。仅"十二五"前两年半就累积完成固定资产投资 1957 亿元，年均增长 30%，比"十一五"时期提高 12.2 个百分点。四是地均产出效益较低，土地集约利用水平有待提升。地均产出只有 4.3 万元／平方公里，远低于东部沿海地区，在西部主要城市中也居较低水平。

　　由此可以判断，目前乌鲁木齐经济发展正处于由要素驱动阶段向投资驱动阶段升级转换的关键时期。

　　第一，经济结构不断优化，产业发展动力明显增强，"双轮驱动"格局基本形成。"十二五"以来，乌鲁木齐把加快转变发展方式作为推动经济社会发展的主要方向，明确提出"优化一产、强化二产、提升三产"的战略，初步形成了工业与服务业双轮驱动的产业发展格局。2012年，三次产业增加值分别增长 6.5%、16% 和 18.6%，三次产业结构比例为 1.2：42.6：56.2。

　　一是工业投资迅猛增长，战略性新兴产业快速发展，工业对经济增长贡献率不断提升。截至 2012 年底，乌鲁木齐市共有工业企业 7318 家，其中规模以上企业 440 家，工业总产值达 100 亿元以上企业 6 家，10 亿—100 亿元的企业 12 家，1 亿—10 亿元的企业 106 家。2012 年，全市完成工业固定资产投资 410.9 亿元，同比增长 95.7%，是 10 年前的近 11 倍，占全市固定资产投资总额的 40.7%。其中全年 49 个重点工业建设项目投资达 222.77 亿元，增长迅猛。随着乌鲁木齐市战略性新兴产业发展规划的制定以及高新技术产业快速发展的推动，仅 2012 年全市实施了 15 项亿元以上技术改造项目及一批循环经济项目，建成了一批工程研究中心、重点实验产业技术创新战略联盟，成为国家创新型试点城市。在此推动下，工业经济对经济增长的贡献不断提升，从 2010 年的 33.7% 提高到 2012 年的 35.51%。

二是服务业成为乌鲁木齐国民经济体系的重要支撑。20 世纪 90 年代初，乌鲁木齐第三产业占地区生产总值的比重超过第二产业，2002 年曾高达 64.28%，尽管 2010 年下降到 53.65%，但近两年又重新保持向上的增长趋势，成为经济中的支柱产业。从三次产业结构比重来看，乌鲁木齐的服务业占 GDP 比重的结构要高于兰州、西宁、银川、西安等其他西部城市，甚至高于重庆。同时，服务业内部结构也不断发生变化，现代服务业的比重逐渐提高，生产性服务行业规模日益增强，新型服务业业态不断出现，物流、会展、金融、技术服务、设计等业态快速发展。这一方面说明了服务业在乌鲁木齐城市经济中占有较高的比重，另一方面也说明乌鲁木齐的工业和制造业在发展中滞后于服务业。

第二，区域中心城市地位逐步形成，对疆内其他城市辐射力不断增强。近年来，随着对中央各项方针政策和战略决策部署扎实推进，乌鲁木齐已显现出成为区域中心城市的基本特征，其一方面通过搭建经济技术开发区、乌鲁木齐出口加工区、甘泉堡工业园、头屯河工业园和米东化工园等特色产业合作平台，发挥经济园区的辐射效应；另一方面，通过加快国际大通道及配套基础设施的建设，大大拉近了区域内空间的距离。"点、线、带"逐层推动，带动了整合区域经济快速发展，区域经济一体化基础进一步夯实。各项资源和要素不断集聚，辐射功能不断增强，初步实现了对本区域内货物、资金、信息、人才流动的配置能力。内联国内市场，是国内资源、要素进入中西亚的前哨阵地；外通国际市场，是中西亚国家与中国务实合作好伙伴。无论是从功能上还是从实力上看，乌鲁木齐作为区域性中心城市的地位都已经开始显现。

　　第三，对外开放水平迈上新台阶，对外经济合作潜力巨大。近年来，乌鲁木齐不断深化对外开放，积极、主动融入中西亚区域协同发展。一是在互联互通方面，逐步完善以乌鲁木齐为核心的区域立体交通枢纽。原兰新线乌鲁木齐站改建、兰新铁路复线、地窝堡国际机场改扩建、"一小时"都市圈交通网建设已快速推进；中哈原油管道建成运营，土库曼斯坦—乌兹别克斯坦—哈萨克斯坦—中国天然气管道建成运营，中哈霍尔果斯国际边境合作中心封关运营，初步形成连接中西亚的交通运输网络。二是在贸易便利化方面，乌鲁木齐依托周边8个国家，建设成3个国家级开发区和1个出口加工区、1个一类口岸和7个二类口岸，近200个各类商品交易市场，形成了覆盖全疆、辐射中亚地区的多层次、多渠道贸易网络。三是在对外开放平台方面，中国—亚欧博览会举办层次和水平不断提高，初步实现了搭建新疆招商引资和区域经济发展的平台，促进新疆与中国东部以及中亚、西亚、南亚和欧洲国家的长期经济交流与合作。截至2012年，乌鲁木齐对外贸易扩大到158个国家和地区，跻身中国西部对外开放的最前沿城市。2012年外贸进出口总额达到103.97亿美元，比上年增长15.2%，其中，出口80.64亿美元，增长20.5%；进口23.33亿美元，与上年同期持平，实现贸易顺差57.31亿美元。新批外商投资企业35家，境外投资项目29个，实际利用外资1.93亿美元，比上年增长21.0%。

　　客观来讲，乌鲁木齐的开放程度与东部沿海城市相比还存在比较大的差距，这和东部沿海地区率先实行对外开放的政策以及乌鲁木齐的内陆城市特征具有密切的关系；此外，技术设施落后、以陆路为主的运输体系等因素，也大大增加了贸易成本。同时，长期依靠自然资源的发展模式，导致产业集中在资源密集领域，产品缺乏竞争优势，只有少数特产产品进入国际市场。但另一方面，乌鲁木齐的开放水平在西部主要城市中处于较好的地位，比西南中缅印经济合作区的昆明还高，远远超过西安、兰州、银川等西部大城市。这既表明乌鲁木齐对外开放已经取得了较好成绩，开放程度明显提升，同时也表明乌鲁木齐对外开放还有巨大的潜力。随着中国西部发展战略重点西移和向西开放的扩大，要素流动促进了贸易增长，将带来巨大的资金流动和人员流动，必将促进乌鲁木齐对外开放的跨越式发展。

第四，基础设施快速优化，西北地区重要交通枢纽地位逐步凸显。中央新疆工作会议以来，乌鲁木齐市城市建设进入高速发展的新阶段，以道路路网、市政管网以及景观绿化等为重点的基础设施建设取得了相当进展，城市面貌得到了较大改善，为乌鲁木齐市成为重要国际交通枢纽城市、实现新一轮跨越发展提供了重要的硬件支撑。一是铁路建设提速，兰新铁路复线工程、乌鲁木齐高铁新客站、乌鲁木齐货运（物流）中心等重要铁路设施建设，大大提高了乌鲁木齐陆上物流能力。二是完善区域路网体系，积极推进"两桥一路"、"两线一绕"建设，推动制定乌昌石城市群路网规划，加快区域公路交通网络建设，构建城市群一小时交通圈。三是航空枢纽地位不断提升。通过扩建乌鲁木齐国际机场，培育发展空港物流，打造国际空港物流园，大大提升了乌鲁木齐区域国际航空港的地位。四是城市内部交通体系不断完善。按照"公交优先、功能完备、层次清晰、运行高效"的原则，加快推进网络化、立体化市内交通体系建设，建成4条BRT专用线路，初步形成"三环十二射"路网骨架，地铁1号线开工建设，大大提高了道路通行能力。

（二）乌鲁木齐经济发展面临的主要问题和瓶颈

1. 经济基础条件薄弱，转型压力巨大

一是经济规模较小，位于全国省会城市后列。近年来，尽管乌鲁木齐经济发展迅速，但无论经济规模还是居民收入，都位于全国省会城市的后列，与东部沿海城市的差距明显。2012年，乌鲁木齐GDP只相当于上海的10.2%、北京的12%、广州的15%、西安的47%，在省会城市中仅高于贵阳、兰州、西宁、海口、银川和拉萨；人均可支配收入只有上海的46%、广州的48%、北京的50%，仅高于西宁，排名倒数第二位。与中亚城市相比，乌鲁木齐的经济规模和居民收入也明显低于塔什干、阿拉木图等城市。

二是经济增长质量不高。当前，乌鲁木齐经济增长速度较快，但整体质量不高。工业经济增长主要依赖于基础资源性产业，竞争力不强。2012年，规模以上工业企业综合经济效益指数为188.49，比上年下降18.2个百分点；实现利税324.30亿元，比上年下降0.48%；实现利润155.35亿元，比上年只增长2.6%；企业亏损面达30.23%。

三是经济发展方式粗放，大多数产业仍处于全球产业链的低端。从产业结构看，乌鲁木齐市现已形成门类相对齐全、具有特色的产业体系，但主要集中在石油和天然气开采业、电力热力生产供应业、化学原料及化学制品制造业、石油加工业等8个重点行业，其中石油、化工、电力、钢铁冶金4个支柱行业占全市工业增加值比重达76.7%，高纯铝和电子铝箔产品国内市场占有率分别达到72%和60%。虽然不少属于高新产业，但在全球产业链上的地位并不高，很多属于高消耗、高污染的项目，如新能源产业，多晶硅生产中污染较重的工序在乌鲁木齐市生产，后序清洁生产以及高附加值的部分则基本在外省市和国外。与此同时，产业尚未形成集群效应。产业链有效延长和产业集约化集群化发展未得到充分重视。如甘泉堡国家工业园区已入驻的6家企业产品的关联性较弱。产业链延伸和产业配套能力不足，主导产品的本地配套率低，零部件多来自区外。

四是周期性强的能源资源产业容易受市场环境变化的影响，产能过剩现象突出。中国上一轮的经济高速增长，为能源和资源类产品带来了旺盛的需求。新疆资源丰富，具有发展能源资源产业的良好基础，加上东部地区的许多资源密集型产业加快了向中西部转移的步伐，乌鲁木齐的相关产业获得了重要的发展机遇。能源资源产业发展加快，成为拉动全市经济高速增长的重要引擎之一。2012年，乌鲁木齐能源资源产业中的石油化工、有色冶金等行业产值占到全市工业的近70%。但是，能源资源类产品的需求和价格很容易受整体经济增长的影响，一旦经济出现较大幅度的下滑，利润将大幅下降，甚至出现亏损。近年来，受国际、国内原油、钢铁企业经营情况不佳的影响，八钢、乌石化等工业排名前五名的企业已经相继出现生产下滑、亏损额加大、生产线停产检修等情况。

五是服务业大而不强。2012年乌鲁木齐服务业占GDP的比重达到56.2%，但服务业结构与发达地区和发达城市相比仍然有较大的差距，生活性服务业占比过大，生产性服务业不够发达。增加值较高的依然为交通运输仓储和邮政业、批发和零售业、住宿和餐饮业等传统服务业，新兴服务业规模较小。大部分服务业发展水平不高，粗放式经营较为普遍，专业化水平较低。

2.经济发展模式相对落后，支撑经济快速发展的后劲不足

一是以政府主导型固定资产投资驱动为主的发展模式不具可持续性，

地方融资平台债务压力剧增。"十二五"以来，乌鲁木齐经济的快速发展，主要是由政府主导下的固定资产投资拉动的。2010—2012年，乌鲁木齐实现全社会固定资产累计投资2128亿元，相当于1999—2009年10年的投资总额，投资对经济增长的拉动作用明显。但是，这种模式在国家控制、清理地方融资平台债务规模的大环境下难以持续。2011年和2012年，乌鲁木齐完成全社会固定资产投资额分别为635亿元和1010.29亿元，分别比上年增长27%和59.0%；而地方财政收入分别只有264.2亿元和317.74亿元，难以支撑起庞大的投资规模，一方面会产生较大的财政赤字，另一方面地方融资平台的债务负担急剧增加。同时，由政府主导的固定资产投资收益率较低，以2012年为例，基础设施投资为386.88亿元，安居富民、定居兴牧、保障性住房建设等民生类工程投资446.39亿元，两者占全社会固定资产投资总额的80%以上，这些项目几乎没有正的现金流，对政府来说构成了长期的压力，并不可持续。一旦市场环境进一步恶化，地方财政的偿债能力将会受影响，债务风险将明显加大。2013年上半年，乌鲁木齐实现地区生产总值891.56亿元，同比增长只有10.1%，以固定资产投资为主的驱动模式疲态尽显。此外，乌鲁木齐现有的城市建设投融资体制还存在一系列问题：融资主体和模式单一，难以满足城市大规模建设的资金需求；社会资本进入不足，尚未形成更加灵活、高效、丰富的城市建设资金来源；设施资源高水平利用机制不完善，缺乏形成资产高效利用、经营良性循环的城市建设可持续投入机制；债务风险控制能力有待加强，等等。

二是内需拉动经济增长的模式尚未形成，消费增长动力不足。一方面，近年来乌鲁木齐居民收入水平增速持续低于GDP增速，社会财富的增加并未能有效惠及居民，致使居民消费潜力的释放受到抑制，消费意愿较低。2011年和2012年，全市城镇居民人均可支配收入分别比上年增长12.1%和13.9%，分别比同期国内生产总值低5和3.4个百分点。居民收入增速持续低于GDP增速，将使消费者的收入增长效应下降，导致消费者消费意愿偏低，进而影响对经济的拉动作用。另一方面，乌鲁木齐消费结构升级较慢，缺乏新经济增长点的支撑。在城镇居民消费支出中，用于"衣、食、住、行"类的消费支出占绝大部分，而发展和享受型的"家庭设备用品及服务、医疗保健、教育文化与娱乐服务"类消费支出则增长缓慢。

　　三是出口总量偏小，商品竞争力不强，外需对经济增长的贡献较低。近年来，乌鲁木齐对外贸易取得了很大的发展，2012年进出口总额达103.97亿美元，是1987年的27倍。但总体来看，目前乌鲁木齐对外贸易的发展水平仍然较低，外贸总量在全国省会城市中排第14位，在西部10省会城市中排第4位，与排在首位的成都市相比仅占其21.9%，更无法与沿海一些外向型的城市相比。从出口商品结构来看，其大多处于价值链低端，以番茄酱、纺织制品、服装、家具及其零件、鞋类等劳动密集型、低附加值产品为主。依靠深加工、高附加值和品牌优势参与国际竞争的商品并不多，附加值高的机电产品和高新技术产品比例较低，盈利能力也较弱。2012年高新技术产品出口占比仅为1.14%，远未形成规模经济。此外，乌鲁木齐出口市场集中度依然偏高，进出口市场主要集中在中亚5国和美国，2012年出口额前10位的国家占到全市出口总额的75.7%，其中，对中亚5国出口额占全市出口总额的61.1%，对哈萨克斯坦的出口额占全市出口总额的31.9%。过于集中的市场结构，造成市场依存度较高，潜在市场风险较为集中，容易受到外部影响而大幅波动。

　　3. 资源短缺成为未来发展主要瓶颈

　　一是水资源瓶颈。乌鲁木齐位于中国西北内陆干旱半干旱缺水地区，人均水资源量仅为554立方米，远低于全国人均水资源量2300立方米的标准，淡水人均占有量只有全国的1/5、世界的1/21，已被列入全国30个严重缺水的城市之一。从工业水资源利用率来看，乌鲁木齐市万元工业增加值（当年价）用水量约73立方米，水的重复利用率为8%，而中国工业万元产值用水量约80立方米，是发达国家的10—20倍；中国水的重复利用率为40%左右，而发达国家为75%—85%。目前来看，在今后相当一个时期，乌鲁木齐市产业发展主要以资源消耗型的重工业为支撑，工业增速加快的同时对水资源的需求增大，水资源短期的现实瓶颈将更为突出。

　　二是人力资源瓶颈。乌鲁木齐是多民族聚居区，多种文字并存的现实条件增加了人力资源开发的难度；三大产业人力资源配置结构存在偏差。产值与劳动力就业结构偏差很大，虽然乌鲁木齐市在人口机械变动上表现为净增长，但由于迁入者中高素质的人力资源所占比例相对于迁出者较小，远不能补偿乌鲁木齐市人才流失所造成的损失，这严重影响了乌鲁木齐市对后备人力资源的培养能力，造成科技人才资源匮乏、技术创新能力不强的现实窘境。在全国范围内，科技型人才较为缺乏，而乌鲁木齐处于经济欠发达的西部地区，在留住人才和吸引人才方面存在短板。

三是土地资源瓶颈。新疆土地资源长期趋紧张，大多是戈壁滩，开发难度大。乌鲁木齐城市化水平较高，市区人口占总人口比重在90%以上，具有典型的"大城市，小郊区"特点，土地资源回旋余地有限。乌鲁木齐相较于东部沿海地区有较为丰富的资源，但与昌吉市等周边市区将比，土地资源较为紧缺。截至2010年5月，剩余储备土地总面积6843.63亩，其中可开发建设储备土地面积只有4016.69亩。

四是环境瓶颈。新疆虽地域广阔、资源丰富，但属内陆干旱地区，适宜于人类生存的绿洲面积只占全疆总面积的5%，生态环境系统极其脆弱。乌鲁木齐处于两山相夹的盆地，地带狭长，环境自我修复能力较差，承载能力有限。目前，乌鲁木齐产业发展走的仍然是以重工业为主的工业化道路，能源、矿产等自然资源消耗大，环境压力较大，水、土地、能源、矿产等资源不足的矛盾越来越突出，生态环境面临着前所未有的巨大压力。多年来，乌鲁木齐冬季大气污染位居省会城市之首，目前已被列为国家"十二五"重点区域大气污染联防联控重点区域。此外，区域人口在乌鲁木齐市的集聚特征非常显著，高密度的人口分布也给地区自然生态和城市环境带来较大的压力。

4.外部发展环境的不确定

一是外部竞争激烈。从经济发展角度来看，无论是国内的西安、兰州、呼和浩特，还是中亚的阿拉木图、塔什干等城市，与乌鲁木齐都存在着一定程度的竞争关系。特别是西安、兰州等城市，距离人口密集的东部区域更近，产业优势也较强，对乌鲁木齐发展形成一定的压力。在疆内，霍尔果斯、喀什两个特殊经济开发区及天山北坡经济带先后被国务院批准，尽管乌鲁木齐作为首府具有相当大的优势，但前两者未来发展潜力不容小觑。

二是中西亚市场拓展具有不确定性。相对于沿海、向东开放而言，中国向西开放受国际政治、经济格局变化的影响更大，开放的外部环境更加复杂。向西开放主要是面向内陆国家，面向新兴市场国家和发展中国家的开放，中亚地区的政治较不稳定，可能危及双边的经贸关系；新亚欧大陆桥路线途经的国家多、环节多，收费系统、信息系统、通关便利等分割严重，缺乏专门的沟通协调机构和平台；此外中亚地区与欧洲有更为相近的文化渊源，当地高端消费者对欧洲产品认同度相对更高；2010年"俄白哈关税同盟"正式运行，来自俄罗斯、白俄罗斯以及未来要加入关税同盟的其他国家的区内贸易，势必对区内国家和地区与区外贸易产生一定的挤出效应；国内中东部省区的产品通过新疆出口的占比较大，且多以贸易为主。新疆对中亚地区的出口商品多以轻工产品为主，商品价格低廉，档次不高，缺乏有竞争力的产品和品牌。上述因素大大增加了新疆向西13亿市场启动的不确定性。2012年，新疆对中亚5国进出口贸易额175.8亿美元，同比增长3.5%，增幅较2011年下降20%，2012年新疆与中亚地区的贸易总量占全国对中亚地区贸易总量的38.22%，而2006年这一数据为61.3%。这充分反映出乌鲁木齐面对的中亚市场具有很大的波动性。

二　竞争中的依存关系

改革开放后，由于地方政府积极寻求辖区经济更快发展以及自身政绩等利益最大化，使区域间的政府竞争日益激烈，行政区经济也随之确立，形成了中国经济发展的主要格局。行政区经济的确立，一方面在一定程度上使中国经济实现了高速的发展，另一方面各地政府基于GDP的角逐，行政区划对经济发展的刚性约束越来越强，地方本位主义倾向越演越烈，市场分割、重复建设等过度竞争现象随处可见。尽管"行政区经济"与计划经济时期的地方经济相比无疑是一种进步，但从现代经济发展要求市场的大统一这一角度看，其已经是一种相当滞后的经济类型，但由于其是中国转型期经济的主流形态，故必将在相当长的一段时间内存在，直至市场经济体制完全建立后，一种新型的区域经济关系被固定下来，原有滞后的经济体制才会真正消亡瓦解。这种新型的区域经济关系，目前主要体现在区域内的协调和合作上。以乌昌区域为例，乌鲁木齐作为新疆政治、经济和文化中心，其无论在经济基础还是上层建筑方面都有着绝对的优势，因此周边城市欲寻求长足快速的发展，都必然会与之建立经济和政治上的合作，主动接受其辐射力。对此实践已给予了最好的阐释，昌吉是离乌鲁木齐最近的市，其对乌鲁木齐的禀赋优势利用成本最低也最容易。随着乌昌经济一体化的推进，昌吉在资金、技术等多方面得到了乌鲁木齐的大力支持，并且凭借乌昌工业园区的全面推进和乌鲁木齐商品集散的优势通道，昌吉地区工业产值增速和外贸进出口增速连续 3 年都超过 20%，地区生产总值连续 3 年增长幅度也都在 15% 以上。与此相比，五家渠等城镇与乌鲁木齐距离相对较远，其经济活力也随着距离的增大而减小，地区生产总值增长幅度则只在 10% 左右。与此同时，乌鲁木齐的付出也得到了超额回报，目前昌吉州已将其辖区内与乌鲁木齐紧密相连的米泉市的行政管理权正式移交给乌鲁木齐，如此一来，乌鲁木齐就解决了其城市扩张所急需的土地问题。除此之外，乌鲁木齐在可持续发展方面面临着诸多生态瓶颈，诸如水资源、劳动力、城市扩张所需的土地资源等都面临着严重的赤字，其必须依赖周边的城镇给予援助，周边的城市在援助乌鲁木齐的同时也可以获取资金、技术等其相对欠缺的生产要素，从而缩短原始积累的时间，在一定程度上实现跨越式发展。由此可见，行政区在互补的前提下实现合作，无论于人于己都是十分必要且意义深远的。

三　区域经济发展中地方政府间关系的实质

张紧跟在《武汉大学学报》2009 年第 4 期撰文认为："我们在研究地方政府时所面临的问题主要在于忽视了地方政府所追求的利益与地区公共利益乃至区域整体利益之间的巨大落差。"[①] 通过协调地方政府间关系而形成的地方政府间合作，说到底也只是一种缺乏治理的区域政府管理。区域合作的议题只是围绕区域内各地方政府的短期政绩目标而展开，在合作内容上，热衷于压力型体制下对短期政绩的追求，缺乏对区域产业链意义上的分工与合作体系的整体性构建，更缺乏在城镇体系、社会保障体系等基础性社会领域的合作，缺乏从全局考虑整个区域经济社会的科学发展与和谐，从而削弱了区域合作的绩效。而且在当下的政府管理体制下，区域合作的主要内容不仅容易受到地方政府主要官员个人偏好的影响，而且还往往会因地方政府主要官员的职务变动而缺乏稳定性和连续性，更容易使这种地方政府主导的区域合作偏离区域一体化的主要目标。另外，地方政府间竞争的实质其实是如何完成上级政府任务的绩效竞赛或政治锦标赛。从宏观层面而言，地方政府间竞争的动力与压力主要来自上级政府。中央和上级政府通过掌控着各地方政府所渴求但又并非各方均能获得的某

---

① 张紧跟：《当代中国地方政府间关系：研究与反思》，《武汉大学学报》2009 年第 4 期。

些稀缺资源，如资金、项目，特别是地方官员的政治升迁与政治荣誉等，从而行使对竞争的裁决。对一个具体的地方政府而言，它首先要服从上级政府的领导，所以，地方政府间的竞争，实际上就是一种在压力型体制下如何完成上级政府任务的绩效竞赛。从微观层面而言，在实践中，地方政府间竞争往往又会转换为地方政府主要官员间的竞争。同一级别的地方政府主要官员，无论是省、市、县还是乡镇一级，彼此都处于一种"官场晋升"的博弈中，合乎情理的逻辑机制必然会导致地方政府主要官员采取合乎情理的行为，也就是为了实现社会承认，使自己在晋升博弈中胜出，就要向上级政府展示自己的政绩水平，想方设法传达出一种政绩信号。这样，地方政府间竞争就必然成为地方政府主要官员向上级政府传达自己政绩信号的重要载体。在信息不对称的情况下，地方政府及其主要官员当然有可能会选择以弄虚作假等违法违纪的形式或者虽然合法合纪但是违反经济规律、忽略地方发展实情的投机，而非真抓实干、坚持科学发展观的实绩。而且，在政绩锦标赛的压力下，地方政府之间展开攀比性的博弈不可避免，此时的竞争已经变成了过度竞争。[①]

在过度竞争的背后是如司马迁所说的"天下熙熙，皆为利来；天下攘攘，皆为利往"。因此，在区域经济发展过程中，区域各政府彼此间采取何种策略，是竞争还是合作，或者是竞合，其核心的决定因素是各区域的利益及官员的利益。而所谓利益在西方经济学中被阐释为效用，其涵盖精神和物质双重层面的满足。因此，对个体而言，由于个体差异的客观存在，利益的大小很难去量化。但与之对应的区域集体、社会或国家利益则不然，由于其建立在更高的"种存"层面上[②]，故其往往是可以通过就业、生产总值、恩格尔系数等指标进行度量或者测评的。以区域地方政府利益为例，其核心的决定因素就是政绩考核的主要因素，即地区经济发展尤其是地区财政收入的增加是区域地方政府的利益核心所在。如此一来，地方政府间的关系就围绕着经济发展需求而展开。由于经济发展需要依托多种资源的共同作用才能实现，但资源会因先天的自然环境、后天的人文环

---

① 徐朝斌：《构建长三角一体化进程中的地方政府间合作关系》，硕士学位论文，上海交通大学，2009 年。

② S.Freud, La Technique Psychanalytique, PRESSES UNIVERSITAIRES DE FRANCE, 1953.

境及政策倾向等因素的影响存在非常大的差异，致使各区域经济存在发展
的不平衡，而各地区经济发展水平的不平衡又会使各地方政府在利益上产
生矛盾，这一矛盾就构成了区域各地方政府间关系的实质内容。

当各地区利益矛盾具有对抗性时，各地方政府就会认为追求本地区经
济利益的最大化，必然无法与其他地区达成一致，进而采取不合作的态度，
这样各地方政府间关系就会造成各地方政府争相向中央要政策、各地区经
济的割据和地方保护主义的恶性循环。当各地区利益矛盾是一种非对抗性
的矛盾时，区域内各地方政府从共同利益出发的可能性就会变大，以寻求
比单打独斗更多的利益获取。因此，利益构成了地方政府间关系的实质，
地方政府间的一切行为都围绕着各自辖区的利益最大化而展开。

第四章

区域经济中的地方政府竞争

正如上一章所述，地方政府无论是作为中央政府管理国家的延伸机构，代表上级并且为实现上级利益而存在，还是作为地方公众的代表，为辖区内的公民谋求福利和利益的最大化，抑或是作为一个组织，为自身和组织成员的利益考虑，其都具有"经济人"的全部特征，即其所有行为都围绕着自身倾向利益的最大化而展开。并且地方政府和所有的"经济人"一样，在实现倾向利益的行为展开以前，会对自身区域和选定为竞争对象的区域的资源禀赋等情况进行比较，并尽可能地使用自身的优势禀赋去进行竞争，而后通过在竞争中胜出获取更有利的禀赋资源和更为宽松的制度环境，以确保利益最大化目标实现的良性循环。在实现倾向利益的行为展开的过程中，地方政府会根据不同的情况选择竞争或合作。但无论是竞争还是合作，都会有不同程度或不同维度的利益损失和获得，由此政府间竞争得以产生，并且紧紧围绕着地方政府的利益目标而展开。

第一节　地方政府利益函数和行为倾向

由于中国地方政府扮演者着中央政府的代理人、地方利益的代表者和辖区公共事务的管理者及公共物品的提供者等多重角色，因此，其有着多重的利益目标，但无论是从哪种行为角色出发，促进本地经济发展都是其核心目标之一。因此，地方政府间的竞争都根据其定位角色紧紧围绕着所辖地区经济的快速发展而展开。

一 地方政府的多维角色

（一）上级政府代理人

地方政府产生和存在的直接原因是公共行政在技术上的一体化难以实现，因此，上级政府不得不对其国家管理的工具特性进行延伸，设置分支机构——地方政府，并借助地方政府区域管理的便利性和有效性对国家进行管理，从而更好地履行其统治和管理职能。从这个角度看，无论是集权制国家还是分权制国家，地方政府都以分支机构的形态存在于政府体系中。其区别在于：单一制主权国家中的地方政府虽然同样可以拥有广泛的权力，但却不能成为相对独立的政治实体，其只是中央政府的延伸机构或代理人，其权力来源于中央的授权，权力的行使受中央政府的监控，所以其行为必然受制于中央政府的意志，这一现象在中国曾经的计划经济体制时代得到了最为集中的表现。尽管随着行政体制的改革，地方政府被赋予了越来越多的相对独立的权力，但从本质上看，中央政府与地方政府关系的实质仍然没有变化，中央政府仍通过立法控制、干部人事控制等制度技术设计，保持着强大的政治行政控制权。因而在中国，目前地方政府仍作为中央政府的代理人在当地履行着各种职能，中央政府则通过相关资源分配和一整套政府绩效考评制度，对地方政府的决策和行为进行约束。

（二）具有自身独立利益的地方利益代表

通常而言，所有的经济主体都是寻求自身倾向利益最大化的经济人。而中国的地方政府在区域经济的形成过程中逐渐完成了行政的重塑后，开始朝向经济人的特性回归，并且不但成为地方利益的代表，而且同时也成为具有独立经济利益的经济主体，甚至构成了地方的第一利益行动集团。[1]对地方政府而言，其倾向利益是政府财政收入或预算的最大化，因为地方政府行为直接受到地方财政的约束，而地方财政又与地方经济的发展成正相关。以乌昌区域为例，2007 年，乌昌地区实现生产总值 1141.5 亿元，比 2006 年增长 15.21%；全口径财政收入 259.6 亿元，比 2006 年增长 22%；地方财政一般预算收入 87.2 亿元，比 2006 年增长 22.9%。2008 年，

---

[1] 杨虎涛：《政府竞争对制度变迁的影响机理研究》，中国财政经济出版社 2006 年版。

乌昌地区生产总值达 1330 亿元，比 2007 年增长 15% 以上；地方财政一般性预算收入 104.7 亿元，比 2007 年增长 20%。[①] 基于上述简单的数据，我们可以从一个侧面看出，没有地区生产总值的快速增长，其财政收入很难实现增长，并且通常而言，地方政府的财政收入增幅总会大于经济增长幅度。地方政府既是地区政治功能的责任主体，又是区域经济功能的责任主体（这是中国由计划经济向市场经济转型以来形成的惯性），其政绩考核主要依据本地区财政税收、GDP 增长速度。在中国现有的政绩考核机制过度依赖于国内生产总值、财政税收等经济发展指标指导下，追求地方财政收入增长和官员的晋升很可能成为地方政府的主要目标。因为，地方政府直接倾向利益最大化的实现，是在现有经济条件下以最快发展来完成的。所以，对地方政府官员而言，他们最关心自身的政治利益最大化，如上级的嘉奖、职务的迅速升迁以及职务升迁后带来的各种个人利益。

（三）辖区的管理者和地方公共物品的提供者

在公共管理学派，地方政府的职责被简单地描述为"最大化地满足辖区居民对物质的和非物质的公共物品和服务的需求"。这一观点在经济学界得到了广泛的认可，即使是认为政府只应作为"守夜人"而存在于经济社会中的自由主义经济学鼻祖亚当·斯密，也肯定了政府对公共物品提供的合理性和必要性。这是因为公共物品在消费上具有非排他性、非竞争性和外部性，因此在个体寻求自身利益最大化的前提下，具有这三种特性的公共物品就不可能实现有效供给。所以绝大多数公共物品只能由政府动用公共群体的纳税来提供。

但由于公共物品和服务供给成本的客观存在，以及需求层次上的差异，就导致了中央和地方政府在公共物品的供给方面存在着不同优势互补和层次分工。通常而言，中央政府提供的公共物品主要集中在国家运转秩序、国家安全和利益等方面，而地区基础设施等硬件类物品和社会治安等软件类服务等公共物品和服务的提供，则属地方政府的职责范围。并且，这一职责因地方政府本身角色的转变开始由先前的被动履行变成主动探寻，即地方政府要实现其所辖区域和自身的利益最大化，就必须改善投资环境，必然会加大基础设施建设的投入力度，

---

① 指标数据依据《2009 年新疆领导干部手册》以及 2009 年乌鲁木齐和昌吉统计年鉴。

加之政府投资有着较强的"乘数效应"[①]，所以地方政府往往会热衷于基础设施建设。

以乌昌区域为例，两地实施经济一体化后，对基础设施、工业能源、商贸流通等领域的公共投入不断加大，相继启动了"500"水库、国际机场改扩建、大西沟水库、甘泉堡工业区、乌昌地区"九纵四横"路网体系，以及国际会展中心等城市发展所需的硬件类公共物品的投资建设。据统计，自 2004 年乌昌实施经济一体化战略后，用于公共物品和服务的财政投入年均增幅为 16.3%，2008 年投入达 47.2 亿元，2009 年达到 77 亿元，2010 年达到 120 亿元。这些投入不但完善了乌昌区域的基础硬件设施，为下一步的乌昌经济发展打下了基础，而且据民间数据调查显示，乌昌区域经济发展中政府历年在公共物品上的投入对经济的拉动，占到经济总量增幅的 1/5 以上。

（四）社会公共秩序的维护者

良好的社会公共秩序，是促进经济社会全面发展的重要保证和必要前提。如世界经济论坛（WEF）公布的《2005—2006 年全球竞争力报告》显示，芬兰被列为全球最具年度竞争力国家，这是芬兰第三次名列第一。芬兰作为一个北欧小国，气候寒冷、人口稀少、资源贫乏，自然条件和自然禀赋都不具有任何优势，那么，芬兰竞争力如此之强的根本原因，便是其有着良好的公共环境、高效的公共机构和一流的公共秩序。因此，各区域地方政府若要很好地履行其职能，实现其经济快速发展的目标，必须做好社会公共秩序的维护工作。对于新疆这个多民族区域的地方政府，公共秩序的维护显得尤为重要，特别在乌鲁木齐"7·5"事件爆发后，维护社会公共秩序尤其是社会稳定，成为乌昌区域当前最重要最紧迫的任务，因为一旦失去稳定这个社会基石，不但经济的发展根本无从提起，就连国家的统一也会受到威胁。换言之，只有做好社会公共秩序的维护和构建，才能换取乌昌区域经济的发展，才能保证国家利益的实现。基于此，维护社会公共秩序也是地方政府的责任之一。

---

①　高鸿业：《西方经济学》，中国人民大学出版社 2004 年版，第 457 页。

二　地方政府的利益函数和行为倾向

（一）地方政府的利益函数

本书在前提假设中已提到过，卡梅隆学派的代表人物西蒙认为，社会中的人们不可能跳出自身所处环境的复杂性、超越自身认知能力的有限性来参与社会经济活动，其根本无法实现对所有备选方案及其实施后果的完全把握，所以人类在经济社会活动中只属于"有限理性"（bounded rationality）的"经济人"，其寻求的现实目标不是"最优"标准而是"满意"。因此，每个人的利益都带有强烈的因个体差异或个人社会角色等决定倾向性，而本书在之前也同样讨论过，地方政府具有一般"经济人"的所有基本特征。但由于地方政府作为有着四种身份的行为主体，其代表着三种利益层次出现在社会生活中，一是中央政府的具体代表，作为国家宏观管理的执行者，具体代表着中央的意志和利益；二是作为地方利益主体，维护地方利益，体现地方利益；三是代表自身利益，地方政府及其官员还追求自身经济和政治利益，还存在着自身的利益。① 因此，地方政府严格意义上讲是一种"有限理性的复合经济人"，其行为目标必然会复杂化，并会根据其自身的情况及地方官员的偏好去寻求相应的利益最大化。就这一问题已有不少学者进行了论述，其中杨再平给出了一个较为合理的描述中国地方政府行为的模型②，他假设地方政府行为可能出现以下几种情形：①无条件地绝对服从中央政府，执行中央政府一切法律政策措施；②把服从中央政府的政策方针作为实现其自身的功名地位的必要条件；③服从中央政府的方针政策以实现其自身的物质利益；④只追求本地利益，从而获取地方的认可和支持。除此之外其还假设 $Rs(Bi)$ 为地方政府的第 i 种行为所产生的净社会公共福利收益，$Rd(Bi)$ 为地方政府行为所引起的净地方公共福利收益，a、b 则分别表示净社会福利和净地方公共福利收益的增减转换系数，c、d 则分别表示净社会福利和净地

---

① 何太平：《地方政府的双重身份与经济行为》，《社会主义研究》1997 年第 2 期。

② 杨再平：《经济体系中的政府行为主体：一种分析框架》，中国博士后社科前沿课题论集，经济科学出版社 1997 年版。

方公共福利收益的增减的转换系数。这样，四种地方政府目标追求模型便可分别表示为：

模型 1. G1= Rs（Bi）

模型 2. G2=aRs（Bi）–bRd（Bi）

模型 3. G3=cRs（Bi）–dRd（Bi）

模型 4. G4= Rd（Bi）

具体而言，很难用其中一种模式描述每个地方政府具体行为，因在不同的时间与空间同一政府主体可能有不同行为目标，只是表现出不同的权重而已。因此，可以用 q1、q2 、q3 、q4 分别代表地方政府对上述四种行为目标的权重系数，且 q1+q2 +q3 +q4=1，这样，公式为：

$$G=q1G1 + q2 G2 + q3G3 + q4G4 \cdots \tag{1}$$

（1）式可看作所有地方政府的行为目标方程，只是不同的政府或同一政府在不同的时间和空间对各种行为目标有着不同的权重系数，当 q1=1 时，代表中央集权体制下的地方政府的行为函数，而当 q4=1 时，代表联邦制下地方政府的行为函数。

杨再平设计的这个模型为我们量化分析地方政府的行为提供了很好的切入点。但是，在中国转型期相对集权的现行政治体制下，地方政府官员特别是党政主要领导中的"一把手"对政府行为有着相当大的影响，有时候甚至是起决定性作用。因此，西南财经大学的刘金石在其论文《中国转型期地方政府双重行为的经济学分析》中将这一要素引入，并做了如下分析："我们分析地方政府行为目标的时候，不能不考虑地方政府主要官员的目标函数。总体来说，地方政府官员不仅追求政治利益，还会把实现自身的经济利益作为努力的重要目标，通常意义上，地方官员的政治利益主要体现在官员的政治晋升方面，经济利益体则更多地体现在工资以及其他的经济收入上。在没有非法收入的情况下，地方政府官员的收入主要依赖于其职位级别的高低，所以，政府官员总是具有强烈的晋升追求。在目前的政治经济体制下，地方政府官员要获得当选、连任和晋升，必须通过其政绩显示来达成，在追求政绩显示时，一方面会尽可能地完成上级委托的各项任务比如 GDP、税收等，来获得上级政府

（中央政府）的满意度 Uc[1]，进而获得上级的政治认可；另一方面为辖区内的企业和民众提供合意的公共物品，来获得辖区非政府主体的满意度 Ud[2]，进而获得相应的政治支持。此外，一个地区的 GDP 和税收收入为政府增加了发展经济、提供公共物品的能力，因而两者本身相当于直接为地方政府及其官员提供了一种租金。"[3] 由此，地方政府（官员）的效用函数 Ul 是其所获得的政治利益 Ip 和经济利益 Ie 的函数，这两者又是上级满意程度 Uc、辖区民众满意程度 Ud 和地区 GDP（Y1）及税收 T1的函数：

$$Ui = aIp + bIe, \ (a, b > 0, \ a + b = 1) \cdots \qquad (2)$$
$$= F(Uc, Ud, Yl, Tl) \cdots \qquad (3)$$

当然，无论是上述（2）式或是（3）式，都只是给了我们一个对地方政府行为目标的粗略的抽象描述，但是，比模型 1 更加符合中国转型体制背景下的地方政府行为。因为，模型 1 的潜在假定是地方政府只在中央政府的利益和地方非政府主体的利益间做出选择，并没有考虑地方政府及其官员自身的利益，这显然不足以描述地方政府行为的现实。模型 2中的 a、b 是权重系数，表示不同的政府主体或同一政府主体在不同的时间和场合都可能有着对政治利益和经济利益的不同追求。在这里 a、b 大小取决于不同的政府或同一政府在不同时期的偏好，但更主要地取决于影响地方政府行为的诸多外部约束条件，如经济、政治、社会、文化等因素，正是这些因素影响和制约着特定时期、特定空间的地方政府行为的基本取向。

事实上，如果换个角度来考察两人上述的政府目标函数，稍作调整即可得到一个更合理的地方政府利益函数。首先我们假定地方官员自身的利益 Ul、辖区非政府主体的满意度（辖区居民社会福利的最大化）Ud以及上级政府（中央政府）的满意度 Uc，三要素共同作用构成了地方政府的利益倾向 Uq 的函数，即 Uq=F（Uc，Ud，Ul），（Uc，Ud，Ul >0，

---

① 中央政府在改革中所体现出来的行为目标 Uc 的最大特征是谋求全社会经济的增长以及经济、政治和社会的稳定。

② 非政府主体在改革中所确立的行为目标 Ud 比较简单，主要交纳更少的税赋、得到更好的公共物品，更多的市场投资或就业的机会，更高的利润或收入等等。

③ ［美］诺斯：《经济史中的结构和变革》，商务印书馆 1992 年版，第 25 页。

（Uc+Uc+Ud）=1）；并且地方官员的利益倾向可视同为影响着杨再平公式中的权重系数 q，即 q=Uq= F（Uc, Ud, Ul），（Uc, Ud, Ul ∈ [−1, 1]）[①]，然后我们再将地方政府的利益可能和行为可能性相乘就得到了地方政府的利益函数：

G= Uq ×（G1+G2+G3+G4）

　= F（Uc, Ud, Ul）×（G1+G2+G3+G4）…　　　　　　　　　（4）

值得注意的是，（4）式中（G1+G2+G3+G4）通常是一个固定值，因为地方政府的行为受到总体财政预算的约束，而 Uq 或 F（Uc, Ud, Ul）则作为变量存在，并且其大小取决于 Uc ∩ Ud ∩ Ul 三者的交集。因为，代表地方政府的地方官员为了追求自身利益和辖区内非政府主体的满意，必须采取积极行动，而包括薪金、机构或职员的规模、社会名望、额外所得、权力或地位等构成的地方官员利益和辖区居民社会福利的最大化，都与政府预算规模成正相关，因此，我们也可以认为地方政府追求的是地方政府财政预算的最大化。需要进一步说明的是，尽管地方政府官员从自身的和地方非政府主体的利益出发，追求的都是辖区财政预算的最大化，然而其利益主体是不一样的，因此在利益的分配上总是充满着博弈。

除此之外，地方政府作为上级政府的代理人[②]，其在具体的行为中必须顾及委托人的意志，基于上级政府而对全局利益的现实进行考虑，并尽可能地寻求代理人与委托人之间利益的协调。但公共选择学派认为，代理人一旦被雇用，由于受到信息不对称和其他因素的制约，在很多情况下，代理人的行为并不是一直符合委托人利益最大化这一基本目标，在这一点上委托人无法完全控制这一目标的实现。这是因为代理人与委托人的利益并不总是完全一致的，代理人在追求自身利益最大化时，有时就会与委托人的利益产生矛盾。也就是说，即使是完成实现一个委托主体利益目标也

---

①　通常而言，Uc,Ud,Ul 的值域都应该大于0，但也存在小于0的情况，如欧盟区出现主权债务危机，希腊等国出台法规削减居民社会福利、官员薪金等，在这种境况下就会出现官员和居民利益朝向负值发展。

②　上级政府与下一层级辖区政府官员个人及集体之间应都属委托代理关系。这种关系类似于企业的股东与经理、董事会与经理之间的契约关系，但比这种关系又要复杂得多。辖区政府官员个人及集体是双重代理人，即既是辖区居民的代理人，又是中央政府的代理人，这种双重代理人角色使得其在追求自身利益的同时，应该兼顾辖区居民和中央政府这两个委托人的利益。

会产生矛盾，地方政府在经济发展实践中，难以同时均衡地兼顾辖区居民和上级政府这两个委托人的利益，所以地方政府官员个人及集体的利益、辖区居民的利益、国家的利益很难同时实现最大化。因此，Uq 的取值在同一个时点上既有相容的部分，又存在着矛盾，所以，其极值取决于地方政府能在多大程度上协调处理好这三方面的利益关系，也就是说，地方政府对自身、上级政府以及辖区居民的利益统筹兼顾得越好，三方面的利益交汇面积就越大，地方政府的集合利益也就会越大。

（二）地方政府的行为倾向

中国国土辽阔，各区域发展不平衡，在特有的历史和体制下，行政管理层级繁复，从中央到省、市、县、乡共有 5 个层级，特别是转型社会的现实条件下，对地方政府的行为缺乏行之有效的成本和制度约束，地方政府发展经济中的收益不完全由其个人享用；而另一方面，造成的经济成本和隐形损失责任也不用个人承担或者不完全由个人承担，这就很难保证地方政府官员能无条件地做到从全局利益出发。换句话说，在目前的体制下，辖区居民或中央利益的实现在一定程度上受制于地方政府的道德水平。但由于道德本身的特性[①]，地方政府为了实现既定利益前提下自身利益的最大化，就存在着利用自身的相对信息优势的可能，通过蒙蔽委托人并损害或牺牲其利益来实现自身的利益，道德风险从而产生。尽管随着经济体制改革的深化，制约和防范代理人道德风险的制度和机制在不断完善，但地方政府与辖区居民和中央政府在既定利益的前提下，利益产生冲突是一个固有的内在矛盾，即中央政府、地方政府和辖区居民三者都在主观上要求实现绝对的利益最大化，但在同一时点上却只能实现相对的利益最大化。因为，基于双重代理人身份的地方政府，在保证自身利益实现的同时还要兼顾国家的整体利益和本辖区居民的利益[②]，从而其必须要促进本地区经济社会更快更好地发展，以实现扩大利益分配的基数，使自身在利益博弈中有着更大的发挥空间。而辖区经济发展的过程恰是对中央政府和上级政府政策措施的贯彻落实及维护国家利益和实现辖区居民利益的过程。如此一来，实现辖区经济快速发展的地方政府不但能得到上级政府的肯定，而

---

① 雷希：《道德的起源》，云南人民出版社 1999 年版。
② 严格说来，作为经济人的地方政府实现其委托人的利益只是获取自身利益的手段而不是目的。

且还会受到本辖区居民的拥戴，从而使地方政府自身的利益得以实现。至此，地方政府官员个人及集体、辖区居民社会福利和国家利益才能基本重叠在一起，三者利益的相容性越高，三者的利益集合就会越大。当然，这是比较理想的状态。

但事物并非总在理想化的状态下运行，地方政府有着一般"经济人"的全部特征，其在自利行为的趋势下总难以避免投机的可能，并凭借自身在信息上的绝对优势，对中央政府的政策措施采取"灵活"应对的策略，甚至采取"上有政策，下有对策"的做法，只对那些有利于地方经济发展和地方政府利益的方面进行积极贯彻，而对不利于自身利益的政策则消极应对，对于辖区居民则采取"关而不注"的敷衍策略，甚至对部分人群采取"欺瞒哄骗"的方式。但总体而言，由于地方政府官员个人的最大化利益和辖区居民的最大化社会福利有天然的一致性方面，其都取决于辖区预算的最大化，即只有辖区居民实现了利益的最大化，地方政府官员的津贴、住房等物质利益才可能得到改善，与此同时，发展地方经济的地方政府官员获得上级提拔的可能性才会加大，这就导致地方政府在客观上更倾向于优先实现辖区居民的利益。换句话说，在地方政府官员个人和中央政府以及辖区居民的利益发生矛盾时，地方政府首先会选择自身利益的实现，而后是辖区居民的利益，最后才是上级政府和中央政府的利益。事实上，20世纪 90 年代初国内诸多地方政府为了经济发展，对环境污染熟视无睹、置若罔闻，对不合格产品在市场上流动的默许，说明了地方政府在竞争中真正追寻的并非"经济学"意义上的利益最大化，而是在竞争中的相对胜出。因为，基于中国特殊的国情体制，地方政府在竞争中缺乏成本（包括经济、社会、文化和道德等的成本总和）最小化的制度约束，使其必然在竞争中产生定向成本、沉淀成本等成本，这些成本是隐性的且难以量化，但却客观存在，并需要当地来承担（诸如一个企业通过权钱交易或者其他特殊的方式用 50 万元获取了一块价值 100 万元的土地，假设这 100 万元企业需要用 10 年来积累，但现在其只用了 5 年的积蓄就完成了土地的获取，尽管这有助于企业的原始积累和经济的发展，但这其中 50 万元的成本缺口就需要当地居民做福利牺牲或者利益补给）。因此，地方政府在缺少成本制度约束的前提下，其竞争很难实现资源的最优配置，达到经济学中所讲的帕累托最优状态，而只能是确保在竞争中的胜出。因此，地方政府间的互动关系更像是一种博弈行为，但为表述的方便，本书仍将延续地方政府竞争的概念。

需要进一步强调的是，事实上这一地方政府的行为顺序只是相对的，因为从深层次上讲，就中长期利益而言，地方政府与国家社会公民的利益线是一致的或者平行的。因此，实现辖区居民利益可以在某种程度上说就是实现上级和中央的利益。而事实也恰说明了这一点，周黎安先生曾利用 1980—1993 年中国 28 个省区（除西藏和海南）的数据进行了检验，验证了其经济绩效与地方官员的晋升之间呈正相关的观点。① 因为，地方政府领导人通过实现辖区居民利益，不但维护了国家的整体利益和长远利益，而且在发展上贯彻了中央的精神，给其他地方政府作出了表率，从而得到中央政府的奖赏，地方政府领导人的升迁才成为可能。

第二节　地方政府竞争的主要内容

各地方政府欲寻求自身在竞争中的优势地位，并最终在相互竞争中胜出，就必须要尽可能择优掌握包括矿产、土地、森林、水、旅游等在内的自然资源和资金、信息、技术、知识、人才、优惠政策等社会资源。而各地方政府为获取以上两种经济发展所需的资源，往往会围绕以下这些内容展开竞争，下面以乌鲁木齐高新区和昌吉高新区为例，进行相关分析。昌吉高新区位于昌吉市区以西 12 公里处，距乌鲁木齐市中心 30 公里，乌鲁木齐高新区则位于乌鲁木齐市北郊，两个开发区毗邻而居，随着两个开发区面积扩大，现在两地几乎接壤，中间仅仅相隔乌鲁木齐机场，车程距离在 10 分钟左右。其中先进装备制造、煤电煤化工、新能源新材料、特色农产品加工四大产业在两个开发区都是发展重点，地理毗邻、发展产业相似、人文相近，导致两地为了各自发展进行着激烈的竞争。

---

① 周黎安于 2002 年 11 月 17 日在北京大学中国经济研究中心作的题为"晋升和财政刺激：中国地方官员的激励研究"的报告。

一　制度竞争

尽管随着社会主义市场经济的发展，掌握在中央政府手中的资源总量在逐渐减少，但中央政府提供的政策优惠等资源仍然非常重要，如特区经济政策、西部大开发战略等，因而地方政府会围绕获取中央的优惠政策等展开激烈竞争，地方政府通过降低制度创新的成本、提高制度创新及其运行效率等竞争手法，来获取中央或上级政府的信任及认可，以便能成为"试点"，从而获取到比其他地方政府更为优惠的政策。如中国改革开放之初在沿海开放城市设立的经济特区，其之所以在行政权力、财税分配等方面能获取比其他地方政府更大的权限并享受更为优惠的政策，最初是因为中央政府基于这些地方本身具有区位上的便利的交通、民众中历史沿革所承传下来的经商理念，以及本身的经济结构等禀赋优势，而后是这些区域通过自身的努力在制度上进行了行之有效的创新，取得了让中央满意的经济发展成果，从而使自己更进一步换取了在地方政府之间和地方政府与中央的博弈中的优势处境，并以此赢得了更多的权利和优惠政策，使经济发展所需的资源步入了良性循环，而这些区域的政府及官员也因此在竞争中胜出。现正值中央基于全局的考虑，吹响了西部大开发的号角，乌昌地区政府紧紧抓住这一历史机遇，大胆改革创新，力求在这一机遇中改变自身在与东部竞争时所处的不利地位，从而后来居上。乌鲁木齐市通过积极争取，使中编办等国家三部委将乌鲁木齐高新区列为全国开发区行政管理体制与机构改革试点单位。乌鲁木齐市在充分参考国内行政体制改革的最新成果，借鉴了青岛黄岛开发区、广州萝港开发区以及大连开发区等内地开发区与行政区体制合并的经验之后，经过深入调研论证，结合高新技术开发区和新市区具体特点，实施了"区政合一"的体制改革，实现了高新区与新市区、经济技术开发区和头屯河区的体制合并。"区政合一"在一定程度上解决了乌鲁木齐高新区发展空间不足、与昌吉争抢经济资源、区域规划混乱、招商引资恶性竞争、社会管理交叉重叠等问题，积聚了发展实力，在某种意义上是在乌昌经济一体化实践中，对创新体制和机制的又一次突破，在西部地区率先打破了开发区和行政区的体制障碍。

目前，乌鲁木齐高新区是疆内叠加各类优惠政策最多的区域。最显著的是其不但具备国家级经济技术开发的优惠政策，享受国务院制定的

"三为主两致力一促进"指导方针，而且还同时享受国家级出口加工区体制、二类口岸、保税物流中心、出口监管仓、公共保税仓等政策功能，有着巨大的外向型经济发展优势。区内还形成了新疆软件园、新疆科技企业孵化器、大学科技产业园、博士后科研工作站、职业教育培训基地等多个功能区块，以及行政区、兵地融合区、经济合作区等区域体制，成为一区多园、一域多能、独具特色的综合发展区域。昌吉高新区也不甘落后，在成为一个市级开发区8年后，2000年6月30日被批准升格为当时新疆唯一一家自治区级高新技术产业开发区；2010年9月经国务院常务会议研究，被批准为国家级高新区。国家级别的开发区和省级别的开发区规模与实力自然有差别，但最大的不同是优惠政策的差异。国家级开发区的优惠政策主要是高新技术企业的"两免三减半"，另外国家级别的开发区是市政府的派出机构，在权限上也有别于省级开发区，其中的规划建设和经济管理权限是相对独立的，在行政上相当于副厅级，在政府系统内部有较大的话语权和自主权，有条件赢得更多的优惠政策。

二　基于产品市场的竞争

产品的不完全流动性曾是区域经济学的基本假定之一，在古典区位论中，借助运输成本对经济活动产生的空间影响得到了相应的说明，并且这一假定也被新经济地理学认可并广泛应用。尽管现代技术运输和信息技术的发展使得产品的流动成本大大降低了，但这并不意味着产品流动是完全不需要成本的。自由流动的假定往往使人们忽视产品流动性变化所产生的影响。在中国市场经济逐步建立的过程中，产品流动性变化所产生的影响很少受到重视。因此，本节将重点对地方政府间博弈与市场一体化中产品流动性增加之间的关系进行探讨。

地方政府间基于产品市场上的竞争，通常是通过优化辖区内企业的经营环境、提升企业的竞争力来实现的。这一手法从本质上说只是政府间竞争的间接手法，即从表面看，产品市场的竞争是辖区内企业与辖区外企业争夺市场的竞争，但实际上这种竞争却是政府间寻求在横向博弈中的胜出所致。因为，在现行的经济体制下，中国地方政府仍掌控着众多经济资源，甚至可以说，市场中的经济主体获得政府给予的经济资源程度决定着企业的发展速度，而地方政府在资源分配上往往会倾向于那些对地方财政收入、就业量影响较大的骨干企业（集团），这些企业在发展中通常能优先享受财政投资和补贴、银行优质贷款、地方政府项目资金、划拨土地以及限制域外同类产品的进入、配套公共设施的优先供给等优惠措施，从而让这类企业实现快速增长，并带动相关产业的发展，以实现经济的快速发展，最终实现地方政府在竞争中的胜出。昌吉州积极实施大企业大集团战略，坚持将存量资源、自然资源、资金项目和人才向大企业大集团集中，积极支持大企业大集团对当地企业进行重组、兼并整合。仅2008年，就对屯河工贸、新电公司、五宫煤矿、昌棉等10家重点工业企业进行了资产重组，支持中粮屯河奇台分公司、新鑫矿业电解铜等40个重点技改项目的全面完成，引入自治区技术创新计划项目71个，新创建国家级企业技术中心2个、自治区级5个[①]，依托大企业大集团的资金、技术优势，使煤炭、石材等自然资源得以更科学地开发利用。特别是在准东煤电煤化工产业带开发上，昌吉州一直注重引进大企业大集团进行整体开发。乌鲁木齐高新区和昌吉高新区都把目光聚焦在国内外的大企业和大集团上，特别是全球500强和国内行业100强企业，在具体行业上则把重化工、能源、机械制造和高新技术的大工业项目作为吸引的重点目标，卯足全力开展"一对一、面对面、点对点"的招商竞争。

三　基于要素市场的竞争

任何区域或者经济体发展的资源在一定的时限内总是有限的，但地方政府可以通过财税等制度竞争吸引外来可流动性要素流向本区域，进而实现区域经济发展资源在量上的扩张。但通常地方政府在资源要素市场上会按照发展战略对流动性要素进行选择，这就是地方政府不会对所有要素都持积极的吸引态度的内在原因。其最鲜明的例证是改革开放初期各地方政府为了本地的充分就业和经济的发展，往往在劳动力资源上对技术工种提供比较优惠的政策，而对于一般的农民工则实施较严格的流入限制，而发展至今大多数地方政府取消了这一限制，但对资本要素，各级地方政府无论在何时何地都采取积极的引入态度，这进而导致了各地在招商引资方面的激烈竞争。这是因为改革开放后无论是中央还是地方的各级政府，都往

---

① http://www.cjs.gov.cn/webpub/jsp/10605.jsp?catalogLocal=FA001.

往把扩大引进外资作为替代原始积累的第一选择，致使各地竞相出台优惠的引资政策，这一现象的直接结果是中国在1992年就成为世界上引进外资数量最多的发展中国家，并且仅10年后就超过美国成为世界上引进外资最多的国家。

可以毫不客气地说，目前中国地方政府已经将引进外资同经济发展划上了等号，为引进外资，各地政府无论是在行政审批程序上，还是在公共资源的配置上，都一路绿灯，有针对性地拿出了许多地方性的优惠政策。外资的引进已然成为大多数地方政府政绩的一个主要标志。以乌昌地区为例，乌鲁木齐高新区和昌吉高新区都以引进新型工业化和高新技术的企业为目标，大力开展"精细招商、产业招商、点对点招商"的招商竞争。其中两地对中集集团项目的争夺事例就将这种招商竞赛体现得淋漓尽致。2004年，中集集团计划在新疆投资设厂，在前期运作时，中集集团请了一家商业咨询公司，对乌鲁木齐高新区和昌吉高新区区域投资环境进行综合评估，昌吉高新区排在第一。如何争取将这个标杆性的企业引入乌鲁木齐市，乌鲁木齐高新区认真做好功课。2005年，乌鲁木齐高新区经过对新疆的产业和中亚市场进行系统深入分析研究后，有针对性地进行"点对点"招商。争取中集集团落户可谓困难重重，在征地、税收优惠等政策上，乌鲁木齐几乎提供了当时所能提供的最优惠条件，同时领导立下的拆迁"军令状"使得乌鲁木齐最终胜出。2008年，中集集团决定落户乌鲁木齐高新区。至此，历经3年针对中集集团项目的争夺才得以告终。

事实上，乌昌两地政府为了自身的利益最大化，尽管在不同的竞合状态下有着不同侧重点的竞争内容，但竞争本身是自始至终存在的，并且由于目前乌昌区域经济一体化发展还处在起步阶段，很多制度限制并未建立，两地间的无序竞争并未得到有效的遏制，这也在一定程度上阻碍了乌昌区域经济一体化的深化发展。

第三节　基于要素市场的竞争

地方政府虽不具有货币、汇率等基本经济政策工具的权限，但其展开竞争的手段仍非常多。通常而言，地方政府至少能采取以下手段改善自己在竞争中的的处境：一是财政政策。地方政府主要通过财政补贴、减免税、财政投资等方式实现。二是金融政策。地方政府主要通过设立中小企业担保基金以及成立各类风险投资基金等方式，从金融组织获取地方经济发展资金。三是价格手段。地方政府主要通过基础产业、公用事业和部分服务业的价格来提升自己在竞争中的有利地位。四是法规手段。地方政府主要通过政策性文件的颁发来实现。五是行政手段。如运用就业与产业政策等。本节将地方政府竞争的手段简化为以下三类。

一　税收和补贴竞争

目前对地方政府竞争研究的文献，都将税收竞争放在很重要的位置，这是因为尽管地方政府不具有定税权，但却有一定的税率调整权力，从而使得其完全可以将税率的调整作为地方政府吸引流动性要素的重要手段。其调整税率的主要方式有以下几种：一是整体税负竞争，即通过降低整体税负的办法来增强本辖区吸引企业或者降低个人等流动性要素流入的能力而进行的一种税收竞争。二是经济发展型税收激励竞争。如地方政府采取税收减免优惠等方式展开的税收竞争。三是税种竞争。地方政府展开的如资本税、商品税或者所得税上的竞争。四是税负输出竞争。地方政府为了把税负转移出本辖区，会采取让非辖区外公司、企业或者其他要素拥有者承担实际税负的竞争手法。有学者研究表明，自20世纪80年代开始，中国地方政府最主要的竞争手段和形式就是税收竞争，并且这一竞争呈现出非规范的状态。其主要形式有以下三种。

（一）税收优惠

为了吸引资本等要素，地方政府竞相减免税收，甚至超出中央政府授权范围对制度外税收进行减免。一般而言，各类开发区和高新技术开发区内的企业可以享受经中国国务院批准的15%的企业所得税，但很多地区却在此基础上为开发区设置了更加优惠的税收政策。如乌鲁木齐市高新技术开发区的优惠政策为："凡在高新区注册经营并由自治区科学技术厅认定的高新技术企业，经高新区管委会会同税务部门审批后，从认定之日起（新办企业自投产之日起），减按15%的税率征收企业所得税；新办的高新技术企业自投产之日起，经高新区税务部门审批，企业所得税前3年免征，后3年减半征收；高新技术企业开发研制的高新技术产品，经国家、自治区科学技术厅认定后，技术产品水平达到国际同类产品先进水平或填补国内空白的和达到国内同类产品先进水平或填补自治区空白的，可享受国家规定的税收优惠政策。高新区实行增值税先征收后返还的办法（返还其入高新区财政国库的部分）；经高新区管委会会同税务部门审批，投资高新区新建区电力、通信、邮政、公用事业、交通和其他基础设施建设的新办企业，信息、技术咨询服务业以及在高新区起步区内从事商业、餐饮、旅游、宾馆服务等第三产业，经营期在 10 年以上，自领取工商营业执照之日起，免征企业所得税 3 年，免征营业税 3 年；在高新区内注册经营的新办企业，凡符合高新区产业政策导向的，从获利年度起，减半征收企业所得税 5 年。在高新区各类科技工业园区内注册经营的高新技术企业，可享受与高新区新建区企业相同的优惠政策；凡在高新区内的生产性投资项目，除国家限制项目外，适用固定资产投资方向调节税零税率；非生产性投资项目一次性纳税有困难的，报经项目批准单位同级地税部门批准后，实行分期缴纳的办法；在高新区新办的外商投资高新技术企业，享受内资高新技术企业的税收优惠政策。"[1] 这些优惠政策中有很多已经超过国家制度内的授权。与此对应，昌吉则规定，凡在高新区新办的内资企业，报经自治区税务部门批准，3 年内免征企业所得税。新办交通、电力、水利、邮政、广播电视、农产品加工、旅游内资企业，上述项目业务收入占企业总收入 70% 以上的，免征企业所得税期满后，减半征收企业所得税 3 年。在新办上述发展项目的疆内企业，自生产经营之日起，3 年免征企业所得税，免征企业所得税期满后，由财政给予其缴纳企业所得税地方留成部分 50% 的 3 年补贴。由此可见，两地在一体化以前在税收方面的竞争是非常激烈的。

（二）先征后返

所谓先征后返，是指地方政府以奖励或者补贴的形式，将原本入库的税收收入向特定纳税人予以返还形式展开的税收竞争。自中国 1994 年开始实施分税制后，这一先征后返的税收恶性竞争才得到有效的遏制，但制度约束往往具有滞后性和不完全性，使得这一形式在一定的空间内还存在。如诸多地方政府以开发区可享受国务院批准的高新技术开发区

---

① 乌鲁木齐高新技术产业开发区税收优惠政策，http://cn.zhaoshang-sh.com/xinjiang/wulumuqi/wulumuqitzhj/58905.html。

内的企业享受15%的企业所得税这一政策优惠，自行设立开发区，在开发区虽对企业征收33%的税率，但却通过多种形式给予18%的税收返还，这样企业的实际税收就等于15%。以乌鲁木齐高新区的规定为例，高新区规定："企业年销售收入在300万元以上、年纳税总额在15万元以上，按其实际缴纳的营业税、所得税和25%的增值税，实行全部返还2年，减半返还1年的财政扶持政策（先征后返）。经自治区科学技术厅认定的高新技术企业开发研制的高新技术产品，不但可享受国家规定的税收优惠政策，而且还给予相应的奖励。"[①] 与此对应，昌吉方面则规定："新办非生产性企业，自营业之日起的前3年内免征企业所得税，后3年减半征收企业所得税。第4—6年给予其缴纳地方企业所得税市级留成部分50%的财政补贴。新办生产性企业，自生产经营之日起，5年内免征企业所得税，第6—8年给予其所缴纳地方所得税市级留成部分50%的财政补贴。10年内，对印花税、车船使用税、房产税和50%的土地使用税，通过财政补贴给予返还。新建基础设施、生态环境建设和高新技术企业，自生产经营之日起8年内免征企业所得税，第1—5年由财政拿出企业实际缴纳增值税市级留成部分的50%返还企业，用于生产发展。10年内，对印花税、车船使用税、房产税和50%的土地使用税，通过财政补贴给予返还。"[②]

（三）增加配套支出，豁免各项费用

资本的天性是获取利润，而地方经济为了发展却必须要有更多的资本介入。地方政府力求对资本的引入而大幅降低各种成本。其中地方政府主要采用将一般性税收收入用于特定投资项目的基础设施改善的方式，这实际上是一种超额的税收补贴待遇。以乌鲁木齐高新区提出高新区北区"无费区"政策为例："凡进驻高新区的企业，建设期间除国家、自治区、乌鲁木齐市明令收取的费用外，高新区本级财政所收的各项费用，包括市政配套费、工程质量监督费、墙改专项费、劳动合同鉴证费、临时占道费、义务植树费、城市生活垃圾处置费和道路挖掘修复费、卫生防治防疫费等，一律予以免收。"[③] 昌吉则规定，新建鼓励类项目，除最大限度减免各项收

---

① http://www.uhdz.gov.cn/cms/morenews?columnid=1483.

② http://www.cjs.gov.cn/cjsrmzf/zsyz/yhzc/index.htm.

③ http://www.uhdz.gov.cn/docs/wjzc_yhzc/20071126/1196070210062.html.

费外，其开办前的行政性和事业性收费一律按最低限的 30% 以下收取。与此对应，昌吉还充分利用土地后备资源丰富的优势，特别提出："凡用于交通、小城镇建设、城市市政建设等基础设施项目的建设用地，以及高新技术项目用地，可按行政划拨的方式取得土地使用权。以出让方式获得土地使用权的，在交纳全部出让金后可以依法转让、出租和抵押；以行政划拨方式获得国有土地使用权的，在补交土地出让金后，也可以依法转让、出租和抵押。获得土地使用权的投资者，还可以以土地使用权作价入股（扣除政策优惠部分），创办新企业。"[①]

二　规制竞争

由于市场信息的非对称性、经济的外部性以及垄断存在的可能等因素，市场在运行中会表现出自发、盲目、滞后等市场失灵现象。因此，为使经济健康有序的发展，需要政府这只"有形的手"参与到微观经济的发展中，而地方政府参与微观经济最普遍的方式就是政府规制，政府规制通常是指政府以法律法规形式对经济活动进行的管理、协调和制约。[②]政府规制能在很大程度上提升或降低经营成本，进而左右要素所有者、生产者和消费者的选择。政府规制的领域、力度和方式可以对企业的机会成本、盈利空间等产生非常重要的影响，有时会是决定性的影响。因此，经济主体在"用脚投票"机制的作用下，会流向对自身有利的规制条件的地区，这一流动必然影响到地区经济发展和辖区居民的福利水平。

就中国目前的现状而言，尽管地方政府对劳动力流动、资本流动、生产和消费的实际规制存在着差别，但规制竞争就成为地方政府竞争的常见手段，其在形式上基本都是通过行政命令、政府文件和"协调会"形式，或者通过工商、质检部门等设置技术壁垒等方式，限制外地资源进入市场或限制本地资源流向外地。例如，乌鲁木齐外埠车辆限行和外环路使用费及河滩快速路使用费，即市民俗称的"进城费"，是联通乌鲁木齐与昌吉的很大障碍，该项收费主要针对外埠车辆，影响最大的就是昌吉地区的物

---

①　http://www.smexj.gov.cn/induspark_content.aspx?id=5.

②　在公共利益理论那里政府规制被描述为对市场失灵的回应，其目的是控制受规制的市场主体对价格进行垄断或者对消费者滥用权力，具体表现为控制进入、决定价格、确定服务条件和质量及规定在合理条件下服务所有消费者时的应尽义务等。

流成本，仅此一项，据初步估算，作为坐落于昌吉高新区的新疆最大乳业企业麦趣尔集团每天进乌鲁木齐市送货的物流成本就增加高达万元之多。

三　公共物品和服务竞争

就公共物品和服务的供给而言，辖区居民是公共物品和服务的直接消费者，政府则是公共物品和服务的直接供给人，提供公共物品是地方政府的核心职能之一，个人通常以直接或间接的纳税来对公共物品和服务的消费进行支付。如上文所述泰伯特（Tiebout）在《地方支出的纯理论》中提出的"以脚投票"机制，揭示了理性的辖区选民会比较居住地公共物品和服务的收益与履行纳税义务的成本，进而做出是否流动的选择。而地方政府为了增强本地区对选民的吸引力，必须对最优的公共物品和税收负担进行设计。因此，选民的约束会促使地方政府成为一个有效提供公共物品和服务的合格政府。从这一角度看，优化公共物品和服务的供给方案，既是地方政府竞争的结果，也是其竞争的重要手段。

从博弈策略上讲，区域性投资环境的优良程度是使地方政府赢得竞争优势地位的核心因素。从某种角度说，环境的优良度是决定地方经济发展速度的关键性因素。地方政府想要提升本地区吸引外资或生产要素流入的能力，除了在税费方面展开竞争，降低经济运行税费成本外，更需要改善本地区基础设施等硬件环境和行政制度等软环境，以此来改善其在博弈过程中所处的地位。

在基础设施等硬件环境改善方面，地方政府在竞争中都会加大辖区基础设施的投资力。分权化改革实施后，地方政府公共投资显著增长，规模空间膨胀。按照世界银行的名义价值估计，从21世纪初中国固定资产总投资增长一直保持在20%以上。这些投资主要是靠地方政府举债来实现的，投资方向主要集中在基础设施项目上，如公路、能源、通信和房地产等涉及产业较多的领域。以乌昌地区为例，2004年乌昌区域经济一体化实施后，乌昌区域的经济投资硬环境迅速改善。乌昌地区根据国家的产业政策及自身的实施情况，制定了一系列的投资优惠政策，从政策导向、市场服务、税收调节等方面为投资者创造了一个宽松的投资环境。据统计，2007年以来乌昌地区省级以上工业园区共有218个项目引进落地，计划总投资234.9亿元。"十一五"末形成278亿元的产值、68亿元的利税。

2008 年，乌昌两地城市基础设施投入达 47.2 亿元，2009 年达到 77 亿元，固定资产投资年均增长 16.3%。[①]

　　而在制度等软环境方面，由于良好的制度供给已然成为一个社会进步的重要标志，同时也是促进经济发展的首要条件，因此，制度性公共物品的有效供给对地方政府竞争力的提高和地区经济的快速增长都起着不可替代的作用。柯武刚、史漫飞认为，制度竞争会激发技术、组织和经济运行上的创造性，它激发政府不断提高效能，并赋予政府领导人企业家精神，从而创造性地、预先主动地加速生产力的增长。[②]基于此，各地方政府在竞争的实践中，逐渐意识到单纯地依靠中央或上级政府的优惠政策已很难确保自己长期处在竞争的优势地位，因此，各地方政府开始将行为的重点由获取优惠政策转变到改善地方政府服务、信用建设、产权制度改革等制度性公共物品的供给方面。中国当前地方政府对行政审批程序的改革、机关效能改革等都体现了在制度竞争上的努力。

　　乌鲁木齐高新区在为投资者和企业的服务中，坚持为企业营造成本的洼地和服务的高地，提出打造"数字园区、品牌服务区、无费区、诚信区"的目标。高新区在实施"二次创业"战略进程中，更加注重营造环境、优化服务和提高效率，为入区企业提供良好的服务发展环境。高新区对重点招商项目指定专人全程跟踪服务，重点支持，及时解决各种问题，促使项目早日落地；对落地企业提供一条龙服务，建立服务流程手册，大大缩短了办理各类事务的时间；完善服务功能，建立了一厅式办公服务大厅，建立企业信息服务中心、公众服务中心、国库集中支付中心、人才服务中心等服务平台。高新区在招商引资服务方面采取新办法，对接手企业项目手续办理施行"全程跟踪责任制"，高新区还与区属市属单位联合，开辟了绿色通道，只要企业资料准备齐全，手续的办理时间要求在一个月到 50 天内必须完成。

　　昌吉高新区则把服务优良、政策优惠作为核心优势，提出为招商引资企业提供的"保姆式"服务，秉承"零障碍、低成本、高效率"的服务理念，积极搭建高效服务平台，成立招商投资服务中心，对所有审批

---

①　http://www.uhdz.gov.cn/cms/morenews?columnid=1497.

②　[德] 柯武刚、史漫飞：《制度经济学——社会秩序与公共政策》，商务印书馆 2004 年版。

事项实行"全程无偿跑办",真正为企业提供"全过程、全方位、全天候"的跟踪服务。对一些投资强度大、经济效益明显、辐射能力强的高新技术企业,则采取一事一议的方法,加速推进项目建设。全面实施入园项目"落地会签制"、"审批限时办结制"、"建设专人负责制",确定了州级责任领导以及州级责任单位领导,实行重点建设项目领导责任制和"一个项目,一名领导,一个协调机构,一站式服务"的"四个一"项目负责机制,让服务跟着项目走,努力打造企业家创业的服务高地、政策洼地、投资福地。昌吉高新区还针对自身相对的区位劣势,在提供金融软环境上加大竞争优势,提出对新办的各类企业,有贷款需求的,金融部门给予不低于实际到位资金50%的项目配套资金贷款;对成长性好的企业可由本级财政拿出一定资金用于商业银行提供信用贷款的贴息,鼓励商业银行扩大对企业贷款额度。

总之,地方政府通过上述手段以换取更多的经济发展资源,从而实现经济的快速增长及财政预算的不断增加,尽可能地满足辖区居民和中央政府这两个委托人的利益,以此在博弈中胜出,实现自身的最大化利益。

第五章

地方政府竞争对区域经济发展的正效应

正如前文所述，地方政府为了实现自身集合利益的最大化，往往会围绕基础设施等硬件和制度等软件展开相应的竞争。这些领域的竞争在促进区域经济协调发展的同时，也让辖区居民利益和地方政府官员个人及集体利益以及国家整体利益得以实现。

第一节 地方政府竞争对基础设施环境的改善

一 地方政府竞争对基础设施环境改善的外在表现

就目前中国的现状而言，地方政府全力展开地区经济建设，力求经济快速乃至飞速发展，从本质上看已不是地方政府的目的，而是一种在竞争中胜出的手段。并且在这一手段的运用过程中，各地方政府大都热衷于基础设施的建设。以乌昌区域为例，两地为在横向竞争中胜出，在实施了区域经济一体化战略后，本着"规划超前、建设规范、量力而行、逐年投入"的原则，按照以下思路展开了基础设施的建设。

（一）以区域规划指导基础设施建设

两地通过固定资产投资领导负责制的制度安排，提高对规划在基础设施建设中作用的认识，从区域经济一体化的高度科学安排基础设施布局和建设时序，探索跨区域基础设施统一规划和建设的共享机制。对乌昌两地市政基础设施、工业能源、商贸流通、新农村建设、社会事业、生态治理等重点项目进行了统筹规划，重点推进交通、能源、信息等基础设施体系建设，并加强与周边地区的衔接，全面融入区域基础设施网络，围绕区域城市特别是乌鲁木齐市、昌吉市综合功能调整，加大城市规划建设力度，重点通过道路交通、地下管网等市政设施建设和房地产开发，积极引导城市合理布局与建设，促进了城市发展空间的不断拓展，推动了固定资产投资大幅增长。

（二）统筹两地基础设施空间布局、产业空间布局和城镇发展布局

强化乌昌两地城际、开发区、高新区以及口岸的路网、信息平台等基础设施建设。乌昌经济一体化战略开展后，相继启动了"三纵四横"路网体系、国际会展中心等一批关系长远发展的重大建设项目。把政府投资重点放在城市基础设施建设上，"十一五"前两年，用于城建领域的投资在60亿元左右，实施263个重点建设项目，重点解决城市基础设施和民生领域的重大问题，为乌昌两地新一轮发展奠定了基础。

（三）充分发挥基础设施体系的整体运行效能与经济发展的匹配

乌昌两地加强从现代网络化的视角出发，通过科学的运输网络结构设计，完善基础设施的规划和布局，强化各类基础设施项目的匹配，形成了多种运输方式的有机衔接。一是充分利用乌昌地区连接天山南北乃至亚欧的"门户"作用，进一步建立完善了2个一类口岸和6个二类口岸，直接同与新疆接壤的8个周边国家特别是中亚5国的重要口岸相对应。二是完善机场功能，乌鲁木齐机场为全国五大门户机场之一，开通国际国内航线116条。三是加大交通设施建设，第二座亚欧大陆桥、312国道、216国道、吐乌大高等级公路、乌奎高速公路贯穿全境，有19对国内外对开列车进出，成为东联西出的黄金通道。尤其是首府乌鲁木齐市交通网络日趋完善，成为全疆交通的总枢纽。四是突出通信和信息系统的建设，乌昌地区是全疆的通信邮电枢纽，已形成以数字微波、卫星、光缆为主体的长途通信传输网络，可与全国大部分地区及世界200多个国家和地区直通信息，具备了与国内外进行大规模、高速率信息交流的条件。五是突出抓好工业园区建设。《乌昌地区国民经济和社会发展"十一五"规划纲要》把准东作为新疆煤电煤化工的"主战场"，加快推进水、电、公路、铁路、通信等基础设施建设。已累计完成基础设施投资35亿元，公路、铁路、供水、供电、通信五大基础设施已建成，基本具备承接大建设、大发展的能力。已进驻大企业大集团43家，建成煤炭煤电煤化工项目9个，在建项目25个。准东地区已建成准东煤化工工业园区和将军庙煤电煤化工工业园区，正逐步建设坑口电厂、煤制油、煤甲醇等项目。

（四）完善城乡基础设施体系

城乡基础设施建设，是新型工业化、农业产业化和现代服务业的载体和基础。"十一五"时期，乌昌地区城乡基础设施建设坚持以人为本的方针，坚持全方位、高起点、精规划的原则，努力打造人性化、现代化、园林化相结合的城乡发展新格局。一是努力打造乌昌城市集群，构建以乌鲁木齐为中心，以米东新区、昌河新区为副中心，以阜康、奇台、吉木萨尔、木垒和五家渠、呼图壁、玛纳斯等为东西两翼的城市集群，形成大中小城市梯度分布、相互承接、协调发展的格局。乌昌地区城镇化建设，坚持市场调节与政府调控相结合，着力消除行政区划形成的狭隘观念，中心城市科学规划、增强辐射，周边地区积极策应、主动融入，形成了以互利共赢为前提、以错位发展为基础的良好发展格局。二是集中抓好事关发展全局的重大基础设施建设。积极协调启动乌阜、乌昌及乌鲁木齐市区城市轻轨工程，抓好乌鲁木齐集装箱中心站，昌吉、阜康火车站的新建，着力提升县乡公路等级，集中打造全新的交通枢纽网络。统筹规划各流域水资源开发，重点抓好大西沟、石门水库、白杨沟分洪工程等重点水利项目建设，加快和平渠、水磨河、头屯河等综合治理和功能改造，不断提高区域蓄水保障、防洪减灾和生态安全能力。按照"高水高用、低水低用"的原则，抓好500水库配套建设，促进区域水资源合理调配和高效利用。加快鲁能阜康、华电、玛电三期等项目建设。三是加强城市建设和管理。坚持以人为本原则，以优化人居环境为目的，统筹城市建设与管理，统筹旧城开发、"城中村"改造和新区建设，推进投资重点投向与群众生产生活息息相关的道路改造、城区绿化、环境保护等方面，努力建设一个经济繁荣、环境优美、生活舒适的生态型、园林式城市集群。乌鲁木齐继续落实"城市北扩、东延西进"方针，以外环线完善和216国道米东段扩建为突破口，把城市发展的重点推向外线，通过城市空间的拓展，实现城市功能再分配，形成"一个中心、两个副中心"组团式城市发展新格局。中心城区重点做好美化、绿化、亮化、水化四篇大文章，突出城市特色，打造城市文化，规范城市管理，提高城市品位，全力塑造"魅力城市"、"生态城市"、"开放城市"的新形象。四是坚持经济发展、城乡建设与环境保护同步推进，大力实施"蓝天碧水"工程，加快植树造林和荒山绿化，加强城市垃圾、污水无害化处理工作。"十一五"

时期，各县市、城镇建立完备的垃圾及污水处理设施，重点抓好乌鲁木齐河东、河西、米东污水处理厂及垃圾发电、生物处理工程建设。要把乌鲁木齐城市塌陷区治理作为"十一五"时期城市建设的大手笔，整体规划，大力实施，加快建设与城市北扩相协调的城市景观带和生态旅游区。以南区热网、苇湖梁、昌吉热电联产为重点，继续落实大气污染治理的各项措施，推动集中供热和洁净能源利用，力争5年内城市大气环境明显好转。

（五）加强统筹规划

地方政府改善基础设施环境不但要有可行的思路，还要将这些思路付诸实施，必须全面提升基础设施对区域经济可持续和协调发展能力的支撑作用。乌昌区域实施经济一体化后的主要做法有：一是尽可能避免基础设施规划上的各自为政，建设中尽可能避免或减少对自然资源和生态环境产生破坏；二是提高信息通道建设，增强信息共享，以降低信息成本、交易成本；三是全面推进煤电大企业的兼并重组工作，鼓励供电企业安装火电脱硫装置，促进供热企业接通燃气管道，采用燃气供热，不断拓展太阳能等新能源供应方式；四是强化城市地下管网和城乡水利减灾设施建设；五是加强生态承载与经济发展辩证关系的宣传教育，出台相应的环评制度，促进经济社会的可持续发展。

与此同时，乌昌两地还合理安排基础设施建设的财政资源，打破投资与收益对等的市场性观念，对财政资源进行统一安排，在财政投资以外，两地还进一步拓展基础设施建设投融资渠道，尽可能降低融资成本，鼓励和民营资本参与基础设施项目建设，形成基础设施建设投资主体多元化、项目运作市场化的格局。重点支持了"500"水库西延干渠一期配套工程、大西沟水库、昌热二期、城市主干道改扩建、中心城市"蓝天"工程等项目建设，并取得了积极进展。围绕城市功能调整，加大城市管理力度，全方位开展环境综合整治工作，使城市面貌和人居环境有了较大改善。同时，积极开展城市绿化、平原绿化和天然林、荒漠植被、草场、水源地保护，促进了固定资产投资与经济效益、生态效益、社会效益的同步增长。

二　基础设施改善对区域经济发展的作用

地方政府之所以热衷于基础设施建设，是由于政府投资具有强大的乘数效应^①，即以政府公共投资为核心的基础设施建设会对经济社会产生几何级数式的支撑和引导作用。

支撑功能具体表现为，在经济社会中基础设施建设的程度，既不能超前也不能滞后。超前的基础设施建设是指一个地区的基础设施供给水平和承载能力超过了地区经济社会发展的需求，会使基础设施供给相对过剩，不但引发基础设施闲置现象出现，而且会产生不必要的基础设施维护费用，使得资源利用效率低下，当地用于基础设施建设的财政资源投入边际收益低下；而滞后的基础设施会限制区域经济和社会的发展，成为地方经济发展的"瓶颈"，在这种情况下，用于基础设施建设的财政资源虽边际收益较高，但总收益却很难出现质的增长；而科学合理的基础设施建设水平应是适应的基础设施供给，其应是适当超前的、与当地经济发展水平相匹配的基础设施建设方式。如此，既不会造成基础设施供给水平不足，也不会造成基础设施供给水平过剩。因为基础设施的功效同样适用于"短板效应"^②，从而不但使超前建设的基础设施无法发挥其应有的功效，而且会让整个基础设施都变成对经济社会的发展的瓶颈。

引导功能是指在市场竞争机制和产业关联机制的作用下，一个区域的基础设施体系会对区域经济结构、规模和空间布局等产生反作用。如作为新疆重要的经济政治中心的乌鲁木齐，就与它作为陆、空交通的重要中枢，以及在基础设施投入的引导息息相关。具体说来，乌鲁木齐之所以有这样的地位，首先得益于其优良的地理位置，良好的交通基础设施建设对区外物流和工业产生了强有力的吸引，而工业的集聚必然对铁路、公路、航运物流配送等基础设施提出了更高的要求，进而促进了区域经济基础设施建设和区域经济发展的良性循环。^③

从实践层面看，乌昌区域一体化建设有如下特点。一是加快实施乌鲁木齐"城市北扩、东延西进"战略，尽快拉大城市骨架，拓宽城市发展空间，形成"多中心、大空间、生态型、组团式"的发展格局。二是按照"产业集中、特色鲜明、专业配套、服务健全"的要求，突出抓好米东新区和

①　高鸿业：《西方经济学（宏观部分）》第三版，中国人民大学出版社2004年版，第457–460页。
②　赵佳：《全面发展的短板效应》，山西教育出版社2010年版。
③　朱文晖：《走向竞合——珠三角与长三角经济发展比较》，清华大学出版社2003年版，第55页。

昌河新区基础设施建设，仅用3年时间使米东新区初具规模。三是积极推动两个国家级开发区"跳出园区建园区"，充分利用乌昌经济一体化带来的新优势，加快"二次"创业，延伸发展触角，努力把两个开发区建成乌昌地区乃至全疆改革开放的先行试验区、自主创新的示范引领区、新型工业化的核心集聚区。四是按照新型工业化城市的模式，以产业集聚为主线，从城区规划、基础建设、产业布局等方面入手，依托八一钢铁等大型企业，加快筹划昌河副中心建设，促进头屯河区与昌吉市的全面融合和协调发展，用5年时间把昌河新区基本建成乌昌地区重要的工业基地。五是全力抓好头屯河、水磨沟、天山区东部和阜康工业园建设，明确定位、突出特色，推进园区建设上规模、上档次、上水平，努力培育乌昌工业新的增长点。乌昌两地市政通过对基础设施、工业能源、商贸流通、新农村建设、社会事业、生态治理等重点项目进行统筹安排，积极引导城市合理布局与建设，全面推进基础设施建设。

第二节　地方政府竞争对产业结构升级的促进

产业结构通常是指国民经济中各产业部门之间以及产业部门内部的具体安排。产业结构产生和发展的基础是社会分工，通常而言，经济社会越发达，社会分工就会越细，而细化的产业分工必然促进新的产业出现，究其原因这是经济发展内部的一种自组织特性，即细化的分工必然促进生产力的提高，高效的生产率会促使原有产业劳动力外溢，而外溢的劳动力自然而然地会进入其他行业或者一种全新的行业。一般而言，新行业的出现速率往往又和分工的细化程度成正相关。因为，细化的分工本身就意味着从生产到消费这一过程中环节的增加。但从经济学的视角看，无论经济社会中的产业如何繁多，都可以归结为生产资料和生活资料两大部类。而从产业部门对经济本身的作用角度出发，产业又可被笼统地分为三大产业，第一产业主要指大农业，第二产业则涵盖所有的加工业，第三产业是对服务业的泛指，一般认为它包括除第一、第二产业的所有行业。而本书认为所有可以恢复劳动生产率、降低交易成本的行业都可称为第三产业，并且随着社会生产力的提升，第三产业在经济中的比重会逐步增加。因为，在目前的社会生产力前提下，生产环节的供给能力已经较为发达，而商品是否能实现其"惊险的一跳"，主要取决于信息、物流等三产的匹配度。因此，成熟的经济体往往是三产比较发达的经济体，但三产仍需要一产和二产作支持。如此，三大产业的匹配度就成为经济社会中的重要课题。

一　乌昌地区产业结构现状

（一）乌昌地区产业结构变动分析

由于乌昌特殊的地理位置，其产业发展有着浓厚的地域性特色。乌昌地区产业发展先是源于绿洲的一产经济及亚欧通道的三产商贸经济。随后在西部大开发的历史洪潮中，乌昌地区石油、天然气、煤炭、黑色和有色金属等矿产资源被大力度地开发，第二产业产值稳步上升，截止到 2010 年达到 833.7 亿元，在地区 GDP 中所占比重稳定在 40% 以上。此时，第一产业的比重开始下降，内部结构也随之发生了一系列的变化，但由于受地缘因素的影响，乌昌地区的第三产业仍发展迅速，从而第三产业在生产总值中所占比值最大。表 5-1、图 5-1 反映了乌昌地区产业变化的基本情况。

表 5-1　　　　　　　乌昌地区各产业在生产总值中所占的比重　　　　　　（%）

年份	一产比重	二产比重	三产比重
1998	13.43	36.22	50.35
1999	11.91	35.70	52.39
2000	11.84	36.14	52.03
2001	10.48	36.83	52.69
2002	10.53	35.57	53.90
2003	10.60	36.94	52.46
2004	10.26	39.80	49.95
2005	10.75	37.18	52.07
2006	10.27	37.99	51.74
2007	10.03	38.49	51.48

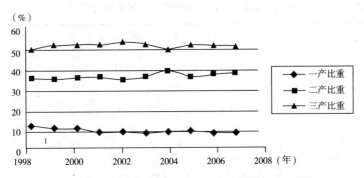

（%）

图5-1　1998—2008年乌昌地区各产业产值结构变动趋势

从表5-1、图5-1我们可以看出，乌昌地区在整个产业结构中，第三产业属权重产业，其对乌昌生产总值的贡献已占到了半壁江山。但必须强调的是，这一现象所反映出的经济发展阶段及状况与发达国家或省区的情况有着本质区别。因为，乌昌地区第三产业的产值大部分源于商品集散和商贸，而不是新兴的服务业。从总体上看，乌昌地区不但存在城乡二元结构突出、产业结构差异较大，第一产业比重偏高、第二产业比重偏小且内部结构不合理，第三产业产值虽然高，但是发展水平较低等问题，而且其内部，即乌鲁木齐和昌吉之间、乌昌与全疆之间还存在着严重的产业分化，其中乌鲁木齐的产业结构呈现为"三、二、一"型，昌吉州为"二、一、三"型，全疆则是"二、三、一"型。乌鲁木齐市第三产业比重较高，具有相对较高的工业化水平，而昌吉州的三次产业结构比重则成鼎足之势，各占1/3左右，第一产业比重高于全疆水平，工业发展则尚处于初期阶段。

（二）乌昌地区各产业贡献率分析

产业贡献率是以三大产业在国民生产总值中所占比重权数，即通过对三大产业增长率加权平均求得的数值。表5-2给出1998—2007年乌昌地区各产业对经济增长的贡献率。

表 5-2　　　　　乌昌地区各产业在生产总值中的贡献率　　　　（%）

年份	一产贡献率	二产贡献率	三产贡献率
1998	10.10	29.93	60.21
1999	−11.56	26.75	89.38
2000	11.06	40.63	48.39
2001	−0.33	43.15	58.77
2002	10.99	24.20	65.47
2003	11.04	46.84	42.75
2004	8.17	59.37	34.70
2005	14.35	20.30	67.33
2006	7.04	43.78	49.47
2007	8.57	41.62	49.90

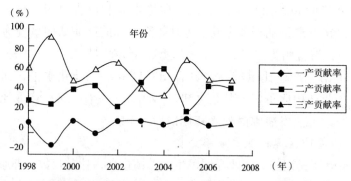

图 5-2　1998—2008 年各产业在经济增长中贡献率变化趋势

表 5-2 和图 5-2 反映出，乌昌地区第一产业贡献率总体呈现下降趋势，第二产业贡献率总体呈上升趋势，第三产业贡献率虽较高，但呈现下降趋

势，再结合表5-2可以得出乌昌地区的第一产业贡献率基本低于第一产业在国民生产总值中所占比重，说明乌昌地区第一产业边际生产力较低，受自然条件制约程度较大；第二产业贡献率多高于第二产业在国民生产总值中所占的比重，说明第二产业边际生产力相对较高，但从乌昌地区第二产业内部结构来看，乌昌地区轻重工业比例为1：9，比例严重失调，重工业比重过大，且主要以采掘和原材料工业为主，尚未形成完整的产业链；乌昌地区第三产业贡献率多低于第三产业在国民经济中所占的比重，说明乌昌地区第三产业内部结构需要调整。

（三）乌昌区域现行的产业布局

乌昌两地实施经济一体化战略后，乌昌地区根据"中心体现繁荣、外围体现实力"的基本原则，依托辖区现有产业基础，整合辖区内的各种优势资源，不断完善产业间的匹配度，强化加工制造等第二产业的发展，打好第三产业发展的基础并做好第三产业的发展规划，促进三产科学合理地发展，以增强核心产业对区域经济的支撑功能，培育具有较强竞争力的产业配套环境和产业集群的思路，确立了把乌鲁木齐市打造成现代化国际商贸城、中亚地区最重要的商品集散地的目标，并重点发展高新技术产业、外向型工业和都市工业，以二产为基础，带动一、三产业发展；发挥三产优势，促进一、二产业发展，形成一、二、三产业协调发展的局面；乌鲁木齐市辖区内的天、沙、新、水四个中心城区则继续加快现代服务业和物流业的发展，做大做强第三产业和总部经济，推动乌鲁木齐向现代化国际商贸城的目标迈进。昌吉州充分发挥得天独厚的地缘优势、土地优势和资源优势，把工业作为重中之重，大力实施"工业强州"战略，推动乌昌工业特别是重化工业向昌吉州有序转移。米东新区重点发展石油、天然气、煤化工等能源化工以及新型建材业；头屯河区、达坂城区、乌鲁木齐县、昌吉市、阜康市、五家渠市、玛纳斯县、呼图壁县，充分利用自身优势和工业基础，重点发展第二产业，力求在新型工业化建设方面取得突破。奇台、吉木萨尔、木垒县要坚持从实际出发，宜农则农，宜工则工，宜旅则旅，找准自身定位，明确发展方向，促进乌昌经济的持续健康发展。

昌河新区、乌昌工业园区等新兴园区则通过大规模、集群式引进外资，利用当前某些产业国际或区域转移具有集聚的特点，努力构建和提升涉及制造部门和科研、教育、金融、贸易、物流五大服务部门的产业配套服务能力，完善产业发展的支持性功能平台，相应地提升制造、技术研发、物流配送等六大行业的功能建设，从而推动区域经济的协调发展。

二　产业结构调整对经济增长的影响

通常而言，产业结构调整包括产业结构合理化和高级化两个方面。产业结构合理化是指各产业之间相互协调，其主要标志是，能合理利用资源；各产业部门协调；能提供社会需要的产品和服务；能提供劳动者充分就业的机会；能推广应用先进的产业技术；能获得最佳经济效益等。

首先，产业结构状态对经济稳定和持续的增长有着决定作用。产业结构是各种资源如劳动力、资金、技术等的配置效果的直接反应，如资源配置均衡并合理，适合区域内的需求状况并与技术发展水平相适应，就能促进和保证经济的增长。乌昌地区两地政府加强合作建园，优化服务环境，使准东煤电煤化基地、阜康重化工业园、米东化工工业园、甘泉堡高新技术产业园、昌吉榆树沟工业园等园区规划建设取得了迅速发展。据统计，2007 年以来乌昌地区省级以上工业园区共有 218 个项目引进落地（其中上亿元的企业 98 个），计划总投资 2300 亿元。

其次，主导产业的更替是经济增长的直观反应。现代意义上的经济增长实质上是产业提升的过程，经济增长总是从某一产业部门采用先进技术、提高劳动生产率开始的，产业主导部门如果合理地引导出较为科学的主导产业部门综合体系，整个区域的经济就会得到持续增长的支撑。因此，产业主导部门是经济增长的牵引器。乌昌实施一体化战略后，制定并实施一系列促进工业制造业发展的政策措施，已形成以两个国家级开发区、米东区、头屯河区、水磨沟区工业园和甘泉堡工业区为主的六大工业基地，以石油化工、钢铁冶金、电力、煤炭、纺织、建材等为支柱的十大主导产业。"十一五"以来，工业增加值年均增长 15.8%，在国民经济中的比重逐年上升。2009 年完成工业增加值 386 亿元，同比增长 11.5%。

最后，社会分工的进一步专业化和生产力的革新是引起产业结构变动、经济增长的根本动力。随着社会分工日益细化、劳动生产率的提高，原有产业的劳动力会溢出，转移到因分工细化而出现的新产业部门。由于分工的不可逆性，产业之间的关联度也会随之增强，人们的经济联系会更加紧密，社会劳动时间会得到进一步的节约，进而出现了现代经济的持续增长。这就是科学技术的发展为各产业的增长提供持续动力的政治经济学阐释。具体而言，新技术对产业结构发展的刺激作用主要以两种形式展现：一是新技术的发展和使用会促使新产业的出现并迅速发展，以扩充经济增长的计数源；二是改良技术的使用导致劳动生产率提高，进而使现有产业在更短的时间里创造出更多的使用价值或社会财富。这两种方式的合力促进整个经济的迅速增长。

表 5-3　　　　　　　　　　乌昌经济总量变化情况

年份	GDP（万元）	人均 GDP（元）	年份	GDP(万元)	人均 GDP（元）
1991	985424	3495.20	2000	3988742	11754.30
1992	1118077	3957.92	2001	4485933	12807.40
1993	1475406	5007.62	2002	5022617	13981.90
1994	1944563	6399.72	2003	5867522	17470.14
1995	2542950	8186.14	2004	6961762	20332.30
1996	2898917	9153.72	2005	8141932	23129.80
1997	3173459	9805.89	2006	9502727	26266.60
1998	3386354	10313.80	2007	11334795	30912.80
1999	3592639	10750.40	2008	13296783	36263.70

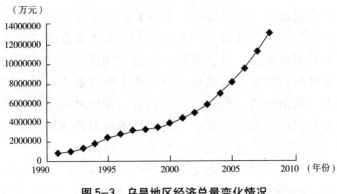

图 5-3 乌昌地区经济总量变化情况

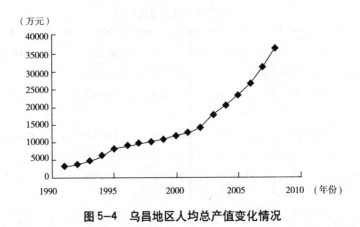

图 5-4 乌昌地区人均总产值变化情况

由表 5-3、图 5-3、图 5-4 可发现，首先乌昌地区经济呈现稳定增长态势，且自 2004 年乌昌两地开始实施经济一体化战略后，区域内生产总值和人均生产总值都开始呈现加速上涨趋势。研究表明这与乌昌经济一体化战略实施后，两地对产业结构等进行调整直接相关。[1]

① 宣文雅：《新疆产业结构变动与经济增长关系的实证分析》，新疆财经大学硕士学位论文，2009 年。

第三节 地方政府竞争与区域制度创新

由于区域的管理和政策会对基础设施、产业配套等方面的地方竞争产生重要影响，因此，正如上文所述，地方政府除在基础设施建设、产业结构方面展开竞争之外，还会在制度方面进行角逐。从这个角度看，地方政府之间的竞争在很大程度上是围绕制度创新的竞争。

一 地方政府制度创新的动机

制度创新不是指制度的简单变化，而是指以一种效率更高的制度设计取代原有制度，并能获得潜在收益的行为。而制度变迁的原因被描述为现存的制度安排结构影响到了行为主体所期望的潜在最大化利润的获取或实现，从而导致了一种新制度安排的形成。因此，制度创新的一般动因，在于制度创新可以使制度创新主体获取潜在的利益，在利益的驱使下，制度创新主体会依据成本—收益分析和权衡的基本原则对制度进行选择。创新的制度衡量标准主要体现在以下两方面：一是在辖区技术、资本和劳动力等条件下能释放出最大生产力，能对经济增长发挥促进作用的制度安排就是有效的制度安排。中国改革发展的实践说明，制度创新越早的地方，特别是产权制度确立较早较到位的地区，经济发展的领跑者地位也最先确立。二是能增加辖区对流动性资源要素的吸引能力。国内外大量的实证研究证明，税收优惠、规制优惠等政府主导的竞争对地方经济资源要素的吸引作用日益减弱，并且这一方式必然造成"扑向底层竞争"的结果。因此，制度创新对区域经济的发展而言有着巨大的作用。

二 地方政府竞争中的制度创新表现

制度创新是中国地方政府为在竞争中胜出而采取的必然选择。作为竞争主体的地方政府为赢得博弈的优势处境，获取经济竞争力上的优势，在来自纵向和横向的双重竞争压力下，不断地对现有制度进行调整和革新，具体表现在以下几个方面。

（一）地方政府竞争中的产权制度变革

中国在政权确立的初期采用的是国有的产权制度。从理论上讲，国有产权制度中的产权主体是国家，但由于国家具有抽象的特性，使得其权力运行的主体落在了各级地方政府头上。但各级政府在当时仅仅作为中央政府管理地方的衍生工具，其诉求往往集中在政治领域。这种境况就客观上导致了国有资产从所有到收益的产权缺位现象，而诸如收益等产权权利的缺位必然导致国有资产运行效率的每况愈下，致使中国国民经济的运行困难重重。为了解决危机，20世纪70年代末80年代初，中央政府开始与地方政府分权，并着手推进市场化改革。在市场化的推进中，中国面临的最重要同时也是最难的问题就是产权制度的转变，即将原有计划经济时代下的国有产权制度如何合理地转变为与社会主义市场经济相适应的产权制度。出于成本和效率的考虑，这一问题的解决最终落在了各个地方政府头上，中央政府通过引入地方政府间的竞争机制，成功地将地方政府集中在政治领域的利益诉求引向了经济领域，使地方政府成为产权制度变革和市场化推进的主要动力。具体主要表现为以下几个方面。

1. 发展民营经济

中国在体制改革的初期，以私有制为基础的产权组织发展面临着诸多的困难，首先分散的个人没有资产的原始积累，其次私人财产权也没有相应的法律保障，这就导致个人创业和民营经济的发展举步维艰。在分权化改革后，地方政府逐渐被赋予了相对的独立性，并在横向竞争的压力下，被迫开始支持民间企业家发展私营经济，开始了围绕产品市场、要素市场的竞争。以乌昌区域中的乌鲁木齐市为例，其作为新疆乃至西部较早开发的城市，在诸多制度方面对民营经济进行鼓励，近年来更是不断放宽市场准入领域，优化投资发展环境，吸引社会资金投入。目前，非公有制经济在国民经济中比重达到48%，非公有制经济已在区域经济中占据了半壁江山，对整个经济的发展起到了很好的促进作用。

2. 对国有产权的改制

国有企业进行改制主要出于以下两种考虑：一是尽管地方政府对国企有着直接的干预权，但当时的国企，特别是中小型国企对地方政府并无实际意义上的利益，因为国企效率低下，地方财政不但无法受益于这些国企，反而受其拖累，地方政府在权衡之余就展开了"甩包袱"式的国企改制。二是为了促进国企效率提升，使自己获得真正意义上的国企经营收益权。如此一来，地方政府经营国有企业的策略就主动发生了改变，结束了地方政府与国有企业之间的委托—代理关系，这一过程实质上就是国有企业的改制或者说民营化。

3. 发展外向型经济

地方政府意识到为了促进地区经济发展，就必须对国有经济产权制度实行根本性的改造，进而就竞相展开了外向型经济的发展。随着市场经济的逐步确立，地方政府意识到相对于国有企业改制和民营化，"引狼入室"对改变国有企业的困境是一个更为有效的途径。因为，吸引外资式的"引狼入室"不但避免了国有企业被国内民营经济打败的尴尬局面，而且还能进一步激发民营经济的活力。因此，对于地方政府而言，引进外资是促进国有企业效率提高的手段。而地方政府为了提高对外资的吸引力，就必然要发展和完善土地和资本等市场。进而，各地方政府就围绕土地开发、市场融资等市场制度建设展开了激烈竞争。而外资的进入在带来了资金和就业机会的同时，还产生了技术、管理等促进经济发展的效应。以乌昌为例，两地政府坚持"内引外联、东联西出"战略，通过两地联合组团参加乌洽会（2012 年已升格为亚欧国际博览会）、厦投会、西投会、广交会、国际建材博览会等一系列大型国际国内会展，大力支持各类外贸经营主体向西开拓，加强出口加工区和各类口岸建设，促进外向型经济发展，使对外开放步伐加快，外贸进出口总额连年大幅攀升，2007 年、2008 年分别达到 37.7 亿美元和 52.3 亿美元，增速分别为 59% 和 38%。2009 年实施招商引资项目 560 项，引进区外到位资金 161.6 亿元，同比增长 18%。目前世界 500 强企业有 15 家入驻乌鲁木齐，国内 500 强有 41 家在乌鲁木齐投资发展。

（二）行政审批制度改革与创新

新中国成立后，中国学习苏联体制，建立了高度集权的计划经济体制。这一体制的重要特点就是行政审批，这是由于在那个时代的信息技术条件下，政府要实现对企业、市场以及公众等强有力的掌控，就必须通过对社会经济主体的行为进行前置审查。而这一过程就是行政审批，其在相当长一段时间内成了计划经济体制下政府管理单位、企业、个人等社会主体的核心手段。改革开放初期，由于缺乏相应制度的跟进，加之政府管理观念的惯性延伸以及利益驱动，政府原有的对社会经济主体的行为进行前置审查的做法（行政审批）不但没有弱化，反而出现了强化的趋势，使行政审批带来的摩擦成本不断增加，社会经济生产生活的交易成本随着社会分工的细化进一步加大，严重制约了市场经济进一步发展。直到 20 世纪 90 年代初期，中央政府意识到政治体制改革必须与经济体制改革相协调才能在真正意义上提升经济、政治和社会等层面的综合效益，进而行政审批就作为重大政治制度改革中的第一项任务开始了漫长而艰难的行进。行政审批事项改革的目标是弱化地方政府及其职能部门对经济主体行为的干预能力。这一改革损害了作为社会管理执行团体的地方政府的利益，并且由于地方政府作为行政审批制度改革执行者，其对制度信息的掌握有着绝对的优势，中央政府对于各级地方行政审批事务很难做到有效掌握，因而由中央政府主导的自上而下的强制性的改革遭到了地方政府相当大的执行阻力，使得这一改革在实际执行中效果并不明显。但随着经济社会的发展，经济发展所需的要素流动性逐步增强，地方政府逐渐接受了这一发展趋势，认清了那些率先做出改革的地方政府才能获得中央政府更多的政策支持，更多的政策支持对本地的经济发展更为有利，而地方经济发展与地方政府官员晋升的可行性成正比。如此一来，减少行政审批事项的冲动开始在地方政府内部得到认同，政府开始逐渐减少那些项目繁多、环节复杂、效率低下的审批事项。这在很大程度上促进了资源的流动，增强了投资者的积极性，降低了企业和市场的交易成本，促进了地方经济的快速发展。

（三）地方性公共物品供给制度的变革

改革开放以前，中国地方公共基础设施的供给采取的是与传统计划经济体制相适应的地方政府"一元化"投资建设的体制。这一方面会导致公共投入成本和产出的比率严重失衡，出现效率低下的运行环境；另一方面，由于这种体制必然受到地方财政能力直接限制，令其无法填补公共基础设施建设中存在的巨大资金缺口，难以满足辖区居民以及外来企业投资的需求。因此，各地方政府为了突破公共基础设施改善中的财政瓶颈，开始寻找有效的公共基础设施投融资制度。近来年，中国地方政府对公共基础设施的投融资体制开始了大胆的尝试、改革和创新，比如中国地方政府在基础设施建设上采取的 BOT 经营模式。BOT（Build—Operate—Transfer）意为"建设—经营—移交"，即指政府通过企业的形式，将某项基础设施建设、经营和收益等特许权授给承包商，承包商对承建的项目享有一定时间的经营和收益权，直至约定期满后企业按照约定将基础设施项目的各项权利移交给政府，由政府进行托管和处置。土耳其是第一个使用BOT模式来解决公共基础设施建设与政府财力受限这一问题的国家，随即英法在修建海底隧道时，对BOT模式进行了完善，随后BOT模式逐渐在世界范围内得到推广。

中国第一个采取BOT模式建设的基础设施项目是广东深圳沙角的B电厂。这一项目建设的成功使得各省市开始了BOT模式的追随和扩展，目前，中国许多城市在城市供水、供热、供气、污水处理、市容环境等诸多公共基础设施建设上都采用了BOT模式来经营管理。以乌昌区域为例，区域内不但乌昌、乌奎等高速路采用了这一模式，而且在污水治理、荒山绿化等领域也采取了这一模式，并且还分别出台了《乌鲁木齐公用事业特许经营办法》和《昌吉州公用事业特许经营办法》等管理办法，类似的管理办法指明了地方政府在公用事业改革上的方向，为地方政府改善区域基础设施建设找到了资金来源，并增强了基础设施管理经验，提升了区域吸引外资的能力，快速解决了基础设施对经济发展的"瓶颈"，有力地促进了区域经济的发展。

三　制度革新对经济发展的影响

（一）产权制度对经济发展的影响

对于现存的有形物品，以及一般意义上的物品，需要在人们之间就这些物品的占有和使用作出规定。[1] 在经济学中，产权是指人们对物品的占有和使用的规定性，一般包括资源的排他性使用权和通过排他性使用权而实现的收益权，以及随着权利转移而实现的收益权等。而制度经济学的代表人物科斯则从交易费用的角度对产权的作用进行了论述："如果交易成本为零，那么无论产权如何界定，市场机制都可以实现资源的有效配置；如果交易成本不为零，那么不同的产权界定则意味着不同的资源配置和经济效率。"[2] 按照这一观点，要实现经济社会的资源配置和经济运行效率，

---

① ［美］埃里克·弗鲁博顿、鲁道夫·芮切特：《新制度经济学：一个交易费用的分析范式》，上海人民出版社2006年版，第94页。

② 盛洪：《现代制度经济学》，北京大学出版社2003年版，第45页。

就需要对产权制度进行与时俱进的调整。而道格拉斯·诺斯则从产权设计的视角对制度进行了论述:"国家是一种强制性的制度安排,其产生和存在的合理性是它在保护个人权利、降低交易成本等方面具有社会制度不可比拟的优势,如果没有国家的介入,产权就无法得到有效的界定、保护和实施,经济发展就不可能实现。然而,国家又常常设置以使统治者租金最大化的具有偏向性的产权制度,导致经济停滞增长。所以国家的存在对于经济增长是必不可少的;但国家又是人为经济衰退的根源。"① 这就是著名的"诺斯悖论",即国家的存在既促进了经济的增长,又导致了经济的衰退,而国家是促进经济增长还是导致经济衰退,取决于国家对产权的界定和安排。有效的产权制度设计必然促进经济的长期增长,反之亦然。

总体而言,新制度经济学理论的主要观点是,产权制度在降低交易成本的各种制度中是最为有效的,降低交易成本和提高资源的配置,应该是产权制度的主要作用。完善的产权制度是交易得以低成本进行的基础和前提,因为市场交易和交换活动本质就是权利的交换。无论是价值和使用价值或者效用和效用之间的交换都不过如此。具体而言,产权制度对经济发展的促进作用主要表现在以下几个方面。

1. 对经济行为人经济活动的激励性

当代著名经济学家张五常就曾举"一棵杏树产权界定问题"为例,这个事例生动形象地说明了在经济运行过程中产权的功效,即产权界定越清楚,利益人对资产获取收益的预期就越准确,从而才可能产生持续的内在动力,经济行为人参与经济活动的主动性和愿望就越强烈。反之,若产权界定模糊不清楚,经济行为人动力就不足,从而会削弱经济运行的活力。中国的产权制度变更前后,经济主体参与经济活动的态度变化构成了对这一理论的最好阐释。

2. 产权制度是市场经济的基石

产权制度是市场经济得以运行的前提条件,它的形成和完善类似于道德的产生和形成,是一种类他律的自律②,即如果没有约定俗成的他人

---

① [美]道格拉斯·诺斯:《经济史中的结构与变迁》,上海三联书店、上海人民出版社,1994年版第20页。

② 雷希等:《道德的起源》,云南人民出版社1999年版。

或群体对个人的约束，个人很难在现实生活中得到平等的对待，而为了保持这一平等本身，个人就不得不加入那个约定俗成的群体并遵守这一约定。事实上，产权制度的确立亦是如此，如果不对物品或资源权利进行界定，经济行为主体就无法投入成本、组织生产，因为在缺乏产权保护的前提下，不要说是剩余索取权，就连投入的成本本身都难以回收。因此，没有产权制度的完善就不可能有真正意义上的市场交易，更不可能出现有序的市场交换，也就不可能有经济的快速增长。

3. 产权制度有助于平衡收益

经济的外部效应的存在，是使资源达不到最优配置状态并导致市场失灵的重要原因。而克服经济外部效应的主要方式，是通过国家颁布法律规范，通过暴力机关来降低产权交易行为中的外部性。除此之外，社会道德约束也是克服交易外部不经济性的重要方式。但道德约束往往不可量化，而法律亦是如此，因为法律不过是道德的底线，并且其往往是滞后的。因此，在这三种方式中，最基本、最有效的就是产权制度，因为通过产权制度来实现交易，是以市场为基础来实现的，而在市场中完成的交易是经济主体最自由的意志表达，因而也能最大程度地避免外部性对经济效率的不良影响，进而能刺激经济主体生产交易热情，从而促进经济增长。

4. 产权制度有利于提高资源的配置效率

马克思曾在资本论中提到：社会产品的私有化是市场交换出现的前提。首先，产权制度从某种程度上讲就是进一步明确社会财富的物权，即这一财富是归谁所有，谁就对此有着排他性的使用、占有以及收益等权利，而排他性正是私有的典型特征，是市场机制发生作用的前提条件。其次，随着经济社会的发展，产权本身不断被分化，从根本上讲，产权的分化和社会分工的细化密不可分。一方面，分工的细化促进了产权的细化；另一方面，产权的细化保证了产权占有、使用等主体获得相应收益的权利。因此，有且只有产权的细化和分工的深化同步发展，由分工带来的权利主体收益增加才可能成为现实。再次，产权的转移特性，使经济发展所需的资源能按照最优配置原则，即出价最高者为资源利用效率最高者的资源配置原则得以实现，而资源配置效率的提高就意味着整体经济效益的提高。

（二）行政审批革新对经济发展的影响

如前文所述，行政审批是指行政机关为对经济与社会活动中经济主体的行为进行掌控的前置行政许可行为。行政审批作为政府规范社会经济主体行为的重要手段，其存在的理论根据是政府能通过它来矫正市场自身的缺陷，维护公共利益。因而，无论是哪种体制下的国家，都将行政审批作为行业准入等社会经济管理的重要方式，并且这一方式在社会经济的发展过程中曾发挥过重要的作用。但随着经济社会的发展，越来越多的国家意识到政府的直接介入并非化解市场缺陷的充分条件和解决市场失灵的唯一和有效手段。复杂的行政审批手续和过度的行政审批不但增加了自主创业的成本，弱化了社会的内源个体性活力，抑制了行为主体的自主积极，而且还导致了权力寻租现象的发生、破坏了正常的市场秩序等一系列问题。为了消除这一行政审批的负面效应，地方政府逐渐放弃了对那些通过市场机制和社会机制就能解决的问题的行政审批，并期望以此来增强经济社会的活力，赢得经济社会的健康发展。以乌昌为例，两地大胆借鉴国内外的成功经验，基于减少行政审批事项、缩小行政审批事项的范围、压缩审批环节、完善审批程序以及限定审批的自由裁量权等原则，将审批重点放在关乎民生及可持续发展等核心领域，其他社会公共事务则按以下原则进行了改革创新。

第一，实行了告知承诺制的审批方式，即相关行政机关或执法机关采取一定方式，主要包括书面协议或承诺形式，书面告知申请人申请某一项行为的许可权应具备的条件和将承担的责任，经申请人递交书面承诺，保证会承担相应法律责任后，审批机关会先行予以许可。这一方式，在确保审批机关有效控制的前提下，大大提高了审批的效率，有利于市场主体赢得时间，快速进入市场。

第二，建立政府审批服务大厅，推行"一站式"服务。在行政审批制度改革中，乌鲁木齐将行使行政审批权的相关部门集中在一起，先后成立了乌鲁木齐政府第一联合办公楼和第二联合办公楼，将大部分职能部门集中合署办公，将过去办成一件事需要多个部门来回跑的"串联式审批"改为同时向相关部门提出申请的"并联式审批"，工作效率大为提高，降低了企业和民众的经济行为成本。

在这一系列的审批制度改革后，一方面政府引进区外资本和区外企业获得显著成效，2007年以来乌昌地区省级以上工业园区共有218个项目引进落地（其中上亿元的企业38个），计划总投资234.9亿元。2009

年实施招商引资项目 560 项，引进区外到位资金 161.6 亿元，同比增长 18%。另一方面辖区内民营经济发展迅猛，居民的自主创业热情较高，其中大学生成为自主择业或创业的主力军团。据不完全统计，乌昌区域的大学毕业生选择自主创业的比率正在以 10% 的速度递增。

（三）公共物品供给制度改革对经济发展的影响

传统的公共物品理论认为，非排他性和非竞争性是公共物品区别于私有产权物品的核心属性。"免费搭乘"是所有人的梦想，公共物品的外部不经济特性，使得人们不愿意承担公共物品使用应承担的成本。除此之外，由于公共物品供给是非竞争性的，因此在很大程度上导致政府提供公共物品效率和质量很难提高，浪费等问题时有发生。但泰伯特"用脚投票"机制很好地阐释了消费者对公共物品的偏好，进而对传统的公共物品理论提出了质疑。与此同时，奥茨在《财政联邦主义》一书中所说的："由地方政府对其各自的管辖单位提供帕累托效率水平的公共物品，总是比由中央政府向所有各辖区提供某一特定和统一产出水平的供给更加有效"[1]，也阐明了地方政府竞争对促进公共物品供给效率提升的观点。在泰伯特和奥茨之后也有许多学者对地方政府竞争对公共物品供给的影响进行了广泛深入的探讨，对地方政府竞争有利于公共物品的供给有着较大的争议，认为恶性税收竞争会削弱政府的财政汲取能力，进而严重影响政府对公共物品配置的能力。除此之外，地方政府为实现自身利益，追求经济数字的单纯表现，往往会在公共物品的配置上出现违背委托人意志的腐败行为。但学者大多数认为地方政府竞争可以有效改善地方公共物品的供给效率，并且就现实而言，那些基础设施与经济发展相匹配的地区、公共服务水平较高的地区，确实对要素吸引有着更大的优势。

---

① ［美］华莱士·奥茨：《财政联邦主义》，译林出版社 2012 年版，第 105 页。

第六章

地方政府竞争对区域经济发展的负效应

正如市场自身的缺陷会导致市场竞争出现竞争失效一样，政府在自身缺陷下，如既作为裁判又作为运动员参与经济活动，在缺少外部监督的前提下，也会出现竞争失效现象。导致中国地方政府竞争失效的原因很多，其直接原因是作为上层建筑的制度革新总会相对滞后，并由此导致制度安排与经济发展不相匹配。地方政府的竞争失效行为对中国区域经济发展产生的消极影响主要表现在重复建设、地方保护主义、恶性竞争等方面。

第一节　地方政府竞争与重复建设

一　重复建设

重复建设本身不能一概否定，应一分为二看待。从客观来讲，重复建设本身是中性的概念，其在表现上既有积极的方面，又有消极的作用。根据本书分析的主旨，下面所分析的重点是探讨重复建设的消极作用。

重复建设中的行政性重复建设是地方政府竞争失效的最大危害，从水平和性质上分，又可分为高水平行政性重复建设与低水平行政性重复建设。一般来说，在某个行业存在行业利润高于市场平均利润的前提下，政府通过行政干预，促成行业中的某个或某些企业获得生产的规模效应，压缩生产成本，采用新的生产技术或机器等扩大生产规模进入该行业的方式，称为高水平行政性重复建设。高水平行政性重复建设尽管也会带来产能的过剩，但那些技术水平低、经济效益差的企业会逐渐被市场淘汰，进而促进产业结构得到调整和升级。但在现实经济社会中，市场信息往往是不对称的，政府很难准确把握某个行业在行业利润上是否已经达到市场的平均利润水平，进而在生产能力已经饱和的前提下，仍会促成企业在现有的工艺技术水平上进行扩大再生产，从而导致产能过剩、浪费资源、经济效益下滑，企业为了生存而出现恶性竞争，引发行业内部一些企业在非市场导向和因素的前提下出现破产倒闭的现象，这就是低水平性重复建设。

但是由于中国目前处在经济转型时期，地方政府不但仍掌握着众多且重要的经济资源，而且在现有制度约束前提下，仍进行着激烈的政府间横向竞争，致使地方经济发展中的重复建设往往带有地方政府行政行为的色彩。甚至在某种意义上讲，目前的重复建设或多或少都属于行政性重复建设，是地方政府在追求辖区预算收入最大化的前提下，使用财政资金或税收、引资优惠等手段，对国有企业决策进行干预、对外资企业不经筛选等原因造成的低水平行政性重复建设经济活动，致使地区经济、产业结构趋同，经济资源被严重浪费的现象频频发生。

以乌昌区域的产业重复建设为例，迄今为止，其产业重复建设大致经历了三个阶段：1978—1990 年为第一阶段，这一阶段为从计划经济向市场经济的转型阶段，这一阶段的特征为一产与三产迅速发展，而二产产值有所降低，产业结构不合理问题开始凸显。1991—2004 年为第二阶段，由于中国市场经济体制的逐步确立，地方政府横向竞争得以展开，自治区政府逐渐重视产业结构的调整，致使第一产业的比重开始下降，受益于西部大开发等战略，二产中石油、天然气、煤炭和有色金属等矿产资源得到逐步开发，乌昌地区二产产值开始逐年增加，2004 年达到了 277 亿元，在国民经济中所占比重达 30%—40%。与此同时，第三产业在地区生产总值中的比值快速增长，到 2005 年达到 348 亿元，比第一产业多出 276 亿元，比第二产业多出 71 亿元，这主要是受到乌昌所处地缘因素影响。但需要注意的是，这一时期乌昌地区的三产内部主要以商贸经济为主，结构层次低，增长后劲不足。2005 年至今为第三阶段，这一阶段，西部大开发战略得以全面实施，新疆经济建设得到了政策倾斜，特别是加大了对新疆基础建设投资的力度，之后又有自治区政府推动的乌昌经济一体化战略，使得乌昌地区成为新疆经济最为活跃的地区。

尽管经过上述三个阶段的发展，乌昌区域现行各产业无论在规模上还是质量上都取得了很大的改进，但其产业结构内部仍存在如重构等诸多问题。首先，从区自然资源和区位条件看，乌昌两地的资源禀赋差异并不突出，并且由于原有的行政区划与各自为政的发展思路，形成了乌鲁木齐和昌吉地区较为相似的产业内部体系，从 2007 年、2008 年、2009 年乌昌两地政府工作报告可以看出来，两地的产业重构现象仍极为严重，并且正在执行的两地"十二五"规划中都将石油化工、煤电煤化工、金属冶炼、机械制造业、新能源等确定为各自的重点支柱产业。这一产业重构现象不仅成为乌鲁木齐市和昌吉市两地区经济发展中的问题，在乌昌所辖的县域经济中也存在类似的问题。

除此之外，由于发展战略规划缺乏统一性，两地在承接地产业的转移等方面也具有极大的相似性，这不但造成了目前煤电煤化工、水泥、有色金属等资源性项目产业上的激烈竞争，而且也为乌昌地区实现一体化发展的战略实施增加了相当大的困难和障碍，使区域内产业梯度难以形成。

其次，乌鲁木齐市目前工业结构以资源、能源开发等原材料或者初级资源为主的产业状况，不但使乌鲁木齐市经济发展缺少自主性和持续的动力，而且还限制了其在全疆的经济地位及向周边城市辐射的能力。这一现状让昌吉州在产业承接、产业升级等诸多方面陷入了困境。按钱纳里的标准对乌昌两地经济总量与三大产业结构进行对比，目前，乌鲁木齐市已率先步入工业化的中期阶段，而昌吉州的工业化尚在发展阶段。因此，相对而言，乌鲁木齐市已然成为区域发展的领头羊，但昌吉州的工业基础乃至整个经济都仍很薄弱，特别是昌吉州所属的东三县经济发展较为滞后，使得昌吉州与乌鲁木齐市形成了较大的经济落差，导致乌昌区域内二元经济结构突出。这不但制约了乌鲁木齐市目前已具备的优势产业规模、产业集聚向昌吉辐射或扩散的速度，同时在客观上影响了昌吉州对乌鲁木齐市产业转移的引进、吸收和消化，使乌昌经济一体化战略的纵深发展面临着巨大的考验。与此同时，两地政府为了追求各自辖区的利益最大化，都热衷于投资那些附加值高、利润高的行业，使得两地在第三产业方面也存在着严重的重构现象，据乌昌两地 2008 年的统计年鉴统计，交通运输、仓储及邮电通信业、批发和零售业及金融保险业等均为两地第三产业增加值的重点领域，其所占比重已超过 50%，并且乌昌两地在规划上都将房地产业、物流业、高新技术产业作为地区今后发展的主导产业，这极易引发盲目投资和低水平重复建设，造成产业结构趋同，从而使两地丧失因协作带来的外部规模经济效益。

二　行政性重复建设的负面影响

从根本上说，行政性重复建设是地方政府追求短期既得利益最大化的结果。尽管这种重复性建设在短期内会对地方经济规模的扩张和地方财政收入的增加带来立竿见影的效果，但从长远来看，却会对区域经济长远的发展带来严重负面影响，会损害区域经济的整体利益，对社会发展带来较大的危害。

本书之所以有上述结论，是因为，首先，行政性重复建设是在政府干预，而非市场需要的前提下进行的，其不但是缺乏效率的，而且会使大量的土地被占用，让城市失去空间的拓展能力。因为任何城市的发展都必须受到资源总量的限制，而各地政府为了眼前的利益，不遵守中长期规划，采用行政手段干预经济内部产业发展，并不加选择地竞相追求短期暴利项目，必然导致土地、资金、水、电等资源的不合理配置，进而使得区域内丧失可持续发展能力。如乌昌两地的物流集散半径不足 50 公里，其原本就属于同一个经济圈，但区域内却建立了 2 个一类口岸和 6 个二类口岸。还有，在如此狭小的空间里，两地大大小小建设了（含正在和计划筹建）十余个工业园区，其中米东工业园区与昌河新区相距不足 10 公里。

其次，行政性重复建设还会造成供求总量的失衡，使得经济发展的结构性矛盾加剧。据有关统计显示，乌昌区域 5 个城市中有 4 个将发展农副产品加工业、煤炭产业、乳制品业、机械制造业和综合市场等作为今后主导产业发展的方向。这样的产业格局势必造成无序的市场竞争和区域资源的浪费。

再次，行政性重复建设会限制企业的发展规模，使市场产出比下降，产业竞争力下降，规模经济无法展现。由于行政性重复建设是在短期利益的作用下实施的，势必使得各地政府不顾本地资源禀赋和比较优势，进而会造成资金分散、产业集中度和资本集中度降低、企业规模不大、技术革新能力不强、规模经济难以形成、竞争力和抗风险能力低下等问题的广泛存在。以乌昌为例，由于两地都积极发展煤电，使得两地每千瓦时电量综合能耗比世界平均水平高出 20%，耗水量是世界平均水平的 1.37 倍，粉尘排放量更是远远超过世界平均水平。开发建设的米东开发区仅仅只有 5 年时间，区域内供有各类企业 1000 多家，很多是属于国家明令关停的

"十五小"、"新五小"及淘汰落后产能企业。这足以说明行政性重复建设必然导致资源消耗大、环境污染严重等问题的出现。因此，行政性重复建设虽然短期内会给地方政府和区域经济带来一定利益，但从长远和全局看，其弊必大于利。

第二节　地方政府竞争中的引资大战

招商引资竞争是指地方政府通过降低享受公共物品和服务的成本，制定优惠政策等方式改善公共物品和服务供给，着力改善辖区内的投资环境，减少企业的运营成本和交易费用，以吸引辖区外的经济发展所需要素来促进辖区经济发展的行为。也就是说地方政府招商引资竞争，既包括政府改善公共物品和服务的供给以吸引所需的资源，也包括地方政府制定优惠政策直接参与招商引资活动。狭义的地方政府招商引资竞争仅仅指政府利用各种优惠政策直接参与招商引资活动。招商引资本身是政府促进辖区经济发展的重要手段，但在约束制度不健全的前提下，正常的引资行为必然演化成过度竞争行为。

一　过度招商引资的表现

有学者认为合理的政府行为应是制定游戏规则。因此，从理论上讲，市场经济体制下的政府应该避免直接参与招商引资活动，进而才能在市场机制的作用下发挥公共物品供给、产业政策制定和调整自身的市场效应。但在中国目前的体制下，地方政府竞争极为激烈，这使得其也势必会直接参与招商引资。如此一来，地方政府为更多地吸引辖区外资源流入，往往不是把重心放在改善辖区整体的建设上，而是针对性地对公共物品的供给和基础设施进行改善，如乌昌政府在工业园区的专项资金比重远远超过了应有的水平。2008年，乌昌两地城市基础设施投入达47.2亿元，但工业园区建设等项目资金却超过了60亿元。除此之外，两地在招商引资和项目推进方面，都只根据自身的情况着眼于本地经济的发展，分别根据自身的比较优势制定了有利于自身的土地、税收等方面的优惠政策，作为吸引外商投资的有力武器，由此使得两地在招商引资的政策方面产生了诸多矛盾。其主要表现在以下几个方面。

（一）地价竞争

土地成本是投资者在投资时必须要进行考量的基本要素。其一般包括两个部分：一是包括征迁补偿费、增建有偿使用费、征地管理费，以及建设成本等基本地价；二是地方政府的土地出让金。一般而言，在市场经济原则下，任何经济主体都不会以低于成本或市场价格出让土地，但在实际操作中，由于土地是国有的，地方政府在不转移其使用权的情况下就无法获得收益权，加上邻近区域地方政府间的激烈竞争，地方政府为争取外来经济发展要素流入，便不惜以低于市场价值出让土地。如乌鲁木齐境内的土地平均开发费用大概为 200 万元 / 亩，而高新技术开发区的招商土地价格大概为 150 万元 / 亩，米东工业园区开发后土地市场价格大概为 80 万元 / 亩，昌河新区的土地成本平均为 60 万元 / 亩。除乌鲁木齐和昌吉市外，昌吉州各县市的土地价格最高为每亩 30 万元，最低为每亩 1 万元，均低于土地实际市场价格。这种竞争必然会加大城市经营成本，同时给城市经济圈经济结构的整体布局和扩张带来严重的后果。

（二）税收竞争

《中华人民共和国外商投资企业和外国企业所得税法》规定：外资企业可享受基本税 10% 及 "两免三减半" 的优惠政策，但地方政府在具体的施行过程中，在账面上实行 "两免三减半" 的税收，私下却将地税返还给企业，实行"五免五减半"甚至"十免十减半"的优惠税收措施。各地方政府均以这一优惠政策为基础，针对吸引区域外的资金和项目，绞尽脑汁地制定各种税收优惠政策，甚至不惜采取各种名义的先征后返等方式，对于国家税法明文禁止的优惠政策进行变相通融。除此之外，各地政府为了引来使本地区快速发展的资金，还在地价、税收减免政策方面制定了更为细化的优惠政策。以乌昌为例，其中 2005 年乌昌党委在《关于鼓励国内外企业来乌昌地区投资发展的意见》中提出了外资在一定限定条件下可以享受下列优惠政策：①凡在乌昌地区利用确认的荒山、荒地等国有未利用土地进行造林种草等生态建设的，免交全部土地出让金；并可从用地总面积中划出不超过 30% 的土地以出让方式取得使用权，用于商业、旅游、娱乐等其他项目经营，免交土地出让金。土地使用年限按国家规定执行。②对在乌昌地区利用荒山、荒地投资工业生产建设的项目，政府未进行基础设施投入的，可以免交土地出让金；政府已进行基础设施投入的，土地出让金可按项目所在地政府的成本地价收取。③招商引资的重要项目，需征用已承包的荒漠性天然草场的，按末等草场的下限给予补偿；对于未承包的天然草场，免交草场补偿费。使用国有次生林地的，实行补林不补地的政策。④积极鼓励投资者勘查、开采乌昌地区矿产资源。对涉及的探矿权和采矿权使用费实行优惠，优惠幅度最高达100%。矿山企业综合开采回收矿产资源的，对伴生矿产减半征收矿产资源补偿费。⑤外商投资乌昌地区鼓励类产业的生产企业，企业所得税实行2年免税，3年减半征收。⑥国内各省、市投资者在乌昌地区兴办生产型企业，自生产经营之日起，5年内免征企业所得税、车船使用税和房产税，建设期间免征土地使用税。⑦凡在乌昌地区投资新办鼓励类项目的疆内企业，自生产经营之日起，3年内免征企业所得税。免征企业所得税期满后，由乌昌地区财政给予其缴纳企业所得税地方留存部分50%的3年补贴。⑧凡进入乌昌地区各类开发区、工业园区的生产型企业，经营期在10年以上的，从生产之日起，头3年免征企业所得税；第4—6年，乌昌地区财政部门返还企业当年所征收的所得税地方留存部分，并经税务部门审核批准，允许其固定资产加速计提折旧。⑨具备条件来乌昌地区投资的企业，可以按规定申请进出口经营权；经有关部门批准后可在境外设立分支机构。⑩来乌昌地区投资的企业安置城镇失业人员和下岗职工达到自治区规定比例后，可享受新财法税 [2003]12 号文件中关于下岗失业人员再就业有关税收政策。⑪新建鼓励类项目，除最大限度减免各项收费外，其开办前的行政性和事业性收费一律减按最低限的30%收取。⑫对成长性好的企业可由本级财政拿出一定资金用于商业银行提供信用贷款的贴息。⑬对来乌昌地区工作的具有硕士、博士学位，副高级以上职称和中高层经营管理者等高层次人才，其专业技术职务资格可不受职数限定予以认可，直接由用人单位聘任相应职务。有突出贡献的，可破格推荐、评审、授予相应职务。因到乌昌地区工作而辞职的高层次人才，可重新认定身份，连续计算工龄。⑭凡到乌昌地区工作的高层次人才，给予本人及其配偶、子女办理城镇户口，申办城镇户口只收取工本费。⑮来乌昌地区投资企业的职工子女，凭申报落户手续证明或暂住证，均可以在当地入托、入学，免收借读费用。

二　招商引资过度竞争的危害

在讨论地方政府竞争的过度危害前，有必要对什么是过度竞争加以说明。通常，过度竞争是指市场行为主体在市场规则（主要是产权制度）和其他条件约束下，因谋取自身利益而采取损害其他经济主体利益的行为。[①]按照这一定义，当地方政府在面临自身、辖区居民和国家利益时，首先满足自身利益最大化，其次是辖区居民的利益，最后才是国家利益的行为时，其就陷入了过度竞争。事实上，如果用交易费用理论来考量政府的招商引资竞争绩效，就会发现地方政府都存在不同程度的过度竞争。这是因为地方政府在招商引资中存的竞争往往缺少相应的制度约束，致使其在具体的行为中为了达到目的往往会采取不计成本、无原则降低资本进入门槛等方式实现引进资本的目的。过度的招商引资竞争不但大大提高了市场经济活动的社会交易成本，不利于各地政府和辖区居民的长远利益及区域经济协调发展，而且还会造成以下危害。

（一）损害社会公正

地方政府在招商引资方面的过度竞争，造成了内资企业与外资企业经营上的不平等。各地政府给予外资诸多的经营优惠政策，但区域内的内资或本土企业不但不能享受到地方政府在用地、税收等方面的优惠政策，而且还要严格在体制内进行经营，这使得区域内的本土企业在市场竞争中长期处于不利地位，很难发展壮大。以乌昌区域为例，两地对于外资企业长期以来给予种种税收优惠，外资企业的实际负税仅占企业利润所得的10%，但内资企业的负税却占到30%。除此之外，在现行征地制度下，农用地往往具有相对最优的成本选择，因此，地方政府就采用先把集体土地变成国有土地，然后再出让的策略。在这一土地的征用过程中，农民只能被动地接受，权利和利益得不到保障，与此同时，官员们则利用手中的各项权力谋取租金利益，这极易诱发社会矛盾。

（二）降低了利用外资的整体收益

地方政府在招商引资方面的过度竞争，影响了税收的增长并削弱了政府资源调控、财政配置和公共品的提供能力。以乌鲁木齐为例，2008年

---

① 李一花：《"地方政府竞争"的比较分析》，《贵州财经学院学报》2005年第3期。

因税收优惠损失财政收入超过 10 亿元，占财政收入的 1%。这一方面使得外资无需使用先进技术，仅凭其运营成本优势也具有相对较强的市场竞争力，从而不但弱化了外资引入对本地经济发展的刺激作用，还使本地企业难以发展壮大；另一方面还造就了中国特有的"出口转内销"资本运作模式，即本地资本变换成"外资"后再回流，以便享受税收优惠，这不但不利于本土企业的生存与发展，还会降低区域经济整体竞争力。从要素的稀缺程度以及地方财政来源来看，土地资源是城市发展的核心经济要素，但地方政府为了眼前的利益，把日益稀缺的土地资源低价或折价出让，势必会造成资源供给的中短期与长期矛盾。从长远来看，不遵循土地价值规律是一种非理性的经济行为，其不但最终会导致一个地区投资环境的恶化，而且会诱发社会中不安定的成分产生甚至爆发。

第三节　地方政府竞争中的地方保护主义

一　地方保护主义的表现

地方保护主义是指地方政府及职能部门违背国家的政策法规，滥用或消极行使手中权力，以维护或扩大辖区局部利益的行为。其主要通过地方政府采用行政规制手段等方式，限制资源地域性流动。在改革开放前的计划经济体制下，地方政府通常以完成本地计划为名，设置外地区生产者进入本地市场的限制。但这一时期地方政府还未出现实质上的利益纷争，地方保护主义现象鲜有发生。而 20 世纪 80 年代后，随着改革的深入，地方政府利益矛盾逐渐加大，地方政府间横向竞争加剧，使得地方保护主义在中国以各种形式展开，成为阻碍市场经济健康发育的重要疾病。如乌昌区域在劳动力市场上，两地企业和政府在职业招聘或公务员招考等方面对人员的准入进行限制；在资本市场上，两地政府在资产重组过程中限制本地企业资金流出，如乌鲁木齐国资背景的乌鲁木齐商业银行在贷款和融资方面对乌鲁木齐企业给予更多的优惠和扶持；而在产品和要素市场上，则展开以准入为目的的检疫大战。据不完全调查统计，两地地方保护主义最强的三大行业为交通、食品和房地产，交通业遭遇的主要是收费标准，食品面临的主要是技术壁垒，建筑业面临的主要是信贷等限制。这些行业之所以遭遇地方保护主义的行为，是因为其通常都具有增加值率和行业利润水平高的特性。

二　地方保护主义的危害

政府利用手中的各项权力和政策工具，对外地企业设置一些进入本地市场的壁垒，进而对本地企业的经营进行扶持、保护，这种行为在一定程度上保证了当地企业的既得利益，但从长远来看，其仍存在着诸多问题。

（一）阻碍了稀缺资源的自由流动

尽管实行地方保护主义可以使本地企业在政府的保护下，拥有相对稳定的产品市场和消费市场，从而拉动区域经济的发展，但地方保护主义会限制区域外优质资源流入。经过充分市场竞争形成的资源产品供给在价格上往往较有优势，或在质量上更有保证，禁止外地产品进入本地，必然不利于当地企业降低生产成本和提高产品质量，最终导致当地产品竞争力的下降。因此，地方保护主义不但阻碍了资源的自由流动，还会影响区域经济的整体竞争力。

（二）有损当地消费者权益

就消费者而言，性价比是其选择商品的内在动力。然而禁止外地商品、资源的进入，对于当地的消费者而言是极为不经济的。因为，在外地商品很难进入的前提下，消费者实际上丧失了商品的自由选择权，其只能在当地供应的品种中选择，这不但使消费者无法实现消费者剩余，同时也抑制了消费者一定的消费需求，从而严重损害了当地消费者利益。

（三）不利于整体利益的实现

首先，地方保护主义违背了基本的市场经济运行规律，更重要的是从长远看不利于企业的发展。其次，地方保护主义影响了整个区域的商誉和信誉，不利于区域竞争力的提高。一个本土企业的经济效率是其地方竞争力的基础，而经济效率的提高靠的是良好的经济结构和管理等综合因素，而非政府保护。再次，地方保护主义往往是一种急功近利的短期行为，其不但不利于区域可持续发展战略的实施，还会对生态环境造成致命性的破坏，从而弱化了经济和社会的可持续发展能力，阻碍了整个区域现代化进程和可持续发展战略的实施。

综上所述，重复建设、招商引资大战、地方保护主义尽管有其存在的合理性，在短期内对一个地方有一定好处，如增加地方政府可支配的地方财政收入等，但从长远来看却是弊大于利，是地方政府之间竞争的负面产物，它阻止了区域经济的协调发展。

第四节　地方政府竞争负效应的原因分析

从表面上看，重复建设、招商引资大战、地方保护主义产生的直接原因不尽相同，但其本质却是一样的，即地方政府是在自身利益优先、辖区居民利益次之、国家整体长远利益后置的行为下出现的。

一　地方政府竞争负效应产生的原因

（一）分析模型的构建

尽管亚当·斯密的绝对成本学说和李嘉图的比较成本学说略显粗糙，但其从成本或节约视角对分工进行理论分析却意义深远。因为，"经济"一词本源于罗马，就有节约的内在含义。马克思在《政治经济学批判》一书中也提道："真正的经济——节约——是劳动时间的节约。"[①] 比较而言，马克思的更加伟大之处在于其将劳动及劳动时间的节约进行了关联。而本书试图基于这一关联对区域经济发展中的政府竞争失效问题做出经济学维度的阐释。

众所周知，亚当·斯密的分工的逻辑起点是："当人们发现从市场上获得会比自己生产出来的更经济的时候，人们就会走向市场。"[②] 而马克思主义政治经济学认为商品的价格是由社会必要劳动时间决定的，并且价格围绕价值上下波动。因此，本书将沿用斯密的逻辑，借用马克思主义的价值论，以马克思的"真正的经济是劳动时间的节约"为出发点，对地方政府的竞争行为做进一步的抽象分析。

根据上述观点和地方政府在区域经济竞争中扮演的实际角色，我们可以认为地方政府的行为具有市场上"经济人"的行为特征，其行为的最终决定取决于自身倾向利益的最大化，即地方政府是选择分工合作还

---

① 马克思：《政治经济学批判》（1857年10月—1858年5月），载《马克思恩克斯全集》46卷下，第225页。

② 参考亚当·斯密《国民财富的性质和原因研究》，商务印书馆2003年版，第14页。

是选择自给自足，取决于各自保留的价格。需要进一步说明的是，为表述的方便，我们假定地方政府是一个完全行为的经济人或者说是一个独立的经济主体，如此一来我们就可以得出，甲政府在某一产品或要素市场上会选择与乙政府进行分工合作还是自起炉灶进行生产，完全取决于甲政府在这一产品或要素上的保留价格：P1= t+Tα，与此对应，乙政府的选择同样也取决于其保留价格：P2= t+T（1-α），其中 P 为价格，t 为社会必要劳动时间，T 为社会劳动节约时间，α 为社会节约劳动时间的分配比率（其在微观经济环境中取决于供求关系、信息的对称性等因素）。需要进一步指出的是 α 的定义域应为（0，1），因为，当 α =0 时，甲政府作为某种产品或要素的提供者其只获得必要劳动时间所代表的价值，通俗的说法是只收回了生产的必要成本，无任何利益而言；因此，这一情况下甲政府将不会出售商品，或者说将会停止这种商品的生产或供给，所以当 α =0 时是甲政府参与分工合作的最低下限。[①] 而当 α =1 时，甲政府作为某一产品或要素的提供者，其不但获取了社会必要时间或者说是收回了生产的所有成本，而且还独占了所有社会劳动节约时间，其保留价格达到了上限，但此时，乙政府作为这一产品或要素的受让方，将无任何社会节约时间的获取或者说消费者剩余的实现，其将不会购买商品；所以当 α =1 时是乙政府购买这一产品或要素的意愿价格或者保留价格的最上限，超过这一上限其宁愿退出这一分工合作的领域，选择自给自足式的生产方式，从而产生重复建设。由于甲乙政府在各自的产品或要素上都存在保留价格的上限和下限，因此我们可以进一步得出保留价格 P1、P2 可分别作为变量与变量分配比率 α 构成两个不同的函数：

$$P1=f(\alpha)=t+T(1-\alpha),\ \alpha \in (0,1)\cdots \qquad (5)$$
$$P2=f(\alpha)=t+T\alpha,\ \alpha \in (0,1)\cdots \qquad (6)$$

需要进一步说明的是，上述两个经验公式中的劳动时间节约分配比率 α，在这里限定为只在分工合作的前提下才会出现，在个体的自给自足式经济中不存在。

（二）政府竞争失效分析

在西方经济学中，均衡产出是指和总需求相等的产出。而根据本节

---

① 在此本书忽略了分工不可逆的特性及定向成本等因素。

前述价格经验公式和西方经济学中的价格是决定需求或供给的主要因素的一般观点，价格 P 作为变量可看作需求 Qd 或供给 Qs 的函数，上文中构建的供需价格函数，即供给函数为 Qs=Φ（P1）=Φ[f（α）]=t+Tα，α∈（0，1）；需求函数为 Φ（P2）=Φ[f（α）]=t+T（1−α），α∈（0，1）。需要进一步指出的是供需函数中的 t 在这里指代的是供需商各

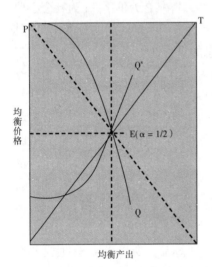

图 6—1 供需价格函数

自的生产成本，Tα、T（1−α）则分别表示供给双方的利润，α 可视为影响利润率的参数；另按照均衡产出的概念和均衡价格的一般求解方式，我们令 Qs=Qd=Φ[t+Tα]=Φ[t+T（1−α）] 得出 α=1/2，即如图 6−1 所示，社会节约劳动时间分配比率为 1/2 时，供需双方各获得一半的社会节约劳动时间或者说平均分享利益时均衡产出得以实现。

但由于市场自发性、盲目性以及信息不对称性等缺陷的存在，市场这只"看不见的手"在自发状态下不但难以引导均衡产出的实现，反而会导致盲目投资、重复建设、产能过剩，进而让价格产生异常波动的市场失灵现象。具体而言，我们可以经验地假定供给商的意愿产出数量与利润率呈正相关，另根据上文的供给函数 Qd=Φ（P1）=Φ[f（α）]=t+Tα，α∈（0，1），我们可以首先得到供给商的利润函数则为 U（x）=（Qd−t）x=Tαx，x∈（0，+∞）；如此一来供给商的边际意愿产出倾向[①]则为 MPQ=ΔU（x）/ΔQd=dU（x）/dQd=（Tαx）′/（t+Tα）′=Tα/T=α；另外，我们可以进一步假设 Δy 和 ΔU 分别表示意愿产出的增量和利润的增量，则 Δy=ΔU+αΔU+α2ΔU+α3ΔU+⋯+ΔUαn−1=ΔU（1+α+α2+α3+⋯+αn−1），以上括号中各项代表一个无穷几何级数，并由于先前的前提假设 α∈（0，1），因此该级数

① 这里的边际意愿产出倾向是指增加的利润与增加的意愿产出的比率。

是收敛的，可令：

$$Z=1+\alpha+\alpha2+\alpha3+\cdots+\alpha n-1 \tag{7}$$

$$则 \ \alpha Z=\alpha+\alpha2+\alpha3+\cdots+\alpha n \tag{8}$$

将（7）–（8），得：$Z（1-\alpha）=1-\alpha n$

即 $Z=1-\alpha n/（1-\alpha）$

又 $\because \ \alpha \in（0，1）$

$\therefore$ 当 $n\rightarrow+\infty$，$\alpha n\rightarrow0$

$\therefore Z=1/（1-\alpha）$

至此，我们通过简单的推导可以得出以下结论，即当社会节约劳动时间分配比率或者说影响利润率的参数 α 增大时，意愿产出的增长速率是利润增长率的数倍，这一过程也可以用图6-2进行表示，我们将这一现象称为市场运行体系中的"暴利效应"，涉及劳动投入限制的,但这并不影响我们对"暴利效应"本身的阐释，即在现实的市场经济运行中，当某一行业利润升高时，资本基于其天性会迅速集聚，并且这一过程会在成本或利润价格的传达不确切等信息不对称的作用下影响地方政府的决策机制，进而最终导致以价格剧烈波动、资源配置无效或低效为表征的政府竞争失范现象。具体而言，按照马克思主义经济学原理的基本观点，我们认为供给方是影响价格上下波动的主要原因，其内在经济学原理是商品使用价值和价值之间的矛盾[1]，即作为生产者而言所需的是商品的价值，其必须将使用价值让渡给需求者，完成商品的惊险的跳跃。[2] 而与此同时需求却是相对稳定的，当供给量小于需求时，供给商就会提高自己保留价格中社会节约劳动时间的分配比率，进而获得超过等价交换的收益，或者说获取超过平均利润率的收益。而一

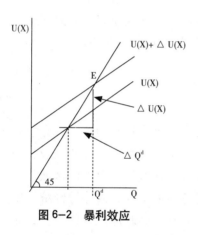

图6-2 暴利效应

① 马克思：《资本论》第1卷，人民出版社2004年版，第103—106页。

② 马克思：《政治经济学批评》，《马克思恩格斯全集》第46卷下，第127页。

旦某一行业或商品的利润率超过了平均利润率，不但原有供给商会扩大产出，其他供给商也会介入。这一现象在市场反馈滞后和信息的不对称等因素的作用下，就会导致重复建设、引资大战等现象的产生。因此，为了避免经济社会的盲目竞争，政府这只有形的手，作为最大的信息主体必须对经济分工、资源调配、交易成本等市场运行基础加以一定干预，才能有效解决经济运行中的重复建设、引资大战等恶性竞争现象。

至此，我们通过经济学演绎推导，对地方政府的重复建设、引资大战等进行了简要分析，得出地方政府竞争所产生的重复建设、引资大战等现象，不但是因为制度缺失，还有着市场经济中经济运行的固有缺陷，并且化解这一缺陷的唯一方式就是发挥政府这只"有形之手"的作用，建立相应的制度约束机制，尽可能地将市场的暴利效应等不良因素约束在最小的范围，进而从根本上防止政府竞争中的负效应的产生。

二　地方政府竞争负效应的制度原因

（一）地方政府竞争机制不完善

按照市场竞争的一般规律，一个区域或者企业只有创造具有竞争力的商务运行成本优势，生产要素持有者或者生产要素才有可能被吸收进来。换言之，一个不存在或丧失了商务运行成本区位竞争力的区域，不但无法吸引区域外的资源要素，而且本区位中的资金、人才等经济发展的要素也会流出。因此，一个国家和地区只有提高政府服务的质量，完善自身的商务法律法规、政府条例和司法程序等制度环境，拥有与经济社会相匹配的公共基础设施、较低的商务运行成本、持续减少的交易费用，才能吸引区外要素持有者的流入。也就是说，生产要素本身具备自由流动的特性。在这一特性的作用下，要素流动会受到经济以外因素的影响，投资者确定投资什么项目、在什么地方投资、如何投资，取决于他对这个国家或区域投资收益比的评估。基于此，"宪法经济学"代表人物波斯纳提出的公民的"退出权"，就成为防止政府滥用职权的最优选择。"除非人民不满意政府服务时可以很容易地离开其辖区，否则就不会有任何可以阻止政府官员将其职能扩展到有限政府原则所规定的范围之外。"[1]

---

[1]　Tiebout.e（1956），Apuretheoryofloea expenditures, JournalofPolitiealEeonomy, p.64.

而在中国，由于在很大程度上政府既是游戏规则的制定者，又因其掌握着土地、能源等生产的核心要素，就使得其又是在自身设定规则中的游戏参与者，这就导致中国公民基本无法作出自由选择，从而使地方政府之间的良性竞争机制难以建立并自觉地进行完善。

（二）政绩考核制度的缺陷

行政性分权是导致中国地方政府竞争的主要原因。在行政分权的前提下，位于同一层级的政府为朝向政治金字塔的上一层前进，不但会在政治市场中展开"政治锦标赛"[1]，而且还会在经济层面围绕 GDP 和财政税收展开经济锦标赛。在"政治锦标赛"中，由于政治运行本身所具有的金字塔结构，每上一层级往往在官员数量上会成级数递减，这就导致只有有限数目的官员可以获得提升，因而地方政府面临的是一个零和博弈。事实上，在任何博弈中只有处境相对较优者才能获胜，零和博弈中的地方政府也不例外，只有让自己处在博弈的优势地位才能获得晋升。在相当长的时期内，中国政府官员处于一个非常封闭的职业序列，即一旦被上级领导轻视、处罚或罢免，就很难在组织体系外部找到其他工作，作为官员个人也不能随意选择退出已有的职位，仕途内外存在巨大的落差，产生一种很强的锁住效应，这导致一旦进入官场就必须努力保住职位，并争取一切可能的晋升机会。中国现行领导干部选拔任用制度规定，地方官员职务晋升必须从最低的行政职位逐级提拔，从另外一个角度来看，这也就是逐级淘汰。只有在同级竞争中获胜才有资格进入上级领导视野，这样就给地方官员施加了很大的压力，形成一种非常残酷的政治竞争。由于《党政领导干部选拔任用工作条例》和其他一些文件政策都对每一级别的官员任职有年龄限制，所以官员必须在一定年龄升到某个级别，否则就不再有机会。随着干部人事制度改革的推进，近年来各地对干部任职的年龄要求越来越趋于年轻化，甚至出现"一刀切"的极端做法，使得很多地方官员在一次竞争中，若错过提拔机会，就可能永远失去晋升机会。这势必影响到地方官员的晋升策略，比如可能采取铤而走险的冒险策略，甚至跑官要官、买官卖官。从这个意义上说，逐级淘汰制下的行政干部的任职路径和年龄限制均不能随意确定，其中的一些微小变化都会引起巨大的连锁反应，从而最终影响

---

[1]　周黎安：《中国地方官员的晋升锦标赛模式研究》，《经济研究》2007 年第 7 期。

到政府官员的仕途。地方政府基于其双重代理身份，其处境取决于代理人的满意度或者说代理的绩效，而在现行制度前提下，地方政府的代理绩效的核心考评要素之一，就是地方经济的发展速度。因此，地方官员要想在竞争中胜出，其前提是要使作为其委托人的上级政府和辖区居民满意。也正是这一原因，导致地方官员一方面积极实施"双赢"性的经济合作政策，另一方面却在不断追求不以损失辖区社会福利为代价的合作方式。这就导致只要有某种经济项目有助于改变或实现地方政府代理绩效及相对优势，地方政府就会不顾一切地争先抢上，从而诱发了地方政府过度竞争的产生。

此外，为了赢得政治表现上的凸显，地方政府一方面致力于发展本地经济，另一方面则采取损耗竞争对手利益的恶性竞争策略，即双向竞争手法，一方面提升自己的优势处境，另一方面削弱对手，所以很难对地方政府竞争中的重复建设等过度竞争行为进行有效解释。这就是各地方政府会容忍经济投资中一亏再亏的现实的原因，地方政府竞争实际上是一种"锦标赛"。

再者，中国宪法中没有就维护国内统一市场提出要求，而有关反对地方分割和地方保护主义的法律法规在"诸侯经济政治"的前提下往往缺乏权威性和约束力，并且这些法规本身又具有操作性不强等缺陷，从而使得地方保护主义等行为一度盛行。

（三）竞争约束机制不健全

地方政府竞争应该是在一定条件约束下的竞争。中国地方政府竞争的约束机制，包括宪法和法律的约束、辖区内居民的约束和上级政府的约束。一般来说，政府在决策前须对行为目标进行确定，首先进行调查论证，收集信息以拟定决策方案，接着修正和完善决策方案。但其中最为关键的调查论证却缺少法律规范的限定和制度校检，这使"拍脑袋决策"的现象大量存在，而且由于没有相应的问责机制，使"拍脑袋决策"的人可以随意"拍胸脯保证"，在问题出现后又可以不负责任地"拍屁股走人"。因此，从这个角度讲，中国地方政府决策存在严重的制度缺陷，对决策者来说，投资的失败既不用承担政治责任，也不用承受道德谴责，更无需承担法律后果，其仅仅是工作能力问题中的"好心办坏事"而已，决策失误不过是交了一次"学费"，改革本来就是摸着石头过河，这只需"批评教育"，从而使地方政府在竞争中不遵循法定程序，不对项目进行可行性论证，导致盲目投资、重复建设等盛行。这些行政决策的特性主要是产生于地方政府的行政性，是缺乏相应的约束和监督机制，而约束机制的弱化或缺乏，必然会导致地方政府竞争的失效。

综上所述，在地方政府作为地方经济发展的利益主体或者说经济主体的前提下，地方政府间竞争本身就有着自身固有的缺陷，加之缺乏相应的制度约束和保障机制，从而导致了中国地方政府竞争的失效。

第七章

中国地方政府竞争秩序的重构与乌昌区域经济发展展望

第一节 中国地方政府竞争秩序的构建

在一定程度上可以说，地方政府间的横向竞争是推动中国经济快速发展的强心针。但地方政府在促进经济发展的同时也带来了非市场性的负面效应，这已成为中国未来经济和社会发展不得不面临的独特课题。因此，如何规范地方政府的各类竞争行为，维护良好的地方政府竞争秩序，是中国改革发展持续前进亟待解决的问题。何梦笔结合布雷顿关于地方政府竞争思想，就俄罗斯、中国等国的转型经济特征设计了一套政府间竞争的构架和流程（见图7-1）。

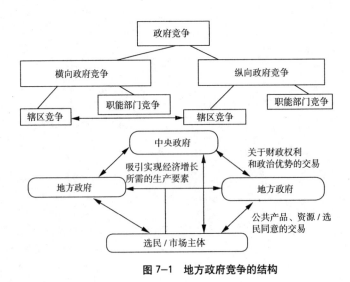

图 7-1 地方政府竞争的结构

　　图 7-1 指出中国地方政府之间存在着显著的横向竞争关系，该图还反映了另外一个特点，即不仅政府间存在竞争关系，与之相伴随的是政府内部的相应级别的行政部门之间也存在着竞争，并且在一些特定的领域，上下级之间也存在着隐性竞争。通常而言吸引经济增长所需的生产要素流入是同级政府间竞争的主要目标，而上下级竞争则以财政转移支付、专项资金项目、优惠政策以及政治权力的配置等为主。竞争的动力一是政绩显示，二是经济主体的流动性压力。政绩显示需要辖区经济指标在数字上的突出表现，而区域经济指标的突出表现需要经济主体充满活力的贡献，刺激经济主体的活力表现则是政府在公共品和政策资源上的相对最优供给。所以辖区政府为了满足这些刺激经济发展的因素，换得自身的政绩显示，就必须提供相应的经济发展平台。

　　对地方政府来说，市场经济主体不但是其赖以存在的基础，还是构成其政治资本的因子。因为，一个地区资源总量越多，政府及官员们可支配的、可控的资源也就越多，相应的政绩显示和手中的权力就越大。因此，地方政府和当地市场经济主体在不同目标指向下最终达成了行为上的一致或默契，即辖区政府通过向中央政府或上级政府索取优惠政策、项目资金等为经济主体的生产经营创造相对优良的环境，而辖区市场经济主体在优良生产经营环境中创造的超额经济效益，会构成地方政府政绩显示所需要的经济指标优势。这一论点周业安等人在其《地方政府竞争与市场秩序的重构》中认为："竞争的结果是辖区政府获得所需的权力和利益，而当地居民和市场主体获得所需的非市场供给产品和服务。"[①] 周业安从中国改革开放以来地方政府间形成的特定政府间关系出发，将研究的重点放在地方政府竞争上，认为地方政府的竞争现象首先与政体不存在因果关系，使地方政府产生竞争冲动的本身不是市场经济主体的需求，而是上级或中央政府所需的政绩表现。这是因为上级政府的满意对其自身的利益以及对未来的预期有着更为直接的影响。在上级政府对下级政府官员进行考核的过程中，由于下级地方政府对上级政府有着绝对的信息优势，因此容易产生欺瞒现象，上级政府就通过具体的经济目标效约束下级。但如果地方政府

---

　　① 周业安、冯兴元、赵坚毅：《地方政府竞争与市场秩序的重构》，《中国社会科学》2004 年第 1 期。

治理市场以及对上级讨价还价的能力有限，就会采取非市场手段。这些手段反映到市场上，就会扰乱整个经济秩序。在中国大多数地区，在市场中占主导地位的都是国有和集体经济，国有经济在经营上的显著特征是政府能进行直接干预或者直接参与，这就为政府干预微观经济主体活动提供了可能。地方政府除直接介入市场和生产以外，还可以采用补贴、信贷优惠、专项资金等多种政策扶持方式来帮助当地企业参与市场竞争。从各地发生的事例来看，地方政府在一些领域或产业甚至可能通过行政手段等直接限制或打击当地企业的竞争对手，或者对地方企业的违法违规行为采取默认的态度，使得企业在不公平竞争中处于优势地位。这就解释了中国各地普遍存在的地方保护主义现象。这一现象必然导致一个不公平的市场秩序，导致寻租行为泛滥。如果要获得良性的市场秩序，就必须规范地方政府竞争行为。结合国内外一些学者的研究，本书认为规范地方政府竞争行为必须做到以下几点。

一　中央与地方关系的制度化

正如上文分析的那样，地方政府竞争失效的经济学原因是市场经济中的固有缺陷，制度原因是中央与地方之间财权、事权没有清晰的界定。从另一个角度来说，也没有合理的界定权力运行的界限。这就在一定程度上导致了中央政府想通过机构改革和财税改革来实现规范地方政府竞争秩序的目标虽取得了一些成效，但清晰规范的制度体系却没有如期建立，导致地方政府感觉到行政性分权制度是临时性的、非制度性的，进而对自身权力的掌控具有不确定性，从而产生"有权不用，过期作废"的倾向。例如，地方政府可以利用自己的强势地位或者日益膨胀的行政权力进行不透明运作，可以在最短的期限内提高所辖地区经济增速，进而实现地方政府及官员自身利益的最大化。因此，要改变地方政府的恶性竞争行为，就必须在现行的行政体制下进行合理的制度设计，即从行政分权制走向法律分权制。

当前，中国中央政府和地方政府采用的是有限行政分权模式，这一模式的最大特点是分权缺乏法律保障。即从表面上看，中国地方政府权力很大，在地方国有、共有资源方面拥有绝对的支配权力，在市场监管、国有企业管理、土地、矿产、自然资源、公共事业、城市建设与经营等方面都拥有着独立的自主权，但实际上，在法律框架内，地方政府的这些权力或许无法或很难找到法律依据，缺乏相应的制度和法律层面的保证，地方政府在这些领域的权力获取通常都是与中央进行博弈或讨价还价的结果。尽管这一现象在中国体制转轨进程中有其合理性，但其弊端也随着地方政府竞争的失效表现得越来越明显。因而，若要减少并尽可能地避免地方政府无序竞争，中央与地方间的关系就必然要用法律加以固定。

（一）依法明确不同层级政府的职责权限

不同层级政府之间的法律分权，首先是对纵向政府间的事权进行系统、科学的明确划分，在制度上对上下级政府的事务管理范围和相应拥有的权力进行规定，即不同层级间的分权应基于凡是关乎社会整体和国家利益的事由中央政府负责，而关系到地方辖区居民利益和地方经济发展的事务则放权给地方政府，并从制度上就哪些权力必须由中央行使、哪些权力可以交由省级地方政府自主行使、哪些事物省级以下地方政府可以代为全权处理等进行固定，使不同层级的政府在政治过程中既相对独立又相互依存、相互制约，实现动态平衡。具体地说，作为国家主权代言人的中央政府代表国内社会公共利益，因此国防、外交、军事、全国性的基础设施和公共事业、市场规则、经济政策的宏观调控和货币调控手段等由中央政府处理；而地方政府应享有自身职责范围内的自主处理权，如有权制定地方性法规和规章等，根据地方的实际情况自主制定基础设施和公共事业等发展规划。

（二）科学划分财权，完善分税制

回顾中国几十年财政改革，真正具有里程碑意义的是完成了两大目标的探索和确立：一是1994年以分税制财政体制改革科学规范政府间财政关系；二是1999年后以建立公共财政体系的改革对财政职能予以最终定位。可以说，这之后的所有财政改革，都是围绕这两大目标不断完善财政制度体系的具体内容和健全相应的财政运行机制。实行分税制改革22年，总体来说是成功的，其对重新界定中央与地方的关系、增加财政税收等产生了十分积极的作用，尤其是对逐步提高税收占国民生产总值的比重、国家收入占全国财政收入的比重，增强中央政府对经济的宏观调控能力，调动地方理财的积极性等有着显著成效，但也存在着不少的缺陷。

1. 中央与地方政府在事权划分上比较模糊

尽管经过了多年的改革实践，但中国各级政府间事权一直未得到厘清。其主要纠缠在两个方面：一是中央政府和地方政府不自觉地承担了对方的部分事权，导致事权的承担错位；二是中央政府与地方政府的事权不清晰，直接导致了税权划分的不明确，导致了事权的交叉承担，从而影响了分税制的运行效果。

2. 中央与地方政府财税权利划分失衡、不对等

按照权利与责任的对等原则，目前中央收入和地方收入的划分还带有明显的旧体制的痕迹，没有体现这一原则。如中央政府与地方政府尽管采取的是收入分享制，但税收分享只是给地方一定发展经济财力的手段，税种、税率的确定权中央却一直保留。分税制的立法权还集中于中央政府，使税权过于集中在中央，实质上的分税并没有真的实现，削弱了分税制给地方政府带来的积极性和主动性。另一方面，财权划分不明确，不但使中国的税收环节混乱，而且让地方的乱收费披上了合法的外衣。从这个角度来看，财权划分不明确导致了怪兽型地方政府的滋长。另外，财权划分不合理还导致中国的征税成本较高，重复征税严重，存在涸泽而渔的现象。地方财政收入在增加的同时却损害了纳税人的利益，或者存在寻租行为，偷漏税比较严重。

3. 政府间财政转移支付制度不完善

目前，中国建立在"基数法"基础上的分税制下的转移支付功能不够合理，支付能力受限。其主要特点是随意性较大。这不但助长了核心权力部门对各级财力补助不够确定、不够透明，而且使得财政资金的纵横向转移过程被人为复杂化，增加了转移支付的社会成本，弱化了通过转移支付缩小地区财政差距的功能，缺乏转移支付执行的监督机制，等等。

目前，中国的市场经济体制尚未完全确立，很多法规都是试用型的，这也在一定程度上导致了中国现行的分税制具有过渡性法规特质。针对中国当前中央与地方财政关系分税制中存在的问题，结合有关学者的研究，笔者对中央与地方的财权的划分提出以下建议。

一是大力推进税收制度改革。推进税收制度改革是完善分税制财政体制的前提条件和重要内容，没有科学的税收制度为基础，就不可能有科学的财政体制。首先要完善财政收入体系，科学设置税种，更好地发挥税收的正向调控效应；其次要科学设定税率，丰富国家宏观调控层次，建立渐进、平稳和有效的税收调控机制；再次要加快税费改革步伐，大力推进非税收入税收化，使财政收入来源更加清晰和规范；最后要改革税收征管体系，强化税收稽查监督，建立一套归口国家税务总局实行全国"垂直管理"的税收征管体系，以及实行全国"垂直管理"的税收稽查体系，以减少税收成本。

二是合理界定上下级政府间的事权。事权的划分应作为财权划分的依据，也就是说事权是分税制改革的基础之一，而各级政府事权界定的主要标准是按照科学、高效原则，对行政体制进行改革，那些全国性的公共事务管理权由中央财政负担，地方性公共事务由地方财政负担，交叉的部分则按受益成本原则分级承担，各级政府都应根据其事权设置相应的财权保证。各级政府间事权界定也应该与中国政治体制和行政管理特性相匹配，在经试点后再以法律的形式将这一权限的划分加以固定。

三是重构财政收入的划分体制。按照分税制财政体制的一般逻辑，各级政府应根据其事权而得到相对独立的财权。因此，中国的财政分权改革应坚持"因地制宜，税收共享"的原则，将中央和地方的财政收入区分开来，合理划分中央与地方政府的征收税种，使其按照权利义务对等原则来拥有主体税种，并从制度和法律上将各级政府的税源加以固定。具体而言，可以将那些有利于体现国家产业发展指向等宏观经济调控政策和保护国家战略资源及自然环境、促进经济社会与自然环境和谐发展等方面的税种，整合为国家税种，划分为中央税；将那些对地方政府发展经济有强大牵引力，对地方社会公共事业发展和民生保障密切相关的税种，划归为地方税。除此之外，为保证国家的整体利益，在划分各级政府财权时，应采取以中央财权为主导、激励地方财权的原则，来对各级政府的财权进行界定。

四是对财政转移支付制度进行完善。因为转移支付涉及多方的利益，在改革过程中必然遇到多方的阻力，所以在这一改革中应做好持久战的心理准备。结合国内外学者的研究成果，本书认为财政转移制度的完善，应该包括纵横交错的转移支付模式，即在政府转移支付改革中坚持一般性转移、专项转移和特殊性转移支付相结合的方式，转换思路，用"因素法"核定各地收支，代替目前的"基数法"准则。在优先考虑经济效率的前提下，充分缩小地区之间的发展差异和人均收入差异，对转移支付的形式进行简化，进一步明确转移支付的目的，强化转移支付的功能性作用，并且在具体过程中还可以采取专项拨款、间接补助等方式来提高转移支付本身的效率，最终实现协调发展、共同富裕。

总而言之，由于中国现行的行政性分权缺少制度形式的规范等因素，地方政府对自己得到的权力预期产生了不确定性疑惑，这种疑惑极易诱发有权不用过期作废的短期投机行为。而分权缺少制度保证，必然导致地方政府在事权和财权上的不对称性，进而地方政府会从维护自身利益出发，采取非正当的竞争行为。中央与地方政府将分权制用法律加以固定，在相对独立的原则下各自职权范围都得到法律或制度保障，这不仅会让中央政府的主导权充分展现，而且还能让地方的积极性得到充分发挥。

二　政绩考核制度的改革

如上文所述，地方政府作为多维角色的行为人，有着自身的利益函数和行为倾向。中央政府追求的是全国整体的长远的利益，而地方政府则会更多地关注本地区辖区居民和自身的利益，尽可能地美化经济发展的速度和质量以及由此形成的"政绩显示"。在中国现行行政管理体制中，在地方官员的业绩考核中，GDP和经济增长速度是非常重要的指标。地方政府和地方领导自然会把这些指标作为努力完成的任务，穷尽一切手段达到目标，归根结底这也就是对政绩的关注。即当各地方政府领导和各级官员政治上的升迁、调整具体落实到经济性竞争层面，地方政府便具有参与并直接推动经济发展的强烈冲动。并且，在当前经济指标与政绩考核指标呈正相关的制度安排下，地方政府无原则地追求地区财政预算的最大化，使得自身的政绩得到认可和显示，即将经济上的竞争作为政治进取的具体手段，形成以经济发展指标为手段的"政治晋升锦标赛"。这就是在全国范围持续掀起煤化工、房地产、光伏风电、地铁、高铁、汽车、有色金属等产业热潮的原因，因为这些产业都具有强大的经济乘数效应，能让地方政府短期就看到这些行业的引入会对地方经济发展和就业带来的种种好处。

尽管从数字统计上看，使区域地方经济发展的大多是民营企业，但结合国情来看，恰恰是地方政府的政绩冲动让民营经济成为地方经济发展的主力军。因为对于地方政府来讲，经济指标就等于政治前途。这一现象也引起了中央的警醒，并加紧制定更为科学的干部政绩考核标准。据权威人士透露，今后的政绩考核方向会将政府行为付出的投入和代价进行比较，以此来避免地方政府不计成本和代价的决策机制，从而尽可能地避免地方经济发展中重复建设、资源浪费、环境破坏等恶性竞争行为。但从本质上讲，这些只是政绩考核标准的调整，而政绩考核制度改革的关键，在于要重视当地居民和社会组织对地方政府政绩的评价，让辖区居民和上级政府共同作为考核主体，从而弱化单由上级政府考核中的信息不对称现象，才能从根本上避免地方政府"上有政策，下有对策"的机会主义行为。

三　竞争约束机制的强化

事实上亚当·斯密的"个人追求自己利益的活动之所以能够增进公共利益"，是建立在市场行为有着内在约束的法治秩序前提下的，假如不具备这一前提假设，竞争就无益于公共收益。[1] 因此，正如本章第一节所述，由于地方政府竞争有着市场竞争的一般特性，本身有着固有的缺陷，要使得这一竞争也达到增进公共利益的目的，必须有相应的约束条件，否则竞争秩序就会趋于恶化。地方政府竞争秩序所需的约束条件主要应涉及法律约束和辖区居民在寻求"经济"的前提下拥有自由进入或退出的机制约束两个方面。

（一）法律约束机制的健全

戴维·奥斯本指出："解决一个市场所产生问题的最有效的办法往往是重新规范一个市场。"[2] 因此解决政府竞争无序问题，必须加强社会主义法制建设。重构地方政府竞争秩序的关键，应从宪法着手，用法律对地方政府维护国内统一大市场的义务进行界定。但目前的状况是，中国地方政府竞争连相应的法律约束都尚未建立，何谈宪法约束。因此，地方间无法通过法律途径对地区封锁或者地方保护提出诉讼。目前中国出台的《反不正当竞争法》也存在着规定不明确不细化、缺乏实际的可操作性等缺陷。而《国务院关于整顿和规范市场经济秩序的决定》等文件仅作为一般规定

---

① 　[英]亚当·斯密：《国民财富的性质和原因的研究》，商务印书馆1974年版。

② 　[美]戴维·奥斯本：《改革政府》，上海译文出版社1996年版，第266页。

和决定，不但不具有法律的权威性，还存在适用范围和群体等诸多内在的缺陷，从而使得中国地方保护主义盛行。因此在宪法中明确中央拥有在跨省区商务中的事权，将消除地方市场分割和地方保护的行政法规上升为法律乃至宪法约束，已是当务之急。值得庆幸的是，国内的一些学者在这一方面已经开始了积极的探讨，提出了一些有建设性的意见。归纳起来主要有以下内容：一是修订宪法，对中央拥有管理省际贸易的专有立法权进行明确规定；二是把行政法独立出来与反对市场分割和反地方保护主义等有关行政规定结合起来，将其提升到法律的高度，形成强有力的约束；三是对司法机构进行改革，鉴于中国目前司法独立性较差，常受制于当地政府的现状，可针对性地设置跨省区的独立经济司法系统，实现跨省区地方保护主义的案件审理；四是完善《行政诉讼法》的相关规定，细化对抽象行政行为的起诉条款，使得公民可以通过法律手段维护自己的权益。

　　中国地方政府的诸多消极竞争行为，如重复建设、地方保护等之所以能顺利进行，还与中国地方政府公共决策体制、程序等不健全有关联，因而需有法律来规范、约束中国地方政府的公共决策行为，保障公共决策的科学化、民主化，避免"政策近视病"和"长官意志"等弊端。将地方政府公共决策纳入法制化的轨道，首先是依法确立决策权力的合理结构和科学合理的决策程序。从某种意义上讲，确立决策权力结构的合理，就是依法对各种决策主体的决策权力进行规范，从法律和制度上要求各级地方政府在进行公共决策时不能超越其职责权限，并依法科学合理地贯彻落实决策程序中的调查程序、方案设计程序、可行性论证程序以及听证程序等。而这一法律规范的实现形式可以是多样的，诸如通过行政组织法、行政程序法、公务员法等有关法律法规的界定和完善，以规范公共决策权力的运行和监督机制的实施，并做到有法必依、执法必严。

　　综上所述，中国在规范地方政府竞争行为方面的当务之急，是应该完善《行政诉讼法》等法律法规，建立并完善公益行政诉讼制度，扩大诸如对抽象行政行为进行行政诉讼的行政诉讼范围，严格落实行政责任追究制度，进而对中国地方政府在竞争中的随意决策等行为进行约束，减少因决策失误而给区域经济发展带来的不良后果。

（二）辖区居民或经济主体退出机制的完善

中国地方政府竞争失效行为，以及地方政府在竞争中使得辖区居民对福利提高等不合意性的上升，与中国"用手投票"机制不健全和"用脚投票"机制的尚未建立有很大的关联。这是因为，首先，辖区民众表达和退出机制的缺失，导致地方政府无所顾忌地展开恶性竞争；其次，在制度缺位和信息失真、不对称的前提下，中央政府对地方政府竞争行为的有限约束，导致了地方政府"上有政策，下有对策"的机会主义行为。因而还民以权，让广大居民或辖区经济主体能够实施对地方政府和官员行为的监督、制约，是地方政府竞争秩序合理化的内在要求。

就这一问题国内已有许多学者提出如下解决方案：一是针对中国目前根据户籍人口设立政府机构编制的做法，可考虑根据各地一定时期内人口的数量来确定公务员编制，以形成对能更多吸引居民的地方的奖励。这种人口数量不必一定是户籍人口，暂住人口如果居住达到一定时限也应计算在内。二是使地方人大代表监督和约束等权利真正做到实至名归。三是充分发挥公民组织的集体行动的作用。四是通过地方人大对地方官员的人事任免权来加强对地方官员行为的约束。五是通过强化地方人大的预算审批权来增进居民对公共代理人行为的制约。六是需要发挥公民组织的作用，以弥补作为个体的居民在规范地方政府竞争行为中的弱势地位。

第二节　地方政府职能转变

政府职能转变，是指国家行政机关在一定时期内，根据国家和社会发展的需要，对其应担负的职责和所发挥的功能、作用的范围、内容、方式进行调整。政府职能转变的必然性，是由影响政府职能的诸多因素所决定的。就中国而言，地方政府竞争秩序的规范过程实际上是中央与地方政府关系，地方政府与市场、民众、社会经济主体关系的调整与重塑过程。这一关系处理好了才可能对地方政府对区域经济发展的负效应进行规避。从这个角度说，地方政府能做什么、不能做什么，以及该怎么做，是当前中国区域经济发展过程中不可回避的问题。而这一问题的解决，就必须回到对地方政府职能的探讨上。

一　区域经济一体化发展趋势对地方政府带来的挑战

20世纪80年代以前，中国主要资产基本都是国有的，中央和地方以及各地方区域之间几乎没有太多的博弈和竞争，各区域和城市间的发展也是相对独立的，即一个城市的发展与否与其他城市没有任何关系，也与地方政府没有什么关系。但是随着经济体制改革和市场经济制度的进一步完善，各区域和城市间特别是相邻区域间的发展与否关系日益紧密，迫使地方政府及官员间的竞争日益激烈。在这种情况下，地方政府作为竞争主体，其行为倾向集中在三个方面：一是地方国民收入的增长率，二是地方就业的增长率，三是地方财政收入的增长率。这使得中国的地方政府在经济领域中的行为已远远超出了"裁判"的作用。从这个角度看，地方经济的发展已对地方政府的传统政府行为产生了深刻影响，其中最为直接和突出的是政府职能面临挑战。

（一）区域经济一体化发展趋势对地方政府协调能力的挑战

区域经济发展和政府职能的转变关系密切。从中国省际的长江三角洲、珠江三角洲区域和同一省内州市间的长株潭、西咸区域的发展情况来看，区域经济的快速发展是社会经济发展的一部分，它同样不能脱离社会经济主体的能动性而展开。而不同社会群体和阶层代表着不同的利益主体，其会对同一事物作出不同的选择，所采取的竞争策略也会不同。这就要求代表不同地方利益的地方政府必须根据合作区域的利益，对自身的政策策略进行调整。如长江三角洲地区是根据区域内的实际情况着力推动乡镇企业的发展，珠江三角洲则根据自身的地理优势等着力发展外向经济。但在发展初期两个区域内都不同程度地存在行政区划不尽合理、"一城多府"的现象，地方政府在城市和区域发展与协调中的权限职责不清、权限不明，不少城市区域产业结构雷同现象也十分明显，基础设施建设也各自为政，互不衔接。但随着区域经济的发展和来自外部经济体压力的增强，两个区域的政府高层逐渐分别在这些领域里达成了共识，逐渐摒弃了各自为政的诸侯经济理念，从而让这两个区域的经济产生了质的飞跃。对于乌昌区域而言，尽管其面临西部大开发等新的历史机遇，有着自身独特、优越的地理区位，但若想真正抓住这一机遇，就必须采取区域经济联动式发展的策略，而这一战略的实施就必然面对区域各城市政府高层领导的意识提升问题和政府机构改革问题，并且这一变化会逐渐由被动变为主动。因此，区域经济发展会对区域政府的职能形成强有力的挑战，并最终使得政府职能转变的态度由被动转为主动。

（二）区域经济发展对推进市场化改革提出了新的要求

中国由计划经济向市场经济过渡的过程，事实上就是政府，包括地方政府从直接参与人变为游戏规则制定者的过程，即经济学所讲的强制性制度变革过程。这种以政府直接作为竞争主体进行的市场化推进行为一定程度上弥补了改革初期中国市场调节不足、资本原始积累匮乏等缺陷，对加快地方经济发展曾发挥过决定的作用。但随着改革开放的深入以及社会主义市场经济的建立和完善，中国各地方存在着较大的经济情况差别，地方政府为了维护本地区的局部既得利益，设置了产品市场、要素市场与服务市场的种种壁垒，在吸引外资方面进行无原则的政策竞争，在投资方面则不计成本地进行重复建设等，使地区、行业、企业间的优势无法互补，造成了大量的资源浪费。

此外，大多数地方政府没有完成向市场经济条件下政府角色的转换，仍保留着改革初期的做法，仍直接参与招商引资、商务谈判等实际的社会经济活动，这就使得地方政府间的竞争不断加剧，甚至构成了地方政府对地区经济主体行为的强替代作用，直接推动区域经济的发展。这显然已经与目前的经济发展不相适应了。而区域经济的发展趋势必然对地方政府及官员提出新的要求，这种要求既会体现在政府及官员对自身职能的执行上，也会体现在理念上。

（三）区域经济发展对社会化管理和公共服务提出了较高的要求

加快社会建设和管理，推进政府公共服务机制创新，是规范政府经济职能的必然要求。中国现行的社会管理和公共服务的方式方法是在计划经济条件下形成的，主要特点是政府长期作为经济发展的主导力量，过度干预 GDP 增长，直接干预微观经济活动，忽略基本的公共服务和公共产品的供给，公共职能相当薄弱，至今主要财力仍主要集中在基础设施建设上，而民生类的公共物品供给则相对薄弱；政府、国有企业、商业银行结构性矛盾突出，政企不分、政企难分；城乡的发展不协调，农村的公共服务水平落后于城市，不能满足广大农民在义务教育、医疗、养老保障等方面日益强烈的基本公共需求。中国目前正处在发展与转型的特殊时期，公共需求的全面增长与地方政府公共产品供给的短缺以及公共服务的不到位，已是一个相当突出的问题。

二　新形势下地方政府经济职能的逻辑框架

国内外经济发展历史表明，一个国家经济竞争力的核心因素是地方政府的管理机制、职能、方式和效率。但目前，中国地方政府由于体制的惯性和行为的惯性，在管理机制等方面还存在着诸多的内在缺陷。这就使得提升地方官员的素质显得尤为必要，让地方政府及官员逐渐意识到，地方政府除了弥补市场失灵外，还必须部分具有帮助而非替代型的经济职能，进而影响其行为并最终以实现对市场经济发展资源优化配置进行引导而非直接干预的行为出现。

（一）理论基础

1. 经济运行和发展中的"两手"原理

现代经济的运行和发展既需要市场这只"看不见的手"，也需要政府这只"看得见的手"，二者的协同是决定经济运行和发展质量的关键因素。这就是经济运行和发展中的"两手"原理。这意味着任何"一只手"都不可能把经济组织好，因为市场不是万能的，政府也不是万能的。确立了这一基本原理，地方政府经济职能确立的未来轨道就比较明朗了——向政府与市场协同的体制过渡。

2. 政府行为的"柳宗元植树"原理

政府在经济运行和发展中的经济职能遵循的原理，可以从中国唐代杰出的思想家、文学家柳宗元的《种树郭橐驼传》中得到启发。根据这篇寓言，可以概括现代经济运行中政府行为的"柳宗元植树"原理：第一，政府要顺乎经济运行和发展的自然规律，即"顺木之天，以致其性焉尔"；第二，政府要从经济运行和发展的内在需要出发而为之创造适宜的条件和环境，即"凡植木之性，其本欲舒，其培欲平，其土欲故，其筑欲密"；第三，促进经济运行和发展的政府行为也不可越位越权，即应像那位植树者，"既然已，勿动勿虑，去不复顾。其莳也若子，其置也若弃，则其天者全而其性得矣"。"他植者则不然，根拳而土易，其培之也，若不过焉则不及。苟有能反是者，则又爱之太恩，忧之太勤，旦视而暮抚，已去而复顾，甚者爪其肤以验其生枯，摇其本以观其疏密，而木之性日以离矣"。经济运行和发展中的政府越位行为就如"他植者"的行为一样，虽然有良好的愿望，其效果却每每不佳，因为其"虽曰爱之，其实害之；虽曰忧之，其实仇之"。可见，遵循政府行为的"柳宗元植树"原理，政府的经济体制和经济职能必须彻底改革。

（二）基本原则

1. 导向性原则

地方政府职能应根据本地经济社会发展规划和经济政策进行科学的职能定位，要顺应区域经济一体化的战略要求，充分发挥市场配置资源的基础性作用，以创造良好的投资环境，促进区域经济结构不断改善。在体制转轨时期，各地方经济的发展不仅取决于各项常规性生产要素的积累和投入，也同时取决于新制度安排所赋予的各种经济增长潜能的释放。因此，要放开、培育、扶持非公有制经济，特别是私人企业和个体经济的发展，促进私人财富的积累，使之早日成为真正具备市场竞争力的经济主体。在未来几年中，一个地区的市场化程度主要取决于私人财富的积累程度，以及个体、私营企业发展的规模和水平。个体私营经济是在市场的大风大浪中成长的，完全接受市场的调节。个体私营经济的规模越大、比重越高，市场作用的空间也就越广阔。不断成熟的市场机制将赋予地区经济发展巨大的活力和创造力，因此，培育个体私营经济发展是政府经济职能的另一个重要内容。另外，应完善市场经济功能。社会保障是社会化大生产的产物，健全社会保障体系，处理好改革、发展、稳定的关系，是市场经济体制建立和完善的重要条件，也是地方政府转变经济职能的一个重点。

2. 制度性原则

政府职能定位要适应区域经济发展的实际情况和转型期的特点。具体来说，地方政府至少应在以下两个方面发挥核心性作用，以创造良好的市场运行环境。

第一，消除市场统一化改革的阻力，努力实现区域经济发展的合作机制。要认识到在经济全球化的时代，区域经济联动发展已成为必然，地方政府竞争的范围和强度已发生转变，其职能越来越集中于区域间经济社会发展的协调和冲突解决等问题上，其中一个重要思路就是将一些具体的经济和公共事务，通过建立合作网络体系和地区合作组织的形式来解决。另一方面，由于地方政府许多政策制定的环境深受区域大环境的影响，比如取决于周边大城市、经济圈的决策，而非该城市自身可以确定，因此地方政府必须对国内外、区域间的宏观经济政策做出反应，构思地方发展的战略，增强对外交流与合作，并理性地向世界开放自己。作为城市间区域性非政府组织，如近年来各地出现的市长联席会议，旨在加强城市间的沟通和联系，增强城市优化意识，促进城市的经济发展与合作，对推进和加快区域社会经济的整体发展起到了一定的积极作用。

第二，细分经济职能，最大限度地满足公众需要。在现代社会，人们在考察与人的活动相关的每一件事情时，总是看其职能分化的程度，即看其专业化程度，政府经济职能分化的水平越高，专业化的程度越高，说明政府发挥其职能的效果越好。为满足公众的分散的多样性需求，有针对性地处理地区性的特殊问题，有必要根据市场经济的要求作出不同时期的职能中心定位，使政府能够更充分地了解公众的不同偏好，更加迅速全面地回应公民的要求。中国各地设置的"行政服务中心"，集审批、收费、服务、监督于一体，履行"政府超市"职能，是地方政府改革的有益尝试。

3. 合法性原则

中央、地方政府关系必须从法律上加以固定，即要按照合法性原则。从根本上讲，中国的国体决定了全体社会公民是权利的主体，因此，人民参与国家政治和经济发展是应该被鼓励和肯定的。而人民参与政治与社会经济发展的意识和责任通常不是自发形成的，所以，政府有责任也有义务促进人民广泛投入社会公共事务管理中，以全面提升权利运行监督体系的社会化功能，使政府不能随意进行决策，而必须考虑其委托代理人——辖区居民的意志，进而会反向促进政府去依法、按程序办事，降低公共权利运行成本。从这个意义上讲，人民参政议政是政府改变社会管理方式的根本动力。

第三节 乌昌区域经济发展展望

一 乌昌区域经济一体化取得的成果和存在的问题

（一）乌昌一体化取得的成果

1. 工业园区发展迅速

乌昌实施一体化后，两地政府加强合作建园，优化服务环境，使准东煤电煤化基地、阜康重化工业园、米东化工工业园、甘泉堡高新技术产业园、昌吉榆树沟工业园等园区规划建设取得了迅速发展。据统计，2007年以来乌昌地区省级以上工业园区共有218个项目引进落地（其中上亿元的企业38个），计划总投资234.9亿元。"十一五"末形成278亿元产值、68亿元利税。

2. 新型工业化全面推进

乌昌实施一体化战略后，制定并实施一系列促进工业制造业发展的政策措施，推动工业经济持续快速增长。截至2010年，全市已形成以两个国家级开发区以及米东区、头屯河区、水磨沟区工业园和甘泉堡工业区为主的六大工业基地，以石油化工、钢铁冶金、电力、煤炭、纺织、建材等为支柱的十大主导产业。"十一五"以来，工业增加值年均增长15.8%，在国民经济中的比重逐年上升。2009年完成工业增加值386亿元，同比增长11.5%。

3. 农业农村经济稳步发展

乌昌两地积极推进农村经济发展，目前，乌昌两地农村的公路、水利、供电等基础设施得到不断完善，农村专业合作经济组织全面兴起，农业适用技术和优良品种得到普遍推广，现代畜牧业、特色蔬菜种植业在大农业中的比重稳步提高。2008年，两地农业增加值增长12%左右，畜牧业和蔬菜种植业产值已占据乌昌农业总产值的半壁江山。

4. 基础设施不断完善

乌昌两地市政通过对基础设施、工业能源、商贸流通、新农村建设、社会事业、生态治理等重点项目进行统筹安排，积极引导城市合理布局与建设，全面推进基础设施建设。"十一五"以来，乌鲁木齐市相继启动了大西沟水库、甘泉堡工业区、"三纵四横"路网体系、国际会展中心等一批关系长远发展的重大建设项目，固定资产投资年均增长16.3%。2008年，乌昌两地城市基础设施投入达47.2亿元；2009年达到77亿元，促进了城市发展空间的不断拓展，为乌昌一体化新一轮发展奠定了基础。

5. 服务业层次水平迅速提升

乌昌两地立足于区位和传统商贸优势，大力发展金融保险、旅游会展、现代物流和房地产等现代服务业，新型商业业态大量涌现，一大批国内外知名商业企业纷纷落户，旅游和房地产业对经济的拉动作用越来越突出。全市已形成 8 大商业圈和 12 条特色商业街，建有辐射全疆及中亚地区的大型商品交易市场 193 个，年交易额达 310 亿元，其中超亿元的有 25 家。2008 年，第三产业仍实现增加值 627 亿元，同比增长 8.2%。

6. 对外开放步伐加快

两地坚持"内引外联、东联西出"战略，通过乌洽会（现已升格为亚欧国际博览会）、旅游节、国际建材博览会等一系列大型国际国内会展载体，大力支持各类外贸经营主体向西开拓，加强出口加工区和各类口岸建设，促进外向型经济发展，使对外开放步伐加快，外贸进出口总额连年大幅攀升，2007 年、2008 年分别达到 37.7 亿美元和 52.3 亿美元，增速分别为 59% 和 38%。2009 年实施招商引资项目 560 项，引进区外到位资金 161.6 亿元，同比增长 18%。

7. 经济成果丰硕

自从 2004 年实施乌昌经济一体化以来，在 2004—2008 年这段时间，乌昌地区的经济实现了全面、快速的发展。4 年来，年生产总值增幅均在 15% 以上，2006 年、2007 年、2008 年完成地方财政收入分别为 73.4 亿元、87.2 亿元、 104.7 亿元，较前一年增幅均达到 14% 以上，其中 2007 年增幅为 22.9%。同时居民可支配收入和农牧民人均纯收入也有大幅度提高（见图 7-2、表 7-1）。

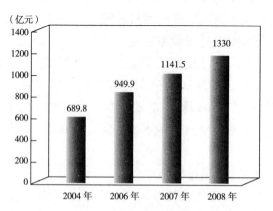

图 7-2　2004—2008 年乌昌经济国民生产总值

表 7-1　　　　　　　　　　乌昌经济一体化具体成果

项　目	2006 年	2007 年	2008 年
生产总值（亿元）	949.9	1141. 5	1330
完成地方财政收入（亿元）	78.38	87.2	104.7
居民可支配收入（元）	--	11000	12000
农牧民人均纯收入（元）	--	6000	6400

乌昌经济一体化实施的 4 年多时间里，乌昌地区的经济得到了快速、全面发展。2006 年，乌昌完成地区生产总值 949.9 亿元，比一体化战略实施前的 2004 年增长了 260.1 亿元，增幅 37.71%；地区生产总值占全疆的 31.5%，比 2004 年提高了 0.2 个百分点；完成地方财政收入 78.36 亿元，比 2004 年增长 14.16 亿元，增幅 22.06%；完成固定资产投资 339.36 亿元，比 2004 年增长 75.06 亿元，增幅 28.40%；实现社会消费品零售总额 338.2 亿元，比 2004 年增长 95.9 亿元，增幅 39.58%。2007 年，乌昌地区实现生产总值 1141.5 亿元，比上年增长 15.21%；全口径财政收入 259.6 亿元，比上年增长 39.6%；地方财政一般预算收入 87.2 亿元，比上年增长 22.9%；城市居民可支配收入约 11000 元，比上年增长 15%；农牧民人均纯收入约 6000 元，比上年增长 10%。2008 年，乌昌地区生产总值达 1330 亿元，比上年增长 15% 以上；地方财政一般性预算收入 104.7 亿元，比上年增长 20%；固定资产投资增长 17%；城镇居民人均可支配收入增加 1000 元以上，农牧民人均纯收入增加 400 元以上。[①]

（二）乌昌一体化中存在的问题

乌昌区域经济一体化发展还只是处于起步阶段，受制于很多影响因素。

---

① 数据依据《2003—2008 年新疆领导干部手册》，以及乌鲁木齐和昌吉 2003—2008 年《统计年鉴》有关数据统计。

1. 产业的关联度弱，支柱产业和主导产业不明确

早在 1997 年，自治区就提出了促进乌昌两地经济融合发展的理念，并有针对性地作了一些有益的探索。2003 年，在自治区的推动下，乌鲁木齐市、昌吉市、石河子市、吐鲁番市等 7 个城市就联合组建了乌鲁木齐城市经济圈协作委员会。但由于各城市经济发展水平相差较大，利益分配上难以协调，这一协作委员会并没有发挥实质性的作用。直至乌昌党委成立后，乌昌区域经济一体化才有了实质性的推进，确定了"错位发展"的战略分工定位，建立了以乌鲁木齐市和昌吉市为中心的产业扩散和辐射源的发展战略。但由于乌昌党委只是一个执行行政管理职能的办公室，存在着很多固有的缺陷，因此，从长远来看，其仍无法消除乌昌区域中各城市利益纷争的根源，市场分割、产业结构趋同、基础设施重复建设、区域环境污染严重、可持续发展能力急需提高等问题仍尚未解决，使得一体化很难在短期内取得实质性进展。究其深层次原因，就在于乌昌区域目前尚未建立真正意义上的支柱产业和主导产业。

美国哈佛大学教授费农 1966 年提出的产品周期理论认为："任何产品都会经历形成、成长、成熟、衰退四个周期，而这个周期在不同经济水平的国度会有不同的进程或时差，主要表现在技术上存在差距的国家会选择不同的产业定位，从而影响到国际贸易和国际投资的变化，并且产业会依次从发达国家转向一般发达国家或发展中国家。"[①] 费农这一原则同样适用于对区域经济发展中的产业专业分析。但从乌昌产业结构内部结构来看，尽管两地处于不同的经济发展时期，经济总量及水平都不在一个起跑线上，两地第二产业尤其是工业都趋于重型化，区域内的竞争性强于合作性，区内的城市都是从本地区的既得利益出发。这一做法必然引发引资大战，其结果是，区域外生产要素无形中取得了在区域内流动的优先权，而区内本土企业却可能在融资、项目获取等诸多方面遭受不平等的待遇，最终导致区域内生产能力的闲置。

从这个意义上说，不合理的产业经济结构已然成为乌昌区域内经济实现持续高速增长的瓶颈。因此，从各个方面创造条件，加强对乌昌区域主导产业与支柱产业的打造，通过区域产业的结构调整和完善来理顺

---

① 　http://www.dianliang.com/manage/201203/manage_193815.html.

区域经济关系及产业比例关系，以促进乌昌地区经济持续高速增长，对实现跨越式发展有着至关重要的作用。

2. 多重体制下的多头管理难以协调

经济一体化是区域内各经济主体经济生活逐步转化为一个统一市场的过程，这会涉及包括金融、税收、科技、文化、教育等方面的协调和合作，因此区域经济的联动式发展需要各地政府和城市之间的全方位的通力合作。但乌昌区域在特殊的历史体制下形成了十分复杂的内部行政区划体制，两地内乌鲁木齐市实行市辖区、市管县体制，而昌吉回族自治州则实行自治区—自治州—市、县、自治县—乡、镇、民族乡的管理体制，昌吉州辖区内的农六师、五家渠市则实行自治区和兵团双重管理体制。这种行政区划体制，一方面导致多头行政管理，使区域内条块分割、融通性差，利益冲突等矛盾较为明显，虽然有乌昌党委的统一领导，从很大程度上解决了这一问题，但随着自治区领导和乌昌地方领导人的更替，乌昌党委的职能和定位变化不定，这不但削弱了政府的公共服务和行政管理等功能，还加大了地区之间的协调难度，使区域一体化中的很多战略规划在县级层面很难一以贯之地实施。另一方面，乌昌两地经济发展表现出明显的行政区域特征，生产要素很难在行政区域的利益分歧中合理配置，使原本经济带比较离散、互补性较差的乌昌区域更加封闭，不但严重影响了资源的自由流动，而且使区域协作机制不能有效运行，从而使区域一体化战略在具体实施过程中大打折扣，区域内低水平重复建设和资源浪费也无法从根源上杜绝。因此，要实现区域经济一体化发展的目标，必须协调好这一由特殊体制所导致的多头管理等障碍问题。

3. 经济增长方式粗放，发展阶段滞后

相比之下，乌昌地区经济总体与中东部地区还有很大的差距，主要表现在产业层次低、结构不合理、经济增长方式粗放、发展阶段滞后；主要依靠投资拉动，资源开发利用水平低，高投入、高消耗的特征明显，结构不尽合理，加工转化程度低，经营粗放，资源浪费严重。其中在产业结构方面，农业生产结构离现代农业的差距还很大，新型产业发展滞后；二产结构不合理，工业主要以资源采掘为主，制造业比重偏低，产品科技含量低，产业缺乏配套，附加值低；第三产业中现代服务业所占比重较低，不能很好地满足经济社会发展的需要。这些就决定了乌昌地区经济转型和结构调整的艰巨性和复杂性。

4. 规划不足

整体规划是区域经济一体化中的重要环节。而乌昌一体化中整体规划还明显匮乏，诸如乌昌地区"十一五"国民经济和社会发展规划纲要原则性的东西较多，缺乏可操作性的实质性举措，使规划在具体的实践中难以开展。另外，乌昌一体化中规划还缺乏全局性、战略性、长远性的中长期战略规划，远景发展目标和方向还不够明确。

5. 统一的投融资机制难以建立

由于体制的多重分割，乌昌经济一体化过程中存在多重的金融体制。一是乌昌一体化中的金融体制外部性较强，使得资金外流的现象严重；二是信用体系不统一，乌昌两地在信用标准和管理机制等方面未达成一致；三是资本市场利用不充分，两地尚未形成产权交易、资产重组、私募股权融资等制度的统一；四是融资方式单一，区域内如BOT、风险投资、融资租赁和信托融资等特种融资方式尚未建立；五是政府相应金融部门协调性差，资金合力尚未形成。

6. 制度不完善

地方既得利益者的分歧和行政区划导致的障碍主要表现在以下几个方面：一是乌昌区域还未建立统一的市场准入要求及市场规则，在市场管理、经营方式、产品检验等方面仍不同程度地存在着地方保护。乌昌两地对农副产品、蔬菜等自由流动的商品需经多次重复检验，手续繁琐。二是产权制度不完善，新疆自治区的国有企业主要集中在乌昌地区，然而现有产权制度依然是多年前所制定，远远滞后于企业的发展，企业间实行重组、兼并破产的有效方式和途径单一。三是缺少财政转移支付制度上的利益补偿机制，不能通过规范的利益转移来加大对落后地区的财政转移支付力度，提高经济薄弱地区的保障能力。区域经济一体化的推行必然会涉及地区利益的调整，因此建立公共财政的区域补偿机制势在必行，否则经济一体化的推行就会面临强大的行政阻力，难以有实质性的进展。

7. 企业缺乏自主创新能力，高技能人才匮乏

由于乌昌经济一体化更多的是在政府层面进行，使得这一过程中缺少民间的参与，企业的总体创新能力不强，特别是以制造业为主的中小

企业生产技术和生产设备相对落后，生产工艺简单，产品较单一，在产品研发上普遍存在资金投入不足的问题，难以开发自主品牌的新产品，多以一般的产品生产或贴牌代工为主。除此之外，企业技术创新机构缺乏专业人才，服务功能弱，在企业技术开发中所起作用不大。而且由于用人观念和用人机制落后，人才流失问题也相当严重，因此，如何吸引人才和留住人才是一个亟待解决的问题。

8. 社会保障体系有待完善，公共服务水平急需提高

两地还存在就业压力大、社会公共事业发展滞后于经济发展等问题，农村社会公共事业发展尤其落后，教育、文化、医疗卫生等投入明显不足。除此之外，两地未建立统一的再就业机制，使得就业形势较为严峻。多头体制导致城乡居民收入总体水平偏低、收入差距不断扩大，两地相同部门、行业，收入分配也存在利益关系矛盾等问题，这不但使得经济的协同发展受到影响，社会的和谐稳定也受到威胁。

基于以上分析，乌昌两地各城市在今后的发展中不能继续沿用以前单打独斗的方式来发展经济，而应更多地从区域的整体利益出发，进而最终化解区域内的矛盾，促进区域内各城市的共同繁荣。

二　乌昌区域经济一体化应涉及的内容

基于上述对乌昌经济一体化发展中存在的问题的分析，本书认为乌昌经济一体化的深度发展必然将涉及以下几个方面。

（一）经济运行和管理的一体化

这是一个说起来容易但运行起来困难重重的问题，对于多头体制下的乌昌地区而言显得尤为困难。这是因为，尽管乌昌两地设立了中共乌鲁木齐市昌吉州委员会即乌昌党委，然而乌昌党委只作为一个执行行政管理职能的机构，很大程度上取决于上级政府领导即自治区领导意志和两地领导的协商和共识，很难做到对多头行政体制下的各地政府利益的均衡考量和协调分配，加之行政级别与行政职权的限制和乌昌党委行政人员内部行政的局限，使得乌昌党委在乌昌区域经济一体化中的作用如昙花一现，随后在乌鲁木齐由于"7·5事件"诱发的领导人事变动后，组织协调能力大大弱化。这一过程中，尽管两地领导机构和会议制度保留了下来，但权威性和职能已大打折扣。据悉，两地政府联合会议中，更多的强调的是各地

区位优势最为特殊和政策的优惠等，很少涉及区域内各区县层面如何共同协调发展的议题，也就是说乌昌两地的乌昌党委统一领导已流于形式，会上大家各说各的，说完后大家就回家各干各的事。与几乎是同一时间段出现的西咸和天水—关中等经济一体化发展区域相比，乌昌区域的经济运行和管理一体化的问题还存在着较大的差距，仍有着进一步完善的必要性和紧迫性。

从本质上讲，乌昌党委也好，高层会晤机制也好，不成功的关键在于它的使命、目标、权力以及相应的运作机制只具其名，不具其实。乌昌两地经济一体化中的经济运行和管理的一体化还有很长的路要走，它是乌昌两地能否构建其合理的竞争秩序的关键所在。

（二）财政的一体化

乌昌党委成立后，随即改组了乌昌两地的财政系统，成立了乌昌财政局，逐步从人员工资、公用经费标准及部分职工福利等领域开始了统一化的推进，并制定了两地直属部门和预算单位实行财政一致、社保基金运行一致等一体化既定目标，但由于各地财政原有基数不平衡、差距较大所致的工资福利均差等因素的阻碍，原有目标并未如期实施，加之其他有关因素的变动，目前乌昌两地财政一体化的战略已全面搁浅。但从乌昌区域经济发展一体化的客观要求来看，实施财政统一仍是十分必要的。因为，在地区经济发展中，只有实现了统一收支，才能真正解决投资与收益等问题的纷争，解决了这一纷争才能实现区域规划、投资等方面的统一，从而建立起各地方政府间有效科学的竞争机制和秩序。从这个意义上讲，区域财政统一是同一省级区域内一体化实施的核心所在。需要进一步指出的是，财政的收支统一在目前各地极不平衡的财政情况下，其实施仍面临着很多既得利益者的阻碍。

（三）规划的一体化

乌昌区域一体化战略实施后，尽管两地规划部门提出了乌昌地区中心城市建设规划的相关意见，启动了对乌鲁木齐城市总体规划修编，开展了昌吉州城乡规划、"500"工业新城总体规划、准东煤电煤化基地配套规划、乌昌轻轨规划和青格达湖污染治理规划等工作，但就区域经济整体发展而言，其整体规划的深度和广度仍明显匮乏。

（四）基础设施的一体化

总体而言，乌昌区域已经具备了经济一体化所需的综合交通、信息网络的硬件基础。乌昌地区原本地缘和区位优势就非常明显，是中国扩大向西开放的据点，区域内各种交通和信息网络等硬件设施已然具备，但软件方面的一体化还任重道远，如两地长途通话费仍未全面取消、乌昌高速客车仍保持着私有化运营，使两地的经济往来及人员的流动仍具有较高的成本。由于乌鲁木齐在高速路上仍保留收费站等原因，从昌吉、阜康等城市到乌鲁木齐市的物流成本仍高居不下。

（五）要素市场的一体化

要素市场的一体化是实现区域分工合作、走向共赢的关键所在。它可以细分诸多内容。

1. 乌昌地区金融一体化

通常而言，金融是现代市场经济的核心要素。因此，欲谋求乌昌区域经济一体化的发展，金融一体化的推进应在首位。然而，乌昌经济一体化实施到现在，金融体制的融合仍存在多重困难，如乌昌地区外部化的金融体制一时很难改变、乌昌两地区域性资本市场未得到充分利用、融资存在障碍、两地信用体制管理还未达成一致等。如此一来，很难实现统一的资金调度，从而严重限制了乌昌经济一体化的推进。

2. 服务业一体化

服务业一体化也是实现城市共赢的必由之路。乌昌区域第三产业在国民经济中的比重接近50%，已建成各类大型商品交易市场200多个，年交易额近300亿元。一年一度的乌鲁木齐对外经济贸易洽谈会已连续举办了14届（2011年扩容升级为中国—亚欧国际博览会），现成为中亚最大的综合性国际经贸盛会。除此之外，乌昌地区目前已有8大商业圈和12条特色商业街，193个具有辐射全疆及中亚地区的大型商品交易市场，年交易额达310亿元，其中超亿元的有25家。2008年，第三产业仍实现增加值627亿元，同比增长8.2%，乌昌区域已成为西部各大城市中经济发展最具活力的区域之一。但如果对第三产业的内部结构进行对比研究，会发现乌昌地区第三产业的发展主要是依托其独特的区位优势，商贸经济占了总量的绝大部分，现代金融、物流、旅游、信息业等都还十分匮乏，再加上乌昌两地的第三产业存在严重的重构、与一产和二产缺乏内在的逻辑联系，致使其产业贡献率呈下降趋势，并没有发挥在经济增长中应有的贡献。因此，也急需做出调整，应大力发展以高科技为主导的新型服务业，以适应并促进经济的发展。

3. 人力资源一体化

人力资源俗称劳动力，通常和资本一起构成经济发展的内生核心因素。市场经济的发展客观要求人力资源自由流动，因为人才在竞争机制下的自由流动，一是有利于人才升值，二是可以顺应经济发展的内在需要。从乌昌地区的就业结构偏离度来看，其第一产业的就业偏离度按照百分比计算一直保持在负两位数以上，且有加剧趋势；第三产业的就业偏离度自 2003 年也开始变为负数。这说明乌昌地区一、三产业的劳动力存在剩余，需要向外转移。而第二产业的就业偏离度自 2003 年开始呈现正值，且在 2007 年达到了正的 23.79%，这说明乌昌地区的第二产业存在吸纳劳动力的巨大潜力。但是由于原有产业结构、基础设施的不同，加上机制的不完善，两地的劳动力自由流动存在诸多限制，具体分析起来，是因为乌昌两地的第一产业主要集中在昌吉，因此其成为第一产业劳动力剩余的主要源头，先前这些剩余劳动力可以较为容易地转入乌鲁木齐的第三产业，以至造成乌鲁木齐第三产业就业人数的饱和，昌吉州政府仍未意识到应建立相应的加强劳动技能的培训等劳动力转移机制，使这些剩余劳动力只能滞留在第一产业，从而产生了一方面两地第二产业满足不了劳动力需求，另一方面昌吉第一产业劳动力过剩、劳动生产率低下的问题。因此，本书认为两地政府应逐步建立乌昌地区人才开发一体化策略，促成两地人才整体规划和自由流动，以满足两地经济发展的内在需求。

（六）产业布局与结构的一体化

根据"中心体现繁荣、外围体现实力"的基本原则，乌鲁木齐市按照建设现代化国际商贸城和打造中亚地区最重要的商品集散地的目标，把二产作为基础，带动一、三产业发展；发挥三产优势，促进一、二产业发展，形成一、二、三产业协调发展的局面。昌吉州充分发挥得天独厚的地缘优势、土地优势和资源优势，把工业作为重中之重，大力实施"工业强州"战略，推动乌昌工业特别是重化工业向昌吉州有序转移。乌鲁木齐市的天、沙、新、水四个中心城区继续加快现代服务业和物流业的发展，做大做强第三产业和总部经济，推动乌鲁木齐向现代化国际商贸城的目标迈进。米东新区、头屯河区、达坂城区、乌鲁木齐县、昌吉市、阜康市、五家渠市、玛纳斯县、呼图壁县，充分利用自身优势和工业基础，重点发展第二产业，力求在新型工业化建设方面取得突破。然而，乌昌地区并无独特的资源及地理优势，并且经过多年的发展，乌鲁木齐和昌吉已自成体系，发展成为制造业发展滞后，依赖资源、能源的重工业型的经济结构。这种结构不但限制了乌鲁木齐市带动区域经济发展的能力，同时还削弱了乌鲁木齐向昌吉州进行产业转移的驱动力，致使昌吉地区经济发展与乌鲁木齐经济形成较大落差。

（七）环境保护一体化

环境系指人们赖以生存和发展的空间的总和，环境保护的一体化是区域经济可持续发展的基本物质保证。因此，区域经济的可持续发展必须考虑到生态的承载能力和环境的统一保护。而乌昌两地的节能减排任务艰巨，生态环境问题非常突出，水资源严重匮乏、植被稀少、生物品种单一、环境自我恢复承载能力差、城市交通拥堵、空气污染等问题日益严重。随着乌昌地区的大规模开发，使用土地、水等战略性资源对经济社会发展的约束力不断加大，而且由于两地以能源原材料为主的产业定位使得其生态环境保护和节能减排面临的压力日益增强，长此以往，必将使乌昌区域的可持续发展难以为继。

（八）制度一体化

经济的发展历程告诉我们，当市场经济和社会发展到一定阶段之后，制度环境对一个区域经济发展的影响力和重要性将逐步上升成为关键的因素之一。[①]制度的规范化能保障市场的安全，制度的透明化能保障利益的预期，公正的司法制度和高效的仲裁机制能有效裁断经济纠纷，有利于平缓社会矛盾，但地方既得利益者的分歧和行政区划导致的障碍，造成乌昌地区在经济运行制度方面还存在着很多尚待解决的问题。一是乌昌区域统一的市场准入规则等尚未完全形成，在技术监督、商品检验等方面仍不同程度地存在着地方保护，使两地农产品和蔬菜等流动成本居高不下。二是存在产权制度约束，乌昌地区在新疆来说是国有企业比重

---

① ［美］A.赫希曼：《经济发展战略》，经济科学出版社1992年版。

集中的区域，但企业产权制度的创新与东部相比却十分滞后，国有企业兼并破产等退出和重组机制不健全，这使得区域内以产权为纽带的跨地区、跨行业大公司、大企业组建存在困难。三是区域内尚未建立以财政转移支付为手段的利益补偿机制。尽管先前乌昌区域将财政合并，但只是形式上的合，实质上两地税收等并未完全融合，这使得经济一体化的推行仍面临强大的行政阻力，难以有实质性的进展。

三　乌昌区域经济发展展望

（一）乌昌区域经济发展机遇

为防止经济由偏快转为过热、价格由结构性上涨演变为通货膨胀，自 2008 年开始，中央政府开始实施稳健的财政政策和从紧的货币政策，加之经过几十年的发展，东部地区劳动力等生产成本和土地等商务成本显著上升，以及受整个国际市场的影响，东部地区的经济增速可能有所放缓，估计省市区合计经济增长率在 12% 左右，略低于上年（2008 年政府工作报告确定的经济增长率为 8.0% 左右，实际经济增长率估计在 10.5% 左右），各省市区增长范围为 18.0%—11.0%。而与此对应，由于受欧美等经济疲软过度贸易的影响较小，2008 年西部地区进出口总额达 1068 亿美元，是 1999 年的近 8 倍，年均增长 23.2%；进出口总值占全国比重由 1999 年的 3.8% 上升至 2008 年的 4.2%。10 年来，西部地区"引进来"快速增长，实际使用外资金额由 1998 年的 23.51 亿美元增至 2008 年的 66.19 亿美元，增长 181.54%。并且，为深入实施西部大开发战略，积极扩大内需，促进西部地区又好又快发展，2010 年国家计划西部大开发投资总规模为 6822 亿元。2010 年 5 月 17—19 日，中央召开了新疆工作座谈会，胡锦涛总书记在会上明确指出新疆到 2015 年人均地区生产总值要达到全国平均水平，在基础设施条件明显改善的同时，自我发展能力也要得到明显提高，民族团结明显加强，社会稳定明显巩固；到 2020 年实现新疆区域协调发展、人民富裕、生态良好、民族团结、社会稳定、边疆巩固、文明进步，确保实现全面建设小康社会的奋斗目标。[①]

在今后一个时期，摆在乌昌区域面前的是难得的发展机遇。然而，

---

① 　http://www.tianshannet.com.cn/news/content/2010–05/20/content_4988461.htm.

仔细分析，在机遇的背后乌昌区域也面临不少难题。在发展水平上，乌昌区域与发展步伐更快的东部区域经济体相比，差距还在扩大；在成果共享上，乌昌区域的民生指标远远落后于东部；在发展路径上，环境与发展的现实困境仍然难以走出；在发展机制上，乌昌区域如何摆脱"外部依赖"，打造自己的内生机制，依然是严峻的考验。不同的自然条件，不同的发展阶段，要求乌昌区域在下一个 10 年不断求索，不断创新。

但乐观的是，在中央大的优惠政策和乌昌区域自身的先天优势下，可以预见，在今后很长一段时间内，西部地区的经济增长速度将超过东部，而西部地区凭借其相对低廉的商务成本，以及外贸依赖度低等优势，增长速度将超过中东部，新疆尤其是乌昌区域将会凭借其区位优势和丰富的自然矿产资源，成为西部经济发展中的佼佼者和领头羊。

（二）乌昌区域经济一体化发展的政策建议

1. 进一步强化乌昌区域的协调统一

人们充分认识到，乌昌两地经济强强联合、优势互补、整体推进，能收到事半功倍的效果，坚持推进乌昌经济一体化，通过实施"三区六组团"、绕城高速、区域城际铁路、轻轨建设，加快产业分工协作，加快乌昌地区融为一体，发挥 1+1>2 的作用，加快形成以乌鲁木齐经济圈为核心，辐射带动周边"五大经济圈"共同发展，为乌昌经济跨越式发展奠定了基础。高标准、大力度、快速度建立乌昌两地，包括农六师、农十二师的协调沟通机制，重点在产业规划、重点基础设施建设、生态环境保护、资源合理开发利用等方面形成对接协调；着眼于解决现实问题，成立专门班子和工作机构，加大对头屯河区域环境的综合整治力度。抓住甘泉堡工业区升级为国家级经济技术开发区的机遇，坚持"六统一"原则，坚持"资源开发可持续、生态环境可持续"方针，共同协调区域内规划不统一、项目重复建设等问题，走循环经济发展之路，不断提升园区发展水平，实现合理布局、产城一体。昌吉州要完善作为乌鲁木齐副中心的规划，主动承接乌鲁木齐产业和基础设施延伸，突出特色，体现内涵，乌鲁木齐将配合昌吉州做好副中心建设。

2. 深入挖掘中西部市场蕴藏的巨大潜力

乌昌区域正处于工业化、城市化和产业结构升级的过程，地理位置处于扩大内需的市场腹地。中央出台的扩大内需十大举措对全国都有利，但相比而言，中西部地区受益更多。中央十大措施都明确强调会更多地向中西部地区、农村地区、贫困地区倾斜。因此，乌昌区域首先要抓住历史机遇，继续加大对基础设施、环境生态等方面的投入，缩小与中东部地区的投资环境的差距，为区域发展创造更好的条件。其次，要改革分配体制，提高辖区居民的收入水平和消费能力，为乌昌地区扩大内需创造条件。再次是提升义务教育水平和完善社会保障制度等，增强区域吸引人才的能力。最后，要通过建立统一的就业和再就业制度，为区域居民在发达地区寻找就业机会，为充分就业创造有利条件。

3. 抓住机遇承接中西部产业转移

在具体的发展中，乌昌区域要进一步解放思想、转变观念，将小农经济意识变为现代市场经济理念，坚持市场配置资源及企业主体的经济改革方向，首先在发展理念上与东部发达地区进行对接，为乌昌区域的进一步开放发展打下思想基础。

4. 加快实施重点行业的产业结构调整与优化升级

针对能源原材料产品价格普遍下跌对中国中西部地区重点行业发展产生负面影响的实际情况，乌昌地区必须变挑战为机遇，通过加快实施一批重大结构调整项目，推动产业结构优化升级。能源工业要控制产能，稳定产量，扩大外送，改善结构，煤炭工业应重点建设已核准的煤矿项目；重化工业以煤化工、氯碱化工和石油化工为重点，走高起点、大规模、集群化发展的路子，建设国家重要的重化工基地；冶金工业以钢铁工业为重点，加快调整优化产品结构，大力发展中厚板、无缝管和不锈钢等高附加值产品；重点发展与风电、太阳能、煤及煤化工、汽车制造配套的装备制造业；重点发展新材料、生物医药、硅电子产业等高新技术产业。与此同时，大力发展第三产业，加快建设工业余热利用、建筑节能改造、资源综合利用和工业污染源治理项目，促进节能减排。

5. 转变经济发展模式

随着国民经济持续增长和重化工业快速扩张，中国资源消耗量大幅增长，污染物排放也在急剧增加。在坚持科学发展观的时代背景下，环境保护、节能降耗已不再是软约束，靠牺牲环境、过度消耗物质资源来实现高增长的发展模式已经走到尽头。因此，乌昌区域要实现加快发展，必须尽快转变经济增长模式，坚持走新型工业化道路，从过度依赖资金、资源和环境投入来实现经济增长，转向更多依靠提高劳动者素质和技术进步来实现经济持续增长。这种转变对乌昌区域乃至整个西部地区来说，短期内都将是一个巨大的挑战。因此，在今后一个时期，乌昌区域要以产业结构调整为重点，加快转变经济发展方式。要把科技含量高、资源消耗少、环境污染小、人力资源得到充分利用的产业，作为区域的主导产业来加以发展和培育，优先发展；对现有的资源型产业，要在进一步提高工艺和技术装备水平的同时，鼓励区域内大型企业跨区域并购重组。按照"传统产业新型化、新兴产业规模化"的要求，依靠科技进步，顺应市场需求的变化和升级，更新换代发展新产业。要坚持"开发节约并重、节约优先"的原则，大力推进节能、节水、节地、节材，加强资源综合利用，完善再生资源回收利用体系，全面推行清洁生产，形成低投入、低消耗、低排放和高效率的节约型增长方式。

（三）未来30年乌昌地区经济发展的功能定位、战略目标

1. 乌昌地区发展的功能定位

据预测，未来30年内中国将成为全球最大的经济体，可以判断届时中国将有多个城市位列全球城市体系。在这一进程中，乌鲁木齐将实现跨越式发展，逐步由工业化中期向工业化中后期、后工业时期迈进。作为中国西北部的中心城市和面向中西亚开放的重要城市，乌鲁木齐发展前景广阔，但也受到自然资源、环境、人口等各方面的限制。尽管乌鲁木齐拥有丰富的能源、资源储备，但由于城市的承载力有限，不能再走工业化为主的老路，而是要争取向经济中心城市目标迈进。如果进展顺利，乌昌地区有希望在30年内逐步发展成为第三层级的全球城市，即全球区域中心城市。

《乌鲁木齐市城市总体规划（2012—2020年）》提出的城市总体发展目标为：到2020年，把乌鲁木齐建设成为西部中心城市、面向中西亚的现代化国际商贸中心、多民族和谐宜居城市、天山绿洲生态园林城市和区域重要的综合交通枢纽。

对乌昌地区未来30年经济发展的定位，应从自身的核心竞争优势及未来的延伸方向入手，进行全面分析，遴选关键要素及主要突破方向，形成具有战略前瞻性的功能定位。基于对乌昌地区未来30年发展的国内外环境、基础条件、竞争优势及约束条件等要素的分析，以及当前全球城市

的发展趋势，在世界城市体系中，乌鲁木齐应瞄准第三层级，聚焦于中西亚地区，成为连接中西亚和东北亚的国际门户城市。因此，未来30年乌鲁木齐经济发展的愿景目标应定位为区域性国际经济中心城市。这不仅是对规划中"西部中心城市、面向中西亚的现代化国际商贸中心"的深化和提升，也是乌鲁木齐未来融入全球城市网络体系的重要支撑。

具体来说，要紧紧抓住国家新一轮改革开放和新丝绸之路经济带的重要机遇，充分发挥乌昌地区自身优势，打造"四个中心"和"五个城市"，其中"四个中心"是载体，"五个城市"是具体表现形式。

（1）四个中心。

国际商贸中心：抓住中国向西开放机遇，充分发挥在新丝绸之路经济带和新亚欧大陆桥上的核心枢纽区位优势，充分发挥亚欧博览会高层次平台作用，着眼于大市场、大流通、大贸易的总体格局，积极拓展与中亚及周边国家多种形式的经贸合作，进一步加强与内地省市的经贸合作，逐步建立完善以要素市场为重点、商品市场为基础，各类市场协调发展的多元化、多层次合理的现代化市场体系，不断提升要素集聚能力和对外辐射能力，打造面向两个13亿大市场的国际商贸中心。

国际制造中心：进一步加快转变经济发展方式，加速新型工业化进程和产业结构升级步伐，努力构建完善现代产业体系。积极发展与中亚国家产业互补较强的产业，加快改造提升以资源转化为基础的先进材料、清洁能源等传统产业，着力打造以市场导向为基础的电子信息、高端装备、工业消费品等先进制造业，着力打造以创新变革为基础的智能型制造、平台型制造、服务型制造等高新技术产业，不断提升工业化水平，逐渐发展成为具有国际先进水平的高端制造业中心。

国际金融中心：加快金融基础设施建设，积极引进国内外金融机构，大力发展新兴金融、贸易金融和伊斯兰特色金融业务，完善银行、证券、信托、保险、期货等为主体的多层次金融市场体系。逐步扩大金融市场对外开放力度，积极拓展与周边国家的金融合作业务，不断提升金融服务中西亚经济社会发展的能力。进一步扩大人民币在跨境贸易和投资中的规模，提升人民币在中西亚国家的影响力，努力打造成为立足新疆、面向中西亚的区域性国际金融中心。

国际文化交流中心：充分发挥多民族优势，加大文化遗产保护力度，健全非物质文化遗产的传承机制，着力打造一批历史文化、民俗、宗教、建筑品牌，形成以乌鲁木齐为中心的多民族文化产业集聚地。加快发展文化产业新兴业态，加强文化市场建设，建立规范和完善文化市场体系。积极发展旅游服务业，进一步提升国际游客集散功能和综合服务功能。广泛开展城市间以及周边国家和地区的文化交流与合作，不断提升城市文化影响力，打造面向中西亚、具有国际竞争力的国际文化交流高地。

（2）五个城市。

宜居城市。这是对"多民族和谐宜居城市"的深化和提升。不断加快城市现代化进程，优化城市空间，为市民提供优质的居住环境；改善居民收入、居住、教育、医疗、卫生、文化等方面的条件，提升基本公共服务水平；完善城乡商业服务设施，提升生活性服务水平。围绕有利于外国人在乌鲁木齐便捷工作与生活，加强出入境、人口管理、教育、医疗、文体服务、语言服务、安全保障等社会基础设施供给与系统制度安排，使乌鲁木齐成为国内外人士宜居宜业的国际化都市。

开放城市。加快推进对外开放与区域合作，不断提升城市国际化水平，服务和引领区域发展的辐射带动作用更加突出，成为国际会展、旅游业高度发达，中国西部和中西亚地区重大经贸文化活动的主要举办地之一。

畅通城市。这是对"区域重要的综合交通枢纽"的深化和提升。建设完善的高速铁路、高速公路、快速轻轨和航空网络体系，打造方便快捷、高效安全的区域交通和对外交通体系，提升区域重要的国际性综合交通枢纽地位。加快推进网络化、立体化市内交通体系建设，拓展和完善城市路网骨架，优先发展城市公共交通，提高道路通行能力，建立运行高效的城市交通体系。

绿色城市。这是对"天山绿洲生态园林城市"的深化和提升。正确处理好城市发展与资源综合利用、生态保护协调发展的关系。系统优化产业结构和布局，保护和改善城市生态环境、质量与人居环境品质，切实改变"先污染、后治理"的发展观念和模式，把乌鲁木齐建设成为绿色、低碳、环保的天山绿洲生态园林城市。

平安城市。完善社会矛盾调处机制，健全治安防控和生产生活安全机制，加强应急保障机制，重点抓好社会治安、生产、食品药品、居住、交通等城市安全，不断提升城市包容性和吸引性，形成治安秩序良好、各民族群众和谐共处、市民文明程度普遍提高、人民安居乐业、投资者和旅游者安全放心的国际化城市。

2. 未来 30 年乌昌地区经济发展的主要目标

把乌昌地区打造成区域性国际经济中心城市以及"四个中心"和"五个城市"是未来 30 年的宏观愿景，代表我们的美好期许和努力的方向，也是指引现有规划行动的重要依据。实现这一美好愿景，必须以具体的发展目标和经济社会指标为指引，分步实施，逐步推进。

（1）远景目标。

紧紧抓住中国向西开放机遇，充分发挥在新丝绸之路经济带和新亚欧大陆桥上的核心枢纽区位优势，紧紧围绕跨越式发展和长治久安两大历史任务，利用 30 年时间，基本建成市场高度开放、要素集聚能力和对外辐射能力较强、投资环境优良、居住环境优越、各族群众和谐共处的区域性国际经济中心城市。

一是基本形成各类贸易主体云集、总部经济发达、要素集聚能力和对外辐射能力较强、高度开放的国际商贸中心。

二是基本形成以装配制造、集成制造为主的新型产业体系，成为中国重要能源资源和矿产资源进口、加工、交易、运输和服务中心及重要能源保障基地，以及新丝绸之路经济带上的高端生产要素汇聚中心。

三是基本形成金融市场比较发达、金融机构高度集聚、金融创新活跃的以服务中亚地区为主的区域性国际金融中心，并与世界上主要全球性国际金融中心形成功能错位与互补格局。

四是基本形成具有新疆特色的历史文化、民俗、宗教多民族文化产业集聚地，国际游客集散地，以及具有竞争力的国际文化交流高地。

五是基本形成高度开放、便利、高效、符合国际惯例的开放的发展环境和贸易投资运行机制。

（2）阶段性目标。

未来 30 年是一个相当长的时间跨度，乌昌地区城市的发展愿景并不是一步到位，而是需要分阶段、分步骤实施。根据中国经济社会发展的总体蓝图，未来 30 年乌昌地区的经济发展战略推进步骤大致可划分成三个"十年"。

第一个"十年"：至 2020 年前后，即十八大报告中提出的"两个百年"之一——中国共产党诞生100周年左右，也是中国"十三五"规划的完成时期。这一阶段是乌鲁木齐经济发展的关键转型期和加速发展期，将初步形成区域性经济中心城市。基本形成完善的基础设施和交通体系，具有国际竞争力的产业体系，具有区域集聚、辐射功能的市场体系，以及与国际接轨的对外开放规则和制度体系。基本实现《乌鲁木齐总体规划（2012—2020年）》提出的"基本建成西部中心城市、面向中西亚的现代化国际商贸中心、多民族和谐宜居城市、天山绿洲生态园林城市和区域重要的综合交通枢纽"目标。

第二个"十年"：2021—2030年，是乌昌区域性国际经济中心城市的培育和成长期，将初步形成区域性国际经济中心城市轮廓。基本形成具有国际影响力的商贸物流、高度制造、现代服务产业体系，对内地和中西亚的辐射能力进一步增强，初步成为区域性国际经济中心城市。

第三个"十年"：2030—2043年，这个时点与十八大报告所提的第二个百年相差不远，将进入乌鲁木齐区域性国际经济中心城市的成熟和提升阶段。经济辐射范围开始扩展到更为广泛的区域，城市软实力进一步增强，成为重要的区域性国际商贸、制造、金融、文化中心。

3. 未来30年乌昌地区加快经济发展的总体思路和发展战略

（1）指导思想和基本要求。

综合未来30年乌昌地区的发展阶段、发展环境及发展特征，乌鲁木齐进一步加快经济发展的指导思想应是高举中国特色社会主义伟大旗帜，以邓小平理论和"三个代表"重要思想为指导，深入贯彻落实科学发展观，积极适应国内外形势新变化，顺应人民群众过上更好生活新期待，紧紧围绕跨越式发展和长治久安两大历史任务，紧紧抓住中国向西开放和丝绸之路经济带重要机遇，以深化改革、扩大开放为动力，以保障和改善民生为根本目的，加速推进新型工业化、信息化、城镇化和农业现代化，加快发展国际商贸、高端制造、现代服务、现代金融、旅游集散等支柱性产业，着力转变经济发展方式，着力扩大对外开放，着力推进民主法制建设，着力维护社会稳定，力争用30年时间，把乌鲁木齐建设成为区域性的国际经济中心城市。

根据上述指导思想，要进一步明确发展导向，推动发展理念向以人为本转变，推动发展动力向创新驱动转变，推动产业结构向服务经济转变，推动生产生活向绿色低碳转变，推动发展布局向城乡一体转变，推动开放格局向内外并重转变，努力实现乌鲁木齐的跨越式发展和长治久安。

（2）总体思路。

坚持跨越式发展，尽快形成与区域性国际经济中心城市相适应的产业基础。充分发挥区位优势、资源优势、后发优势和政策优势，用好用足中央各项政策，以新型工业化、信息化、城镇化和农业现代化为推动力，坚持高起点、高水平、高效益原则，积极布局装备制造、纺织服装、战略性新兴产业等非资源类加工项目，大力发展高端服务业，大力发展中小企业、民营经济和对外经济，不断增强经济活力，不断巩固和提升新疆经济的增长极地位及对周边地区的辐射能力。

加快产业结构战略性调整，提高城市创新能力。把结构调整作为实现跨越式发展的主攻方向，积极把握国家实施扩大内需战略的机遇，充分发挥市场在资源配置中的基础作用，坚持"二三一"产业发展方针，大力发展先进制造业，积极培育战略性新兴产业，加快发展生产性服务业。逐步降低投资对经济增长的拉动作用，大力培育内需市场，切实减轻政府债务负担。以各类园区为载体，规避高消耗高排放高污染的企业，选择低碳化发展模式和新型工业化发展路径，形成集群式、集聚式、组团式产业发展格局。把创新贯穿于经济社会发展的各个方面，着力激发创新主体的活力，着力提升人力资源对经济社会发展的贡献度，积极营造有利于创新创业的环境，促使发展动力从依靠资源要素投入向创新驱动转变。

坚持聚焦发展，规避城市"摊大饼"的扩张模式。根据乌鲁木齐2012版总规划，2020年规划建设用地520平方公里，届时，在现有条件下城市用地规模已达到极限。因此，沿袭传统的"摊大饼"发展模式已经难以为继。要不断优化城市功能布局，坚持聚焦发展。尽快启动三环内177个批发市场的搬迁工作，中心城区重点布局高端商业、金融、信息、文化创意、教育、医疗、旅游服务等现代服务业，促进中心城区的转型升级，释放中心城区发展空间，提高城市发展效率。进一步整合资源，加强甘泉堡、米东、经济开发区、高新区等功能性重大项目规划建设，突出功能完善，聚焦重点产业、重点区域、重点园区、重点项目，加强政策创新，促使产业布局、城镇布局和项目建设由相对分散向集中突破转变。统筹协调高铁片区、会展片区、机场片区的生产性服务业布局，加快推进亚欧经济合作示范区。严格控制人口规模，优化人口结构，疏解优化提升城市功能。做大做强乌昌石城市群，形成合理的产业分工和功能互补局面。

深入推进改革开放，提高城市国际化程度。把改革开放作为实现跨越式发展的强大动力，以开放促发展、促改革、促创新，深入推进重点领域和关键环节的改革，加快建立有利于转变经济发展方式的体制机制，着力提高向西开放水平、文化软实力和城市国际化程度，充分利用国际国内两个13亿人的大市场和资源，更好地服务周边、服务全疆、服务丝绸之路经济带。发挥区位优势，积极承接发达地区的辐射，对接沿海地区发展，通过全方位、深层次改革和扩大对内对外开放，集聚外部要素资源，引进新理念、新模式，在内源性增长的基础上加快外源式增长，实现区域经济的持续健康较快发展。不断改善投资软硬环境，营造企业经商环境，优化创新招商引资机制，吸引国内外资本集聚发展。坚持"一头在内一头在外"的开放模式，提升在国际产业链上的地位，规避"两头在外"、低端嵌入国际产业链的模式。鼓励有条件的企业到中西亚地区投资，积极参与国际竞争。以内陆保税港区建设、现代高新技术产业发展、总部经济等为抓手，实现对内对外全方位开放。

加快推进民生改善，实现各族群众共同富裕。坚决规避"重经济轻社会"、"重市场力量轻社会力量"、"重物质轻精神"的发展误区。把改善民生作为跨越式发展的出发点和落脚点，着力推进以保障和改善民生为重点的社会建设，完善制度安排，创新社会管理模式，确保人民群众生活平安，不断提高人民群众生活质量和满意度，促进社会公平正义和人的全面发展。坚持城乡统筹，推进城乡一体化发展，加快推进新城、新市镇和新农村建设步伐，构建覆盖城乡的基础设施体系、公共服务体系和城乡管理体制，进一步破解城乡二元结构。以富民、惠民、安民为导向，坚持改善民生，进一步提高城乡居民收入，不断缩小城乡之间、民族之间的收入差距。促使发展重心从偏重经济向经济和社会民生并重转变，全面推进社会事业的稳步、协调发展。

高度注重环境生态保护，加大环境整治力度。把节约资源和保护环境作为跨越式发展的着力点，更加注重源头治理和长效机制建设，着力推进资源节约、环境保护和生态建设，发展循环经济，推广低碳技术，促进经济社会发展与人口资源环境相协调，促使生产生活方式从高能耗、高排放向绿色发展和低碳宜居转变，在优化结构、提高效益、降低消耗、保护环境的基础上推进经济社会全面发展。

（3）发展战略。

第一，以"乌昌地区"为主体的联动战略。未来30年，乌昌地区建设区域性国际经济中心城市的主要目的，就是通过国际商贸、制造、金融、文化交流中心的塑造，不断提高城市的经济社会发展水平和对外开放的层级，最终实现"宜居、开放、畅通、绿色、平安"的美好愿景。"五个城市"的关系不是相互分割，而是相互联系、相互影响、相互促进，必须坚持齐头并进、联动发展的战略，努力建设幸福城市。

一是要以主城区为主向城乡统筹转变。现阶段，乌昌地区的发展重点集中在中心城区，中心城区的承载能力几近饱和。下一阶段，要继续推进"五个城市"建设，并将发展重心下移至区县，深度推进城乡统筹发展，中心城区与副中心及周边城市多点联动，全面提升作为经济中心城市的整体形象、功能水平和发展质量。

二是要找准城市发展的切入点。具体包括：一要适时调整经济发展战略，重构城市发展动力机制，实现投资驱动向要素驱动转变；二要实行创业富民、就业惠民、社保安民的相关政策；三要强化民生工程的实效，以人民幸福为标准评估发展成果；四要推动城市文化和价值建设，满足人民精神文化需求；五要切实化解民族矛盾，确保城市长治久安。

第二，以"提升国际化水平"为核心的"双向"开放战略。乌昌地区地处中西亚和内地两个扇面的节点上，是中国新一轮改革开放的前沿阵地，这决定了必须加快培育外向型的经济发展模式。当前，乌鲁木齐的开放水平还不高，开放程度与东部沿海城市相比还存在比较大的差距，外贸依存度明显低于全国平均水平，对外贸易结构不合理，出口市场份额高度集中，出口商品层次较低，加工贸易滞后。这表明乌鲁木齐对外开放还有很长的路要走，也意味着其具有相当大的潜力。乌鲁木齐必须紧紧抓住中国新一轮对外开放的难得机遇，充分发挥区位优势，加快向东、向西"双向开放"战略，以大幅提升城市国际化水平为核心，进一步集聚各种要素资源，形成开放型经济发展的新模式。

一是积极开展同中亚国家的经贸与技术合作。积极推动中国—中亚自由贸易区建设；积极对接中国（上海）自由贸易试验区制度创新外溢，充分借鉴平移相关制度创新；积极推动中国与中亚地区的自由贸易进程，进一步巩固中国能源大通道功能；进一步发挥在上合组织中的作用。

二是积极开展与内地省市的合作。积极与东部沿海省份对接，加强产业落地的基础设施建设，加大产业转移承接力度；构建产业转移承接机制，形成以品牌为纽带的合作机制，利用东部沿海地区产业园开发管理经验和在国内外享有的声誉，为乌鲁木齐招商引资或承接产业转移拓展渠道。

三是积极打造开放平台。进一步增强亚欧博览会功能，打造成为国际商贸中心建设的核心平台；推动国家级开发区进行产业发展特色定位，打造开放型经济发展的坚实载体；进一步提升各类口岸功能，加强口岸基础设施建设；着力整合各类大市场，优化市场布局；加快建设金融中心、服务外包产业园等商务区，吸引金融机构和外包企业入驻。

四是积极培育市场开放主体。加大招商引资工作力度，优化招商引资结构；制订实施"贸易商发展计划"，吸引国内外贸易商集聚发展；加大发展总部经济，培育总部经济发展的集聚区，打造国际商贸中心的高端功能。

五是积极发展服务贸易。加快推动服务贸易公共平台建设，重点加强公共信息服务、公共技术服务、人才培训和专业交易推介等公共平台建设；加快推进外包服务产业园建设，积极吸引国内外知名外包企业入驻，提升服务贸易和服务外包整体发展水平；加大对企业离岸服务外包支持，促进离岸服务外包取得更大突破；建立和完善人民币跨境支付结算体系，积极发展人民币国际业务，成为外国企业"引进来"、中国企业"走出去"的平台。

六是积极建设国际宜居城市。更多地引进国际性教育、医疗机构，改善信息化条件和生态环境，进一步改善信息化条件和生态环境，提高居住国际化水平，形成宜商宜居的城市发展环境。

第三，以"知识化、高端化、服务化"为核心的产业发展战略。从近期来看，要进一步巩固二、三产业共同发展的格局，实行"两个优先"的产业发展方针，即优先发展先进制造业和现代服务业，实行"双轮驱动"。从远期来看，要围绕经济中心城市战略，逐步从"双轮驱动"向"三二一产业发展"方针转变，确立第三产业的战略先导地位，逐步完成产业结构的战略性调整。从制造业看，要构建以知识为基础的新型产业体系，促进产业发展向价值链高端延伸，切实解决节能减排与保持高速发展的矛盾。聚焦发展先进制造业的高端领域和高端产品，鼓励企业形成高端制造、制造服务、资本控制的能力，将工业投资的重点从扩大产能转向产业链和软实力投资，使产业升级的重点从产品升级和技术升级转向产业链升级。推动制造业由实体制造向虚拟制造、由完全制造向总装制造、由单纯制造向服务制造、由粗放制造向绿色制造转变，坚决淘汰"两高一低"的劣势产业，加快调整比较效益弱的均势产业，做强优势产业，提升产业技术含量和附加值。加快发展高端服务业是提升城市功能的重中之重，特别是要重点发展提供全球性服务和区域性服务的生产性服务业，建立起面向全疆、西北地区和中西亚的现代服务业中心和高级服务业生产基地。

第四，以"适度超前"为原则的城市更新再造战略。乌昌地区城市建设历史欠账较多，城市建设总体上要保持高水平投入、大规模开发，充分体现规划适度超前的原则，进一步加快城市更新再造；优先发展具有引导、辐射、配置功能的重大基础设施，符合民生需求的公共设施以及智能、低碳、节能的城市基础设施。

处理好政府投入与市场准入的关系，合理划分政府与市场的职能界限，积极拓展基础设施资金来源，引导社会资本进入城市基础设施领域，实现从用好本市资金向用好全国甚至全球资金转变；优化调整投融资体制机制的运作主体、运作方式和具体策略，建立上下协同、内外参与、市场活跃、良性循环、灵活高效的投融资体制机制；不断创新投融资模式，加快以市场化机制盘活存量资源步伐，积极运用新型融资工具，大力推进经营性国有资产证券化。

第五，全方位的创新兴市战略。未来 30 年是新一轮产业变革突破的时期，以智能制造、能源互联网为引领的新产业变革将对全球产业转型产生强大的引领作用。对乌鲁木齐而言，尽管目前创新资源和要素不多，但作为一个区域经济中心城市，其未来发展必须走跨越式转型道路，除依托资源、市场选择产业外，必须坚持自主创新战略，面向未来的新产业、新技术变革需要，实现超前布局。实施自主创新战略，不断增强城市的创新能力，是推动乌鲁木齐城市转型发展的根本动力，也是衡量国际经济中心城市核心竞争能力的重要标志。乌昌地区实施创新兴市战略，不仅是单纯的科技创新，还是包括科技创新、服务创新、金融创新、文化创新、管理创新等在内的具有广泛内涵的城市创新。

应聚焦在五个方面进行创新突破：一是科技创新，力争成为中国先进材料、清洁能源、环保技术、现代农业等高新技术的创新中心；二是文化创新，不断创新文化产品，发展民族特色的文化创意产业，打造"西域文化名城"；三是金融创新，力争成为中亚地区重要的金融产品创新基地；四是城市形态创新，形成与全球城市发展相匹配的城市形态；五是城市管理创新，形成既与国际惯例接轨又适合中国国情的区域经济中心城市的管理模式。

第六，以"人才国际化"为核心的人才强市战略。乌鲁木齐建设区域性国际经济中心城市，关键是人才。从世界上看，各国际大都市都把培养和积聚人才作为竞争战略的核心举措。乌鲁木齐必须始终坚持人才是第一资源的指导思想，大力实施"人才强市"战略。

一是以"人才国际化"为核心构建人才高地。所谓"人才国际化"，就是在人才管理和开发过程中，以培养跨国工作能力的国际型人才为基础、以吸引和使用国外人才为重点、以开放性思维和全球化观念为导向的人才开发战略。要从建设区域性国际经济中心的战略高度出发，充分利用自身的优势，进行人才战略谋划，重点引进通晓英语、俄语的高端、领军型人才，实现人才构成、人才素质和人才流动的国际化。

二是以建设"中亚人才港"为目标，进一步完善"三大体系"，即专业化、国际化、网络化的人才服务体系，市场化、协调化的人才结构体系，以及多层次、全方位的人才市场体系。

第七，以"低碳环保"为核心的可持续发展战略。全球气候治理面临较大的压力，随着全球减碳行动基本形成一致的协议，节能减排与气候治理将成为经济发展中重要的变量。乌鲁木齐未来的发展必须坚持可持续发展战略和低碳环保理念，用集约化、节能化、环保化的方式推进城市可持续发展。

一是建立低碳化的产业发展模式。乌鲁木齐本身是一个污染比较严重的城市，在产业发展过程中，必须要以低碳、节能、环保、高效的标准进行要求，减少污染物的排放，推动绿色服务业的发展。

二是平衡产业布局与环境生态优化协调。生产和生活是主要的碳排源头，交通和建筑的碳排放占城市生活排放的主要比重，推进城市的发展，必须用低碳、环保的思维在产业集聚和城市功能布局之间进行平衡。

三是大力发展低碳和环保产业。建立市场减排机制，着力推进节能、环保、减碳行业，利用城市自身的减排压力带来的需求，鼓励支持相关行业发展。

第八，"以改善民生"为核心的社会和谐发展战略。鉴于当前乌昌地区社会建设中民生问题日益突出，已成为影响经济社会发展的重大因素，在社会建设方面应当实施"以改善民生"为核心的发展战略，突出"富民、惠民、安民"的导向，不断提高人民群众生活质量和满意度，推动社会和谐发展。

一是积极促进基本公共服务均等化。制定符合本市实际的基本公共服务目录，深入推进就业服务、社会保障、义务教育、公共卫生和基本医疗、公共文化、住房保障、基本养老服务与公共体育等均等化发展。基本公共服务受益对象要从户籍人口扩大到常住人口，努力缩小郊区与中心城区、外来人口与本地居民享受公共服务的差距，减轻和逐步消除新老"二元结构"。

二是全面构建多元化社会治理格局。充分动员政府、公众、企事业单位、民族宗教组织、社会组织等多元主体，切实形成党委领导、政府负责、社会协同、公众参与、法治保障的社会管理体制，以及政社分开、权责明确、依法自治的现代社会组织体制。

三是切实推动各民族群众融合发展。加强民族团结是确保社会长治久安的根本保障，要牢牢把握各民族共同团结奋斗、共同繁荣发展的主题，高举各民族大团结旗帜，逐步消除"7·5"事件带来的民族对立情绪，推动各民族和睦相处、共同发展，形成推进整个城市跨越式发展和长治久安的强大合力。

四是不断提升社会发展的国际化能级，以国际化视野高起点、高标准谋划社会发展思路。一方面，针对中亚地区相对落后的社会发展水平特别是教育、医疗等社会事业落后状况，乌鲁木齐要依托现有基础和中国广阔腹地，在区域一体化进程中抢占先机，打造面向中西亚、具有国际竞争力的教育、医疗等社会服务高地。另一方面，顺应整个城市人流、物流、资金流、信息流等国际化趋势，围绕有利于外国人在乌鲁木齐便捷工作与生活，加强出入境、人口管理、教育、医疗、文体服务、语言服务、安全保障等社会基础设施供给与系统制度安排，使乌鲁木齐成为外国人宜居宜业的国际化都市。

（四）未来30年加快乌昌地区经济发展的对策建议

当前，是中国扩大新一轮改革开放全面落实科学发展观、加快转变经济发展方式的重要时期，也是乌昌地区城市大规模更新改造、制造业加快转型、现代服务业加速发展的关键时期，要从规划、产业、投资、土地、开放、社会建设以及环境保护等方面制定相应的政策措施，促进城市经济社会实现跨越式发展，加快推进区域性国际经济中心城市建设。

第一，以整合、转型和创新为重点，打造现代产业体系，主动融入国际产业分工体系，提升产业竞争力。一是推动本地企业根据自身特点与优势，分别采用 OEM（原始设备制造）、ODM（自行设计制造）、OBM（用自己品牌的制造）的方式切入全球产业价值链，进行模仿与学习。在与大的跨国公司进行角逐与较量中不断学习，逐步取得经验，缩小与大型跨国公司的差距。只有在同行业中取得领先的地位，企业才能够实现产业升级，进入上一个层次的竞争体系中。如此循环，最终带动整个产业链的滚动升级和全行业的国际竞争力的提升。二是政府应通过制定产业政策，培育良好的竞争环境，鼓励市场竞争，利用跨国公司之间的竞争压力迫使跨国公司引进新产品、新技术，进而推动本地企业的技术进步和产业升级。三是积极、有针对性地承接产业转移，利用乌鲁木齐与东部、西部省区市产业互补条件，面向中西亚发展优势产业，高起点地谋划承接先进发达地区产业转移。

第二，完善产业园区布局，塑造开发区品牌优势。乌昌地区现有的经济技术开发区、出口加工区、甘泉堡工业园、头屯河工业园和米东化工园产业园区，在产业布局、管理机制、产出效率等方面层次都不高，必须通过强化整合，完善布局，进一步提升园区的产出效率和品牌优势。一是推进产业园区产业发展规划与土地利用规划、城市总体规划充分衔接。二是提高工业向产业园区的集中度，推进工业向产业园区集中，园区外存量工业用地根据不同区域、产业和企业情况，通过关停、复垦、转移、转型、改造等方式分类合理利用。三是坚持产业园区建设与企业投入产出效率相结合、与企业社会贡献率相结合、与环境保护和生态建设相结合、与产业结构调整和产业集群相结合、与未来产业发展留有空间相结合、与科技孵化区和高新技术建设相结合的原则，达到高起点规划、高水平建设、高效能管理的目的。

第三，推进工业技术创新体系建设。强化企业技术创新的主体意识，建立多元化、全方位的区域技术创新体系，形成政府、科研院校和企业紧密结合的技术创新机制。一是搭建企业创新发展平台，扶持对共性关键技术、重大工艺技术、重大新技术等公共技术的开发和研究平台。二是积极采用国内外先进技术和标准，主动承接国际制造业的生产标准体系，向"专、精、特、新"方向发展。三是鼓励用高新技术和先进适用技术改造、提升传统产业，加大技术改造的投资力度，提倡技术改造与技术创新相结合，引进与吸收、消化、创新相结合。四是加强国际技术交流与合作，加强联合技术攻关，使企业逐步从引进技术向自主创新和拥有核心技术提升，向抢占同行制造技术的制高点转变。五是实施专利战略，鼓励支持企业研发具有自主知识产权的产品，利用专利技术进行"圈地运动"。

第四，加强一、二、三产业联动，实现产业协调发展。一是抓住乌昌地区建设面向中西亚的现代国际商贸中心的机遇，促进商贸中心市场规划和产业规划对接，把推进工业现代化和发挥市场潜能的作用紧密结合起来，把推进工业现代化和加快流通现代化紧密结合起来。形成大市场，带动大生产，以大生产支持大市场、大生产带动大流通、大流通支撑大生产的新局面，打造市场、工业、流通相互渗透、相互交叉、相互结合、相互弥补、共同协调和谐发展的新格局。二是用工业大生产的理念和方式推动农业产业化经营，发挥乌鲁木齐乃至新疆农业大区的优势，使农业成为工业的产业基地。鼓励有条件的工业企业投资开发农业，发展农副产品的精深加工。三是大力推动信息化在重点产业的全面渗透和高效应用，以信息技术应用促进产业链整合提升，促进信息化与工业化深度融合。

第五，以构建和提升服务功能为核心，提升现代服务业水平，强化发展支柱性服务业。一是强化提升大商贸物流产业。利用商贸服务业和物流产业的既有优势，改造提升商品交易市场，优化商业零售网点布局，拓展连锁经营、电子商务、网络购物、专业配送等新型流通业态，整合商贸和物流资源，优化城市商贸服务业布局，加快构建布局合理、竞争有序的现代商贸体系，提升商贸物流产业的行业竞争力。二是优先强化现代金融服务业。发展多层次金融市场，改变债务融资一边倒的局面，建立多类型的大宗商品电子交易平台，发挥金融配置资源的能力。鼓励民间资本进入银行业，发展壮大各类非银行金融机构，推进金融服务创新。三是稳步推进大交通运输业。推进公路运输、航空运输、普通铁路和高速铁路的整合与融合，大力推进运输业的稳步发展，形成对产业体系的支撑作用。加快推进城市第二机场建设，增加国内外航班运能，积极构建疆内直线航班网络，形成覆盖范围广泛、运行高效、快捷方便的空中交通网络。四是改造发展社会综合性服务业，形成良好的城市服务环境。

第六，培育提升新兴服务业。一是融合提升旅游集散与文化创意产业。利用交通、服务、文化、配套等优势，整合疆内旅游资源，重点打造旅游集散功能。将旅游业发展同其他相近服务业发展连接起来，拉长价值链，形成产业关联，促进产业的溢出效应。将文化、娱乐、旅游、创意有机融合起来，推进旅游、文化、生态"三位一体"发展。二是开放提升现代会展经济。充分发挥"中国—亚欧博览会"的影响力，不断拓展会展市场资源，提高办展的层次与规模。以各类国际政治经济会议、专业展会为抓手，提高城市知名度，以会展经济为核心，促进商品、物资、人员、资金、信息流动的同时，推进商业信息和商业服务高端服务业发展。三是创新提升软件与信息服务业。以模式创新、技术创新、组织创新为手段，重点抓好信息技术服务、数据处理、客户服务、金融后台服务、物流服务、影视制作、建筑设计和动漫游戏等服务外包产业，推动软件与信息服务业快速发展。四是培育提升专业服务业。重点培育商务服务、科技服务、环境服务业、高端教育培训、高端养老服务等专业服务业态，争取成为城市经济的特色产业和支柱产业。

第七，重点打造现代服务业新载体。一是打造老城区和"乌北新城"两个现代服务业集聚核。不断优化老城区产业布局，通过强化基础设施、完善公共服务和营造良好的商务环境提升区域集聚力和辐射力。以会展片区为核心，以高起点、高标准、高品牌推动乌北新城建设，逐步发展成为现代服务业第二聚集区。二是重点打造西部金融城、亚欧数字城和天山创意城。在西部金融城要着力推进两个中心建设——贯通欧亚的区域性国际金融中心和面向内地及中西亚的资源性大宗商品定价中心。依托"天山云"

计算基地，推动数字与软件外包基地，打造面向亚欧的信息服务业集聚核心建设。融合乌鲁木齐四大文明、三大宗教融合地的文化氛围，重点推动多语言、多民族和多元素的艺术形态集聚，形成中国乃至中西亚特有的文化创意集聚中心。三是着力打造内陆自贸港、亚欧商务港、国际航空港和西部娱乐港。积极争取乌鲁木齐内陆自由贸易区政策，打造乌鲁木齐内陆自贸港，成为内陆开放的实验区和示范园区。依托新国际会展中心，构建交易平台、咨询平台、贸易平台，推动贸易、商务服务业发展，打造乌鲁木齐亚欧商务港。依托乌鲁木齐第一机场和第二机场，形成立体、多维的交通优势，以及贯通疆内外、连通全球的贸易网络。依托"乌北新城"建设，以西域文化、西部文化、民族文化、宗教文化为内容，重点推进带动观光旅游、高端消费、休闲娱乐行业，形成开放式、自由化、体验式的文化创意和旅游集聚中心。

第八，积极推进新一轮改革开放，打造面向中西亚的国际经济合作的开放高地，积极推动对外合作平台建设。一是继续办好"亚欧博览会"，不断拓展会展市场资源，提高办展的层次与规模，大力培育和集聚国际会展品牌。二是充分利用上海合作组织平台。充分发挥区位优势，争取在国家支持下利用上合组织平台，推进与区域内重要地区务实合作。努力推动国家层面的铁路、公路、航空、电信、电网、能源管道互联互通工程，为古老的"丝绸之路"赋予新的内涵。通过积极促成上合组织开发银行、粮食安全合作机构、种子库和农业示范推广基地、能源俱乐部等落户乌鲁木齐，推动区域内贸易和投资便利化，全面促进区域经济发展。三是积极申请建立"亚欧经济合作试验区"（"丝绸之路经济带合作试验区"）和乌鲁木齐自由贸易试验区。

第九，争取加快启动乌鲁木齐国际陆港建设。国际陆港是在内陆区域经济中心城市，依照有关国际运输法规设立的对外开放国际商港，是现代物流操作平台，为内陆地区经济发展提供便利、快捷的国际港口服务。国际陆港通过引进各种国际运输机制和国际贸易机制，可以实现内陆地区与沿海地区无差别的国际运输，大大促进内陆地区国际贸易发展，带动区域经济全面发展。乌鲁木齐国际陆港不只是服务于乌鲁木齐和自治区，而是覆盖整个中国西部，辐射中亚、西亚、南亚甚至欧洲的区域性和国际性无水港，其定位应是"国际港"，仿照海港采取建设硬件、研究开发软件，积极协作、配套服务的组合模式，考虑谋划乌鲁木齐自由贸易区并对接现有的出口加工区。乌鲁木齐国际陆港是承担以乌鲁木齐为中心，依托铁路、航空、公路的立体交通物流体系枢纽，是带动乌鲁木齐及全疆出口加工和对外贸易的重要载体，对于乌鲁木齐成为区域性经济中心城市意义重大。乌鲁木齐国际陆港需要集聚集装箱仓储、运输、国际货运代理、金融、保险、信息等现代物流与服务企业，全面构建具有口岸、保税、国际与国内集装箱集散分流功能，实现货物多式联运，连接全区域的国际物流枢纽。陆港需要实现电子口岸功能，建立"属地申报，口岸放行"通关模式，实行"一次申报、一次查验、一次放行"，降低进出口货物通关成本，促进国际进出货物营运和通关便利化。

第十，突出多民族文化交流窗口地位，拓宽民间合作机制。依托乌昌地区多民族的文化特色和与中亚、西亚源远流长的民族文化关系，形成浓郁的多民族融合的文化氛围，通过举办各种国际区域性的文化艺术和体育活动，扩大乌鲁木齐的国际知名度。加大乌鲁木齐城市对外宣传力度，利用多种新闻媒介，在多种场合，使用各个民族语言，多角度地宣传乌鲁木齐，塑造乌鲁木齐开放包容、文明大气、亲和友好的国际形象。在文化交流方面，要通过一些具体的、固定的项目，使乌昌地区与中西亚的文化交流制度化、长期化。例如，争取在乌鲁木齐与中西亚国家主要城市轮流举办国家级的文化博览会、民族艺术节、民族运动会等国际文化体育活动，使之成为定期的区域性盛会，并与商贸、经济技术合作有机结合起来。在区域双边或多边经贸合作中，民间机构的协调沟通作用不容忽视。要充分发挥商会、协会、学会等民间社团组织的作用，通过定期和非定期举行的研讨会、论坛以及商会、协会等组织，加强双边或多边的经济文化交流。

十一，完善社会管理体系，增强社会发展活力。基本公共服务与高端社会化服务相结合，打造国际性社会服务中心。一是以基本公共服务均等化为核心，不断丰富和深化基本公共服务内涵，全力满足居民的教育、就业、医疗卫生、住房保障、社会保障需求，逐步形成面向所有常住人口的公共服务供给体系。二是积极推进国际性社会服务中心建设。出台有针对性的扶持政策，吸引国内外发达地区的优质社会服务业加速落户乌鲁木齐，促进基本公共服务与高端社会服务、国际性社会服务的融合发展。

十二，应急式管理与常态化管理相结合，构建高效合理的社会治理体系。一是以社区建设为突破口，夯实社会治理的基础，构建以社区为核心的现代社会治理体制。二是构建高效合理的社会治理体系，以公安、城管、消防、武警等部门"大联动"为核心，搭建信息化支撑平台，构建新型社会治理机制。三是有序推进社会组织发育成长，完善社会治理格局，充分发挥社会组织在促进社会自我管理、推动社会和谐、增进民族融合等方面的积极作用。更加重视社会融合类、民族和谐类社会组织的发展，探索成立市级社会组织管理服务中心，加快出台政府购买服务的政策安排。

十三，合理控制人口增长，创新人口管理体制机制。坚持"控制规模、优化结构、调整布局"的人才调控政策，通过居住、产业、公共服务等多种方式合理控制人口增速，坚持"压低端、扩中端、引高端"的原则，优化人口结构。在精细化和信息化管理的基础上，结合居住证制度作用的发挥，不断提升人口管理实效。在自治区有关部门的支持下，形成乌昌地区与疆内其他地市人口双向管理机制，将其他地市相关人员驻点乌鲁木齐制度化，共同把好人口的"流出"与"流入"两个关口。以覆盖入境、居留、出境全过程的动态综合管理为目标，不断完善外国人住宿登记申报、重点国家和特殊身份外国人管控、"三非"外国人常态化清理遣返、纳入实有人口管理等四个机制，确保外国人在乌鲁木齐依法活动、正常生活。

此外，还要注意从下述五个方面着力。

（1）加快体制机制创新，形成有利于改革开放和经济发展的氛围，完善投融资体制，优化资本配置。一是优化政府投融资平台，创新投融资模式。加强资产整理，分离不良资产，组建若干规模较大、具有较高信贷能力的政府平台。引入外资银行融资主体，充分利用国际资金支持本市对外功能性枢纽建设。积极推进信贷资产证券化，增强其与信贷转让市场的协同效应，减缓偿债压力。二是创新融资渠道，提升直接融资规模和比重。着力完善地方政府投融资平台公司治理模式，稳步推动一批资产优良、收益稳定的地方政府投融资平台公司经营性资产、核心资产或下属企业、参股企业，到资本市场上市融资。对具有长期回报的经营性资产项目，积极探索开展股权融资，吸引境内外资本直接参与本市基础设施建设。通过发行市政债等方式，使地方政府隐性负债"显性化"、降低地方政府投融资平台负债率。三是创新项目融资机制，拓展基础设施资金来源。对具有较大融资需求、资金回收期长的城市基础设施项目，开展 TOT、BOT 或 BT 融资，吸纳更多社会资本进入城市建设领域。

（2）完善土地交易和整备制度，提升土地配置效率。一是探索完善中心城区土地二次开发利用机制和配套政策，创新土地供应、拆迁安置、收益分配的方式，健全与土地二次开发利用相适应的管理制度。二是完善土地交易机制和市场体系，针对不同类型的存量土地，建立产权明晰、公平高效、流转有序的土地市场体系。创新土地收购模式和多元化补偿方式，围绕珠乌昌石区域协调发展，推进区域土地市场交易平台建设，建立健全土地市场服务体系。三是完善土地整备机制，创新土地整备模式，加大土地整备力度。依托土地整备制度，增强政府对土地市场调控能力，保障公共用地空间，引导市场健康发展。

（3）完善招商体制机制，提高招商能力。一是以"招大引强"为目标，树立服务至上理念，深化行政审批制度改革，完善政府职能机制创新，开通投资绿色走廊，减少行政环节，向服务要增长、要市场、要发展。二是调动社会投资促进机构和产业链核心企业能动性，全力推进产业链招商，全面开创招商工作新局面。三是建立重大产业项目招商引资工作责任制及奖励办法，实施招商引资项目评估。四是优化投资环境，营造营商氛围。坚持市场化导向，建立清晰透明、规范运作、符合国际惯例的市场运行规则，营造规范严明的法制环境。全面建设社会信用体系和市场监管体系，降低市场运行成本，营造诚实守信的信用环境。构建和完善顺畅的流动要素市场，保障市场机制在资源配置、经济发展中的基础性作用。

（4）调整完善财税政策，引导产业有序发展。一是坚持公平竞争的市场化规则，推动财税政策由特惠向普惠转变。二是推动财政补贴政策由补贴企业或项目向补贴公共平台转变，由面向生产流通环节的间接补贴向面向终端消费的直接补贴转变，保障财政补贴公平公正。三是探索财政补贴的 PPP（公私合作模式）模式，提高财政补贴资金绩效。四是探索扩大"营改增"范围，降低现代服务业税负水平，创造资本集聚洼地。

（5）争取更为宽松的出入境政策，提高便利化程度。一是积极向国家争取主要针对中西亚国家的、更为宽松的跨国商务、旅游出入境政策，包括简化出入境手续、限时免签、落地签证等。二是以上合组织成员国和观察国为基础，争取其在乌鲁木齐设立领事机构或商务代表处、签证代办处，为人员出入境提供便利。

总之，乌昌区域要想抓住当下的历史机遇，实现跨越式发展的宏伟目标，必须进一步解放思想，走变中求稳、稳中求进的科学发展道路，而正如同阿瑟·刘易斯所言："政府可以对经济增长具有显著的影响。如果政府做了正确的事情，增长就会得到促进。如果政府做的很少，或者做错了事，增长就会受到限制。"[①] 如此，政府在区域经济发展中的作用就不是弥补"市场失灵"，反而会造成"市场失灵"和"政府失灵"双重扩大的结局。因此，从某种角度说，政府竞争对区域经济发展来说是一把双刃剑，而剑锋能否指引乌昌区域经济的发展走向康庄大道，就取决于乌昌区域间各地方政府能否建立合理有序的竞争秩序。

---

① 　[美]阿瑟·刘易斯：《经济增长理论》，商务印书馆 1983 年版。

结 束 语

区域经济联动式发展策略已然成为当前区域经济发展的主流模式，而区域地方政府间竞争秩序直接关乎这一策略最终的成败。如果这一命题为真，那么需要做的并不仅仅是根据经济理论的分析指出哪些是政府应该承担的经济职能，政府是怎样发挥职能的也应该得到足够的重视。换句话说，需要使政府从"黑箱"中走出来，需要探究其自身的行为倾向和特征。众所周知，政府可能导致非效率产权的持续存在，也可能像本书第七章所述的那样，政府会因过度直接参与到经济活动中而使"暴利效应"产生，进而导致"市场失灵"。如果不深入研究这些问题，在经济学的研究中将这一问题的根源仅归咎于制度，就很难为避免这些现象的出现提供进一步的建议。

而本书正是基于这一考虑，希望能通过细致深入地论证乌昌两地政府在区域经济发展过程中的行为，从制度方面和纯经济视角对地方政府在区域经济发展中的作用进行准确客观的分析。但通常而言，随着每个领域研究的深入，人们都倾向于发现更多新的问题而不是更少，认识总是伴随着批评和进一步的研究而不断深入，从这个意义上看，本书的结束与其说是一种完结，而毋宁说是一种为了新的开始所进行的积累。

附　录

为了抓住历史赋予新疆的机遇，自治区高层领导曾付出了长足和不懈的努力，但由于本书的结构安排和表述的原因未将这一现象逐一展现，故现将根据新闻和资料整理的有关乌昌经济一体化大事记附后供参考。

2004 年

12月15日，中央政治局委员、自治区党委书记王乐泉，自治区党委副书记、自治区主席司马义·铁力瓦尔地，自治区党委常委、秘书长符强一行专程到乌鲁木齐市，宣布成立乌鲁木齐市与昌吉州联合党委（简称乌昌党委）的重大决定。自治区党委经过研究，作出了在不涉及乌鲁木齐市和昌吉州区划调整的前提下，成立乌昌党委，加快推进乌昌经济一体化的重大决策。自治区党委常委、乌鲁木齐市市委书记杨刚兼任乌昌党委书记，昌吉州党委书记钱智、乌鲁木齐市市长雪克莱提·扎克尔、昌吉州州长马明成兼任副书记，两地党委班子其他成员兼任乌昌党委常委。王乐泉同志强调，乌昌党委领导班子要加强调查研究，开创乌昌经济发展新模式、新机制，促进乌昌经济大融合、大发展。杨刚同志要求，乌昌党委班子成员要把思想和行动统一到自治区党委的战略部署上来，牢固树立一盘棋思想，开创性地做好乌昌经济一体化的各项工作。

12月23日，自治区党委常委、乌昌党委书记杨刚前往米泉市，就加快米泉市与东山区经济一体化进程进行调研，并就乌昌经济一体化确定了"规划统一、财政统一、市场统一"的基本原则。乌昌党委副书记钱智、马明成，乌昌党委常委郭连山、王新华、吕健、买买提·达吾提、原军及乌鲁木齐市、昌吉州有关部门负责人参加了调研。

12 月 30 日，乌昌党委常委王新华、吕健及乌昌两地有关部门负责人前往米泉市就加快米东新区规划编制工作进行了调研。

2005 年

1 月

1 月 10 日，自治区党委常委、乌昌党委书记杨刚主持召开乌昌党委 2005 年第一次会议，研究了乌昌党委机构设置和乌昌地区 2005 年财政工作。乌昌党委副书记钱智、马明成及其他常委参加了会议。

2 月

2 月 6 日，自治区党委常委、乌昌党委书记杨刚在乌昌党委常委黄公毅、乌鲁木齐市副市长刘志勇的陪同下，带领东山区、米泉市以及有关部门的负责人，前往中石油乌鲁木齐石化公司亲切看望和慰问了企业干部和职工。杨刚同志向乌石化干部职工通报了自治区党委关于成立乌昌党委的重大决定，要求充分发挥乌石化等龙头企业的作用，加快米东新区建设步伐。

2 月 19—20 日，自治区党委常委、乌昌党委书记杨刚，乌昌党委副书记栗智、雪克莱提·扎克尔、马明成，常委王忠孝、吕剑、黄公毅、原军，就乌昌经济一体化问题，赴昌吉市、呼图壁县、吉木萨尔县、阜康市以及新疆特变电工等企业进行了考察调研。

2 月 26 日，自治区党委常委、乌昌党委书记杨刚，乌昌党委副书记栗智、雪克莱提·扎克尔、马明成，常委和谊明、王忠孝、吕健、原军等领导带领乌昌两地有关部门负责人，对乌鲁木齐经济技术开发区、高新技术产业开发区、头屯河区、新市区的部分企业进行了考察调研，并召开了座谈会。杨刚强调，乌昌两地各开发区和工业区要紧紧抓住乌昌经济一体化的历史机遇，按照"三步走"的战略要求，推动二次创业，实现二次腾飞。

3 月

3 月 22 日，中共中央政治局委员、自治区党委书记王乐泉在自治区领导司马义·铁力瓦尔地、张庆黎、符强、韩勇等的陪同下到乌昌党委考察调研工作，并现场召开自治区党委第五次书记办公会议。自治区党委常委、乌昌党委书记杨刚就乌昌党委工作情况及乌昌经济一体化推进情况作了全面汇报。王乐泉同志对乌昌党委成立以来所做的工作给予了充分肯定，并要求乌昌党委按照自治区党委、人民政府的战略部署，抢抓机遇，开拓创新，大力推进乌昌经济一体化，努力实现强强联合、优势互补、资源共享，辐射带动天山北坡经济带乃至全疆经济快速发展。会议就乌昌财政、土地、交通、水利、电力、通信、干部及米东新区建设等问题进行了研究。自治区有关部门负责人随同调研，乌昌党委班子成员参加了汇报会。

4 月

4 月 1 日，自治区党委常委、乌昌党委书记杨刚同志主持召开乌昌党委 2005 年第二次会议。乌昌党委常委、乌昌党委秘书处各工作组及乌昌两地有关部门的负责人参加了会议。会议就米东新区总体规划、米东新区建设、乌昌地区统一招商引资政策、工业产业布局调整、对口支援"东三县"及五家渠进入乌昌经济一体化等问题进行了研究。

4 月 6 日，自治区党委常委、乌昌党委书记杨刚，乌昌党委副书记栗智、常委王忠孝、吕健一行前往米泉市，宣布了乌昌党委关于成立米东新区党工委和管委会的决定及班子成员，并就加强米东新区领导班子自身建设提出了要求。

4 月 6—10 日，乌昌一体化展团在第九届西洽会上联合布展对外招商，共签定项目 34 个，总额 9.5 亿元。

4 月 14 日，乌昌党委召开 2005 年第一次全体（扩大）会议。会议由乌昌党委副书记栗智主持。自治区党委常委、乌昌党委书记杨刚作了重要讲话。乌昌党委副书记雪克莱提·扎克尔、马明成分别作了讲话。会议还就加快米东新建设、乌昌地区统一对外招商引资、调整工业产业布局及对口支援"东三县"等出台了相关意见。乌昌两地四套班子主要领导、有关部门负责人、各县（市、区）党政主要领导及部分大中型企业主要负责人参加了会议。

4 月 22 日，总投资 56.5 亿元的中泰化学工业园在米东新区石化工业园举行奠基仪式。中共中央政治局委员、自治区党委书记王乐泉，自治区党委副书记、自治区主席司马义·铁力瓦尔地，自治区党委副书记、副主席张庆黎，自治区党委常委、乌昌党委书记杨刚，自治区党委常委、副主席艾力更·依明巴海和乌昌党委领导栗智、雪克莱提·扎克尔、马明成、王忠孝、吕健、黄公毅、原军等参加了奠基仪式。

4月22日，自治区党委常委、乌昌党委书记杨刚，乌昌党委副书记栗智、马明成，常委王忠孝、吕健及米东新区和有关部门负责人，实地察看了米泉市九沟石坝坡、米东污水处理厂厂址、500水库、二道沟污水库选址地、北沙窝等地。

4月25日，自治区副主席努尔兰·阿不都满金带领自治区有关部门负责人到米东新区化工工业园调研。

5月

5月1—4日，乌昌党委副书记、昌吉州党委书记栗智在乌昌党委常委、昌吉州党委常委、秘书长原军，昌吉州副州长石彦玲以及乌鲁木齐市、昌吉州旅游部门负责人的陪同下，对乌昌两地的旅游资源以及旅游业的发展情况进行了调研。

5月23日，中石油乌鲁木齐石化公司举行西部大芳烃和大化肥基地建设三大重点工程建设——年产100万吨加氢裂化项目、大化肥扩能改造、年产3万吨三聚氰胺项目的开工典礼。中共中央政治局委员、自治区党委书记王乐泉，自治区党委副书记、自治区主席司马义·铁力瓦尔地及自治区、乌昌党委领导张庆黎、杨刚、艾力更·伊明巴海、符强及栗智、雪克莱提·扎克尔、马明成、王忠孝、吕健等参加了奠基仪式。

5月23日，乌昌党委常委、秘书长王忠孝带领秘书处及有关部门的负责人实地察看了米东新区重点建设项目进展情况，要求米东新区党工委、管委会加大力度，加快推进米东新区建设。

5月31日，自治区党委常委、乌昌党委书记杨刚在乌昌党委常委、秘书长王忠孝陪同下，视察了高新技术产业开发区北区和米东新区。杨刚强调指出，今年要把石化工业园的规划和建设作为米东新区开发建设的重点。

6月

6月2日，乌昌党委副书记雪克莱提·扎克尔在乌鲁木齐市委党校就乌昌经济一体化战略作专题报告。

6月16日，乌昌经济一体化论坛在乌鲁木齐市开幕。国内外10多名经济专家以及600多名社会各界人士，紧紧围绕乌昌经济一体化这个主题，就深入贯彻自治区党委、人民政府关于加快乌昌经济一体化战略决策，加快乌昌经济的全面融合和对接，进行了广泛深入的研究和讨论。自治区政协副主席李东辉及乌昌党委领导雪克莱提·扎克尔、马赛民、成平、王新华、李风清等出席了论坛开幕式。

6月18日，杨刚、雪克莱提·扎克尔、和宜明、王忠孝、王新华、黄公毅为高新区北区首批工业项目开工奠基。

6月24日，自治区党委常委、乌昌党委书记杨刚主持召开乌昌党委2005年第三次会议。乌昌党委各位常委、乌昌党委秘书处各工作组及乌昌两地有关部门的负责人参加了会议。会议研究了乌昌地区"十一五"经济社会发展规划编制的指导意见（讨论稿）、米东新区2005年重点建设项目、乌昌财政和米东新区财政体制建设等问题。

7月

7月1日，乌鲁木齐市与昌吉州、农六师五家渠市及所属团场的固定电话用户通话统一按照市话收费，手机用户通话取消漫游费。

7月8—10日，乌昌党委召开加快新型工业化建设会议。乌昌党委和乌昌两地党政主要领导、人大、政协主管经济的领导、有关部门及各县（市、区）、开发区的主要负责人，共150人参加了会议，会议在环球大酒店召开。7月8—9日，会议组织与会代表对乌昌地区6个县（市、区）、4个开发区（工业园区）、21个企业和项目进行了现场参观考察。7月9日上午，对《乌昌党委关于加快新型工业化建设的意见》（讨论稿）进行了分组讨论。下午，乌昌党委副书记、昌吉州党委书记栗智主持召开大会。自治区党委常委、乌昌党委书记杨刚，乌昌党委副书记雪克莱提·扎克尔、马明成作了重要讲话。

7月11日，阜康市神龙煤矿发生特大瓦斯爆炸事故，造成83人死亡，4人失踪。中央政治局委员、自治区党委书记王乐泉，自治区党委副书记、自治区主席司马义·铁力瓦尔地，自治区党委副书记、副主席张庆黎，自治区党委常委、乌昌党委书记杨刚，自治区党委常委、副主席艾力更·伊明巴海及乌昌党委领导栗智、雪克莱提·扎克尔、马明成、黄公毅赶到现场指导救灾工作,慰问受灾人员。

7月28日,乌昌党委常委、秘书长王忠孝在米东新区主持召开现场办公会议,研究解决米东新区化工工业园建设、财政收支、煤化工工业园及二道沟水库建设等有关问题。乌昌党委秘书处及米东新区有关领导参加了会议。

8月

8月4日,乌昌党委正式出台《乌昌党委关于加快乌昌地区新型工业化建设进程的意见》。《意见》认真吸收乌昌党委新型工业化会议讨论情况,从加快乌昌新型工业化进程的重要意义、面临的形势、主要目标、基本思路、产业重点、具体措施及加强领导等方面进行了阐述。

8月6日,新疆有色新型材料工业园暨1万吨镍5万吨铜项目在阜康市工业园开工建设。中共中央政治局委员、自治区党委书记王乐泉出席开工典礼并作重要讲话。自治区及乌昌党委领导司马义·铁力瓦尔地、杨刚、艾力更·依明巴海、符强、栗智、马明成等参加开工典礼,并为工业园奠基。

8月8日,乌昌党委常委、秘书长王忠孝在头屯河检查召开现场办公会议,研究修建头屯河检查站地段高速路辅道有关问题。会议决定由头屯河区、昌吉市及乌鲁木齐城市交通局共同出资完成这个工程。

8月29日,米东新区化工工业园基础设施建设工程一期竣工,二期开工。自治区党委常委、乌昌党委书记杨刚,自治区党委常委、副主席艾力更·依明巴海,乌昌党委副书记马明成,乌昌党委常委王忠孝、吕健及自治区、乌昌两地有关部门负责人出席了庆典仪式。同日,自治区党委常委、副主席艾力更·依明巴海等其他领导还出席了设立在米东新区的中亚警务合作培训中心开工奠基仪式。

9月

9月1日,第十四届乌洽会正式开幕。自治区和乌昌党委有关领导出席了开幕式。乌鲁木齐市和昌吉州首次联合组团参加第十四届乌洽会。乌昌两地共设有126个展位,设立乌昌经济一体化交易团整体形象、米东新区、乌昌旅游等多个主题展区,共推出92个招商引资项目,拟投资总额

279.6亿元。

9月16日，头屯河工业区四期（王家沟）8个项目举行开工奠基仪式。杨刚、雪克莱提·扎克尔、王忠孝、王新华、黄公毅、刘志勇参加了奠基仪式，并前往八钢参观。

9月20日，天山动物园正式开园，并举行揭牌仪式。自治区党委常委、乌昌党委书记杨刚及乌昌党委、乌昌两地领导栗智、雪克莱提·扎克尔、木拉提·尤努斯、陈水琴、何米提·司马义、和宜明、殷宇霖、王忠孝、王伟、焦亦民、陈庆勇、王新华、王华能、白桦、石彦玲参加了开园仪式。

9月22日，在乌鲁木齐市职业介绍中心举行了乌昌下岗失业人员就业再就业秋季招聘洽谈会。乌昌党委常委王忠孝出席活动。

9月23日，乌昌党委常委、秘书长王忠孝同志主持召开会议，专题研究216国道改造问题，乌昌党委常委吕健、王新华及乌昌党委秘书处、米东新区及乌昌两地建设、规划部门负责人参加会议。

9月29日，由头屯河区、昌吉市和八钢联合投资新建的昌吉市南头工大桥举行竣工典礼。乌昌党委领导栗智、雪克莱提·扎克尔、马明成、成平、王忠孝、吕健、原军，以及乌昌两地有关部门、八钢负责人参加了典礼。

10月

10月19日，乌昌党委召开乌昌财政局成立大会，并举行了乌昌财政局揭牌仪式。自治区党委常委、乌昌党委书记、乌鲁木齐市委书记杨刚，乌昌党委主要领导栗智、雪克莱提·扎克尔、王忠孝、吕健、白桦及自治区财政厅、国税局、地税局、人民银行乌鲁木齐中心支行等自治区、乌昌两地有关单位和部门负责人出席了大会和揭牌仪式。会上，杨刚、栗智分别作了重要讲话。

10月23—24日，中共中央政治局委员、自治区党委书记王乐泉在自治区党委常委、乌昌党委书记、乌鲁木齐市委书记杨刚，自治区党委常委、秘书长符强的陪同下在昌吉州进行了调研。王乐泉同志强调指出，要统筹进行乌昌总体规划，因势利导调优产业结构，加大招商引资力度，加快推进新型工业化和乌昌一体化进程。王乐泉要求乌昌党委在编制"十一五"规划时，一定要坚持科学发展观，按照乌昌经济一体化的原则，将乌鲁木齐、昌吉州在真正意义上合起来考虑，统筹规划工业区设置、基础设施建设、水资源开发利用、社会资源的合理配置等。要加大力度支持米东新区建设，把米东新区作为推进乌昌一体化进程的突破口，将其建设成为天山北坡经济带以至全疆经济发展的龙头。

11 月

11 月 11 日，自治区党委常委、乌昌党委书记杨刚主持召开乌昌党委2005 年第四次会议。乌昌党委常委、乌昌党委秘书处有关工作组负责人参加了会议。会议研究了乌昌地区"十一五"国民经济和社会发展规划有关问题。会议强调，要认真贯彻自治区党委六届十次全委（扩大）会议精神，按照把乌昌地区建成全疆最大的制造业中心和国际商贸中心的定位，紧紧围绕乌昌经济一体化战略，坚持新型工业化与现代服务业并举、扩大内需与扩大开放并举的原则，认真开展调研，加强工作对接，圆满完成乌昌地区"十一五"国民经济和社会发展规划的统一编制工作。

11 月 15 日，乌昌党委副书记栗智、雪克莱提·扎克尔，乌昌党委常委王忠孝、吕健、王伟等领导出席了米东新区党工委、管委会的揭牌仪式。

12 月

11 月底至 12 月上旬，乌昌党委书记杨刚、乌昌党委副书记栗智、乌昌党委常委马赛民等领导针对推进乌昌经济一体化，分别带队赴内地考察旅游业、召开项目推介会等。

12 月 23—24 日，乌昌党委在环球大酒店召开了 2005 年第二次全体（扩大）会议，讨论研究乌昌地区"十一五"国民经济和社会发展规划纲要（讨论稿），安排部署"十一五"时期各项工作。乌昌党委常委，乌昌两地政府班子成员，人大、政协主要领导，有关部门负责人，各大商会、大型企业、上市公司负责人 150 余人参加了会议。自治区党委常委、乌昌党委书记杨刚作了重要讲话，乌昌党委副书记栗智作了乌昌地区"十一五"规划纲要说明，乌昌党委副书记雪克莱提·扎克尔主持会议。

12 月 24 日，乌昌党委召开会议，听取乌昌地区天山北坡能源工业建设规划汇报。自治区党委常委、乌昌党委书记杨刚，乌昌党委副书记栗智、雪克莱提·扎克尔、马明成，乌昌党委常委成平、和宜明、王忠孝、原军、李铁明、王伟及乌鲁木齐市副市长刘志勇，乌昌党委秘书处、乌昌两地有关县市、部门负责人参加了会议。

12月27日，中共中央政治局委员、自治区党委书记王乐泉同志主持召开了自治区党委第二十四次书记办公会议，研究天山北坡煤电、煤化工基地规划与建设的有关问题。会议听取了乌昌党委关于乌昌地区新型工业化建设有关情况，以及乌昌地区能源规划建设的情况报告，并就做好天山北坡煤电、煤化工基地规划建设提出了具体意见。自治区党委、政府领导司马义·铁力瓦尔地、杨刚、艾力更·依明巴海、符强、宋爱荣、王永明及自治区发改委、经贸委、国土厅、交通厅、水利厅、通信管理局、煤炭管理局、铁路局、电力公司、开发行、建行、工行等有关部门和单位领导参加了会议，乌昌党委领导栗智、马明成也参加了会议。

2006 年

1 月

1月11日，乌昌党委常委、乌鲁木齐市委副书记、常务副市长和宜明主持召开乌昌地区煤炭生产供应问题协调会。乌昌党委常委、昌吉州党委常委、常务副州长原军，乌鲁木齐市政协副主席冯瑞玉及乌昌党委秘书处、乌昌两地、昌吉市、米泉市、乌鲁木齐铁路局有关部门负责人参加了会议。

2 月

2月6日，自治区党委常委、乌昌党委书记杨刚主持召开乌昌党委2006年第一次会议，乌昌党委常委及乌昌党委秘书处财政工作负责人参加了会议。会议重点研究了2006年乌昌本级财政预算、米东新区机构建设及500水库运行管理等有关问题。

2月14日，昌吉州召开第十二届人大四次会议。会议审议通过了《乌昌地区国民经济和社会发展"十一五"规划纲要（草案）》。自治区党委常委、乌昌党委书记杨刚，乌昌党委常委、秘书长王忠孝应邀出席会议开幕式。

2月16日，乌鲁木齐市商业银行古牧地中心支行正式开业。自治区党委常委、乌昌党委书记杨刚，乌昌党委常委王忠孝、吕健出席了开幕式。

2月16日，乌昌木齐市召开第十三届人大四次会议，审议通过了《乌昌地区国民经济和社会发展"十一五"规划纲要（草案）》。

2月24日，乌鲁木齐高新技术开发区在阜康市设立分园。

3月

3月21日，乌昌党委副书记、昌吉州委书记栗智率乌昌代表团前往马来西亚、新加坡、印度尼西亚三国考察访问，乌昌党委常委吕健及乌昌党委秘书处、昌吉州部分单位领导随团出访。

3月23日，国家建设部部长汪光焘到乌鲁木齐市城建展示馆、米东新区及昌吉市世纪花园考察调研。自治区党委常委、乌昌党委书记杨刚，自治区党委常委艾力更·依明巴海，自治区副主席努尔兰·阿不都满金，以及乌昌党委领导乃依木·亚森、和宜明、王忠孝、黄公毅陪同参加调研。

3月27日，米东新区召开县级干部大会，传达贯彻自治区党委关于米东新区领导机构建设会议纪要精神。自治区党委常委、乌昌党委书记杨刚，乌昌党委副书记马明成、乌昌党委常委成平、王忠孝、焦亦民、李建国等参加了会议，杨刚书记作重要讲话。

4月

4月11日，乌昌党委常委王忠孝在乌鲁木齐市委机关主持召开了500水库专题会议，乌昌党委常委吕健及乌昌党委秘书处，乌昌两地发改、水利部门负责人出席会议。

5月

5月14日，自治区党委常委、乌昌党委书记杨刚主持召开乌昌党委2006年第二次会议。会议重点研究米东新区领导班子配备方案、乌昌地区县市区党政一把手考核意见及干部问题。乌昌党委副书记栗智、乃依木·亚森等乌昌党委领导出席会议。自治区党委第一巡视组组长陈宝奎、副组长米吉提·马木提列席会议。

5月23日，米东新区召开县级干部大会，宣布乌昌党委关于米东新区党工委、管委会班子成员及所属11个县级部门干部任命的决定。自治区党委常委、乌昌党委书记杨刚，乌昌党委副书记栗智，乌昌党委常委王忠孝、焦亦民、王伟、李建国出席会议，杨刚书记作了重要讲话。同日，杨刚书记等领导前往500水库及西延干渠调研，乌鲁木齐经济技术开发区、乌鲁木齐高新技术开发区、米东新区、阜康市及乌昌两地规划、水利部门负责人陪同。

6月

6月20日，中共中央政治局委员、国务院副总理回良玉，在中共中央政治局委员、自治区党委书记王乐泉及自治区、乌昌党委领导司马义·铁力瓦尔地、杨刚、栗智、乃依木·亚森、马明成、王忠孝、黄公毅、王伟、李铁明等陪同下，对昌吉州和米东新区化工工业园进行了考察。

注：近4年的大事记不宜公开。

参 考 文 献

一 中文部分

1. ［美］阿尔钦·科斯等:《财产权利和制度变迁》,上海三联书店1994年版。

2. ［美］阿瑟·刘易斯:《经济增长理论》,上海三联书店、上海人民出版社1994年版。

3. ［美］A.赫希曼:《经济发展战略》,经济科学出版社1992年版。

4. 安虎森、李瑞林:《区域一体化效应和实现途径》,《湖南社会科学》2007年第5期。

5. 安筱鹏:《利益主体多元化背景下的区域一体化》,《人文地理》2003年第5期。

6. ［美］埃德加·M.胡佛:《区域经济学导论》,北京商务印书馆1990年版。

7. ［美］布坎南:《自由、市场、国家》,北京经济学院出版社1988年版。

8. ［美］戴维·奥斯本:《改革政府》,上海译文出版社1996年版。

9. ［英］大卫·李嘉图:《政治经济学及赋税原理》,商务印书馆1983年版。

10. ［美］道格拉斯·诺思:《经济史上的结构和变革》,北京商务印书馆1992年版。

11. ［美］道格拉斯·诺思:《制度、制度变迁与经济绩效》,上海三联书店1994年版。

12. 高鸿业:《西方经济学(宏观部分)第三版》,中国人民大学出版社2004年版。

13. 冯兴元：《市场化——地方模式的演进道路》，《中国农村观察》2001 年第 1 期。

14. 冯兴元：《论我国经济过程中的辖区政府间制度竞争》，http://.wwwsinolibearl.eom.efngxy/efngxyindex.him。

15. 冯兴元：《论辖区政府间的制度竞争》，《国家行政学院学报》2001 年第 6 期。

16. 冯兴元、刘会荪：《论我国地方市场分割与地方保护》，《国家行政学院学报》2002 年第 1 期。

17. 冯兴元：《中国的市场整合和地方政府竞争——地方保护与地方市场分割及其对策研究》。

18. 冯杰：《政府竞争：我国地方政府行为的经济分析》，北方交通大学博士学位论文，2002 年。

19. 樊纲、张曙光：《公有制宏观经济理论大纲》，上海三联书店1990 年版。

20. ［德］何梦笔：《政府竞争：大国体制转型理论的分析范式》，天则经济研究所内部讨论稿。

21. ［德］何梦笔：《网络、文化与华人社会经济行为方式》，山西经济出版社 1996 年版。

22. 何梦笔《中国辖区竞争、地方公共品的融资与政府的作用项目分析框架》，1999 年。

23. ［德］柯武刚、史漫飞：《制度经济学：社会秩序与公共政策》，商务印书馆 2000 年版。

24. 何太平：《地方政府的双重身份与经济行为》，《社会主义研究》1997 年第 2 期。

25. ［美］A. 赫希曼：《转变参与：私人利益与公共行为》，上海人民出版社 2008 年版。

26. ［德］柯武刚、史漫飞：《制度经济学——社会秩序与公共政策》，商务印书馆 2004 年版。

27. 赫寿义、安虎森：《区域经济学》，经济科学出版社 1999 年版。

28. ［美］哈罗德·W. 库恩：《博弈论经典》，中国人民大学出版社 2004 年版。

29. ［美］加里·贝克尔:《人类行为的经济分析》, 上海三联书店 1993 年版。

30. ［美］加里·贝克尔:《人类行为的经济分析》, 上海三联书店、上海人民出版社 1995 年版。

31. 罗小朋:《地区竞争与产权——中国改革的经济逻辑》,《当代中国研究》1995 年第 1、2 期。

32. 李晓:《政府替代与经济发展》,《社会科学战线》1996 年。

33. 李一花:《"地方政府竞争"的比较分析》,《贵州财经学院学报》2005 年第 3 期。

34. 雷希:《道德的起源》, 云南人民出版社 1999 年版。

35. 马克思:《政治经济学批判》《马克思恩克斯全集》第 46 卷下。

36.《马克思恩格斯全集》第 1 卷, 人民出版社 1956 年版。

37.《马克思恩格斯全集》第 2 卷, 人民出版社 1956 年版。

38. 马克思:《资本论》第 1–3 卷, 人民出版社 1975 年版。

39. 孟庆红等:《区域经济合作与研究》, 西南交大出版社 2003 年版。

40. 孟庆民:《区域经济一体化的概念与机制》,《开发研究》2001 年第 2 期。

41. 盛洪:《关于中国市场化改革的过渡过程的研究》,《经济研究》1996 年。

42. 盛洪:《现代制度经济学》, 北京大学出版社 2003 年版。

43. ［美］道格拉斯·诺斯:《经济史中的结构和变革》, 商务印书馆 1992 年版。

44. ［美］道格拉斯·诺斯、罗伯斯·托马斯:《西方世界的兴起》, 学苑出版社 1988 年版。

45. ［英］斯诺登:《现代宏观经济学:起源 发展和现状》, 江苏人民出版社 2009 年版。

46. 司马迁:《史记·货殖列传》。

47. 苏长和:《全球公共问题与国际合作:一种制度的分析》, 上海人民出版社 2000 年版。

48. 陶在朴:《生态包袱与生态足迹》, 经济科学出版社 2003 年版。

49. 魏后凯、刘楷等:《中国地区发展——经济增长、制度变迁与地区差异》，经济管理出版社 1997 年版。

50. 魏后凯：《基础设施与制造业的区际差异分析》，《经济研究参考》2002 年第 13 期。

51. 魏后凯、刘楷：《中国区域经济协调发展的目标和政策》，《经济纵横》1994 年。

52. 吴敬琏、刘吉瑞：《论竞争性市场体制》，广东经济出版社 1998 年版。

53. 吴敬琏：《构筑市场经济的基础结构》，中国经济出版社 1997 年版。

54. 王瑛：《区域经济一体化发展的驱动机制分析》，《区域经济》2005 年。

55. 王维国：《协调发展的理论与方法研究》，中国财政经济出版社 2000 年版。

56. 宣文雅：《新疆产业结构变动与经济增长关系的实证分析》新疆财经大学硕士学位论文，2009 年。

57. 杨再平：《经济体系中的政府行为主体：一种分析框架》，中国博士后社科前沿的题论集，经济科学出版社 1997 年版。

58. 杨瑞龙：《渐进改革与供给主导型制度变迁方式》，《经济研究》1994 年。

59. 杨瑞龙：《论我国制度变迁方式与制度选择目标的冲突及其协调》，《经济研究》1994 年。

60. 杨瑞龙：《论制度供给》，《经济研究》1993 年。

61. 杨虎涛：《政府竞争对制度变迁的影响机理研究》，中国财政经济出版社 2006 年版。

62. ［英］亚当·斯密：《国民财富的性质和原因研究》，商务印书馆 1974 年版。

63. 张可云：《区域大战与区域经济关系》，民主与建设出版社 2001 年版。

64. 张可云：《区域经济政策——理论基础开发区欧盟国家的实践》，中国轻工业出版社 2001 年版。

65. 张维迎：《博弈论与信息经济学》，上海三联书店、上海人民出版社 1996 年版。

66. 张紧跟：《当代中国地方政府间横向关系协调研究》，中国社会科学出版社 2006 年版。

67. 张五常：《佃农理论》，中信出版社 2010 年版。

68. 张五常：《货币战略论》，中信出版社 2009 年版。

69. 张维迎：《博弈论与信息经济学》，上海人民出版社 1996 年版。

70. 周黎安：《晋升博弈中政府官员的激励与合作》，《经济研究》2004 年。

71. 周黎安、晋升波：《一种政府官员的激励与合作——兼论我国地方保护主义和重复建设问题长期存在的原因》，《经济研究》2004 年。

72、周业安、冯兴元、赵坚毅：《地方政府竞争与市场秩序重构》，《中国社会科学》2004 年第 1 期。

73. 周业安：《地方政府竞争与经济增长》，《中国人民大学学报》2003 年。

74. 周黎安：《晋升和财政刺激：中国地方官员的激励研究》。

75. 赵佳：《全面发展的短板效应》，山西教育出版社 2010 年版。

76. 赵立波：《政府行政改革》，山东人民出版社 1998 年版。

77. 朱文晖：《走向竞合——珠三角与长三角经济发展比较》，清华大学出版社 2003 年版。

78.《乌昌地区社会经济发展研究》课题组：《乌昌经济一体化：思路、路径与对策——〈乌昌地区社会经济发展研究〉项目总报告》，《新疆财经》2007 年第 5 期。

79. 刘迪生、闫海龙：《新疆乌昌地区经济社会发展面临的挑战及政策建议》，《新疆财经》2010 年。

80.《乌昌地区社会经济发展研究》课题组：《乌昌经济一体化进一步推进应重点把握好的几个关键点——〈乌昌地区社会经济发展研究〉项目调研报告》，《新疆财经》2007 年第 5 期。

81. 章文光：《科学定位我国政府职能》，《学术界》2005 年第 3 期。

82. 熊文钊、张伟：《宏观调控的中央责任》，《瞭望新闻周刊》2006 年第 8 期。

83. 王川兰：《经济一体化过程中的区域行政体制与创新——以长江

三角洲为对象的研究》，复旦大学博士学位论文，2005 年。

84. 刘鸿：《完善我国公共财政支出体系的对策研究——以重庆市南岸为例》，重庆大学硕士学位论文，2007 年。

85. 谢晓波：《地方政府竞争与区域经济协调发展》，浙江大学博士学位论文，2006 年。

86. 唐丽萍：《我国地方政府竞争中的地方治理研究》，复旦大学博士学位论文，2007 年。

87. 卢新波：《论学习型体制转型》，浙江大学博士学位论文，2005 年。

88. 戴敏敏：《中国地方政府转型的新政治经济学解释——上海经验与范式研究》，复旦大学博士学位论文，2004 年。

89. 陈红：《循环型农业发展进程中地方政府行为研究》，东北林业大学博士学位论文，2007 年。

90. 李常理：《转型时期中国地方政府经济行为研究》，中共中央党校博士学位论文，2011 年。

91. 夏启明：《地方政府发债的法律问题研究》，《云南大学学报（法学版）》2009 年第 1 期。

92. 傅大友、芮国强：《地方政府制度创新的动因分析》，《江海学刊》2003 年第 8 期。

93. 郭丽：《政府制度创新与后发区域发展》，《鸡西大学学报》2009 年第 12 期。

94. 杨海水：《我国地方政府竞争研究》，复旦大学博士学位论文，2005 年。

95. 陈玮、朱启才：《地方政府竞争与经济增长：一个文献综述》，《现代物业》2010 年第 9 期。

96. 李曼《京津冀区域经济一体化发展研究》，天津大学博士学位论文，2005 年。

97. 杨峰：《基于发展极理论的民族经济发展研究》，石河子大学硕士学位论文，2008 年。

98. 刘强：《地方政府竞争与地区经济增长》，河南大学博士学位论文，2009 年。

99. 崔和瑞：《京津冀区域经济一体化可行性分析及发展对策》，《技术经济与管理研究》2006 年第 10 期。

100. 王慧轩、赵黎明：《区域经济一体化的内涵与对策研究》，《生产力研究》2008 年第 3 期。

101. 孟庆民：《区域经济一体化的概念与机制》，《开发研究》2001 年第 6 期。

102. 宿景昌：《论区域经济一体化组织的类型、作用及发展趋势》，《山东教育学院学报》2000 年第 12 期。

103. 黄一涛：《高职院校基于构建职教集团人才培养模式的博弈分析》，《西南科技大学高教研》2011 年第 3 期。

104. 赵霞、郭庆汉：《经济全球化视角下的区域经济一体化》，《江汉论坛》2004 年第 12 期。

105. 张芬、李芝灵：《乌昌经济一体化的竞争优势及其功能完善对策分析》，《新疆师范大学学报（自然科学版）》2006 年第 9 期。

106. 韩佳：《长江三角洲区域经济一体化发展研究》，华东师范大学博士学位论文，2008 年。

107. 张震龙：《"两湖"平原经济一体化发展战略研究》，华中科技大学博士学位论文，2005 年。

108. 陈秀莲、李立民：《区域经济一体化理论与实践的启示》，《经济与社会发展》2003 年第 10 期。

109. 乔小明、吴兮：《中国—东盟自由贸易区与亚元》，《经济问题探索》2008 年第 7 期。

110. 蒲小川：《中国区域经济发展差异的制度因素研究》，复旦大学博士学位论文，2007 年。

111. 张磊：《论东亚地区经济一体化及中国的对策》，武汉大学硕士学位论文，2004 年。

112. 姜艳霞：《欧盟东扩对中欧纺织品贸易的影响及我国应采取的对策》，东北师范大学硕士学位论文，2006 年。

113. 孙红超：《泛珠三角工业合作机制研究》，广东工业大学硕士学位论文，2005 年。

114. 吴成蛟：《CAFTA 的建立对中国制造业贸易影响研究》，江西财经大学硕士学位论文，2006 年。

115. 李欣红：《国际区域一体化的经济效应分析理论综述》，财经政法资讯》2007 年第 5 期。

116. 史晋川、谢瑞平：《区域经济发展模式与经济制度变迁》，《学术月刊》2002 年第 5 期。

117. 刘海燕、张小雷等：《乌鲁木齐绿洲型都市圈发展现状分析研究》，《旱区资源与环境》2005 年第 5 期。

118. 何奕：《上海经济发展的区域效应研究》，复旦大学博士学位论文，2005 年。

119. 史晋川、谢瑞平：《长江三角洲经济一体化的市场基础》，《经济理论与经济管理》2003 年第 8 期。

120. 史晋川、谢瑞平：《积极推进长三角市场一体化》，《浙江经济》2003 年第 3 期。

121. 董芸：《"新苏州模式"和"温州模式"比较研究》，《苏州市职业大学学报》2007 年第 11 期。

122. 彭小雷：《双心并举 两翼齐飞——徐州城市区域空间布局的结构与形态研究》，《现代城市研究》2003 年第 6 期。

123. 王丽娟：《东北与上海改革开放后经济发展的比较制度分析》，《改革与战略》2004 年第 1 期。

124. 张红旗、刘俊：《乌鲁木齐城市经济圈起航》，《大陆桥视野》2003 年第 12 期。

125. 张丽、王进等：《经济一体化视角下的新疆乌昌区域可持续发展评估》，《新疆农业大学学报》2008 年第 11 期。

126. 杨刚：《牢牢把握乌昌一体化机遇 加快推进新型工业化进程 努力把乌昌地区建设成为全疆最大的工业制造业基地》，《中共乌鲁木齐市委党校学报》2005 年第 12 期。

127. 冉启英：《乌昌产业合作开发研究》，《新疆大学学报（哲学人文社会科学版）》2007 年第 11 期。

128. 蔡玉胜：《地方政府竞争与地区经济协调发展》，吉林大学博士学位论文，2006 年。

129. 李江、李素萍：《区域经济一体化中的地方政府间竞争——基于不完全信息博弈模型分析》，《城市发展研究》2009 年第 8 期。

130. 乔中明:《区域一体化的乌昌模式及启示》,《中国党政干部论坛》2009 年第 8 期。

131. 朱丽玲:《天山北坡经济带经济发展的系统分析》,新疆大学硕士论文,2005 年。

132. 姚士谋等:《区域"板块"形成演变规律及其动力源探究》,《地域研究与开发》2004 年第 4 期。

133. 韩君梁:《城市群经济发展中的地方政府关系研究》,中国海洋大学硕士学位论文, 2008 年。

134. 童章成:《都市群空间经济增长的动力问题研究》,《中共杭州市委党校学报》2006 年第 11 期。

135. 黎纯军:《行业管理新体制初探》,《中国化工》1995 年第 5 期。

136. 张紧跟:《当代中国地方政府间关系:研究与反思》,《武汉大学学报(哲学社会科学版)》2009 年第 7 期。

137. 徐朝斌:《构建长三角一体化进程中的地方政府间合作关系》,上海交通大学硕士学位论文, 2009 年。

138. 毛传新:《转轨中的地方政府行为主体:一种分析框架》,《上海经济研究》2001 年第 12 期。

139. 陆巍峰:《地方政府行为与浙江民营经济发展研究》,复旦大学博士学位论文, 2006 年。

140. 张紧跟:《从区域行政到区域治理:当代中国区域经济一体化的发展路向》,《学术研究》2009 年第 9 期。

141. 张紧跟:《论珠江三角洲区域公共管理主体关系协调》,《学术研究》2011 年第 1 期。

142. 刘金石:《中国转型期地方政府双重行为的经济学分析》,西南财经大学博士学位论文, 2007 年。

143. 张紧跟:《区域公共管理制度创新分析:以珠江三角洲为例》,《政治学研究》2010 年第 6 期。

144. 李伟南:《当代中国县政府行为逻辑研究》,华中师范大学博士学位论文, 2009 年。

145. 李一花:《"地方政府竞争"的比较分析》,《贵州财经学院学报》2005 年第 5 期。

146. 廖一祯、刘峙廷：《论比较公共行政视野下的地方政府竞争》，《传承》2011 年第 10 期。

147. 高潮：《乌鲁木齐高新区：进军中亚的桥头堡》，《中国对外贸易》2007 年第 1 期。

148. 赵勇：《区域一体化视角下的城市群形成机理研究》，西北大学博士学位论文，2009 年。

149. 郝玉龙：《区域经济元竞合关系的研究》，北京交通大学博士学位论文，2007 年。

150. 朱李鸣、朱磊：《浙江空间发展架构：四圈三带二区》，《浙江经济》2005 年第 2 期。

151. 王立军：《嵌入全球价值链：全球化时代的地方产业集群升级策略》，《特区经济》2004 年第 10 期。

152. 王立军：《全球化生产下的地方产业集群升级路径与策略研究》，《生产力研究》2008 年第 8 期。

153. 唐丽萍：《地方政府竞争中的制度创新及异化分析》，《上海行政学院学报》2011 年第 1 期。

154. 詹结祥：《产业结构变动对经济增长影响的测算研究》，中南大学硕士学位论文，2009 年。

155. 惠树鹏：《甘肃省产业结构变动与经济增长关系的实证研究》，西北师范大学硕士学位论文，2007 年。

156. 曹新：《产业结构与经济增长》，《经济学家》1996 年第 11 期。

157. 孙蕾：《教育产出结构、资源配置与中国经济增长》，厦门大学博士学位论文，2007 年。

158. 曹新：《产业结构与经济增长》，《社会科学辑刊》1998 年第 1 期。

159. 汤斌：《产业结构演进的理论与实证分析》，西南财经大学博士学位论文，2005 年。

160. 王寒菊、张向群：《产业结构转变同经济增长的关系》，《技术经济》2002 年第 4 期。

161. 孙金秀、杨文兵：《经济增长：产业结构和贸易结构互动升级之结果》，《现代财经（天津财经大学学报）》2011 年第 9 期。

162. 田敏：《总部经济与中心城市产业升级研究》，西南财经大学博士学位论文，2008 年。

163. 王吉霞：《产业结构优化升级与经济发展阶段的关系分析》，《经济纵横》2009 年第 11 期。

164. 张艺影：《产业结构与经济增长相互促进作用机理分析》，《商业时代》2008 年第 7 期。

165. 谢晓波、黄炯：《长三角地方政府招商引资过度竞争行为研究》，《技术经济》2005 年第 8 期。

166. 陶云龙：《新疆乌昌地区产业结构与经济增长关系研究》，新疆财经大学硕士学位论文，2010 年。

167. 罗文川：《区域经济发展中地方政府竞争行为与效应研究》，西南交通大学硕士学位论文，2007 年。

168. 冉启英：《乌昌经济一体化下政府管理体制创新》，《新疆财经》2005 年第 12 期。

169. 杨丹：《关于进一步完善我国分税制财政体制的思考》，《科技信息（学术研究）》2007 年第 1 期。

170. 张元军：《政府间税收竞争问题研究》，东北财经大学博士学位论文，2006 年。

171. 周业安、冯兴元、赵坚毅：《地方政府竞争与市场秩序的重构》，《中国社会科学》2004 年第 1 期。

172. 唐丽萍：《地方政府竞争效应的约束机制分析》，《学习与探索》2010 年第 11 期。

173. 唐丽萍：《地方治理视野下我国信访制度功能分析》，《兰州学刊》2009 年第 11 期。

174. 程臻宇：《论中国同级地方政府竞争》，山东大学博士学位论文，2007 年。

175. 卞彬：《政绩观与地方政府行为透视》，《重庆行政》2004 年第 12 期。

176. 卞彬：《科学发展观与政绩观的若干思考》，《中共成都市委党校学报（哲学社会科学）》2004 年第 12 期。

177. 谢晓波：《经济转型中的地方政府竞争与区域经济协调发展》，《浙江社会科学》2004 年第 3 期。

178. 姚先国、谢晓波：《长三角经济一体化中的地方政府竞争行为分析》，《中共浙江省委党校学报》2004 年第 6 期。

179. 李广斌、谷人旭：《政府竞争：行政区经济运行中的地方政府行为分析》，《城市问题》2005 年第 11 期。

181. 安虎森、陈明：《城市经营误入歧途之机制浅析》，《南开学报》2004 年第 11 期。

182. 陈朝妮：《我国县乡政府或有负债风险研究》，四川大学硕士学位论文，2006 年。

183. 章文光：《科学定位我国政府职能》，《学术界》2005 年第 6 期。

184. 周太虎：《我国地方政府竞争效应研究》，暨南大学硕士学位论文，2009 年。

185. 王光耀：《法治化进程中地方政府的作用》，华中师范大学硕士学位论文，2007 年。

186. 陈振光、宋平：《城市化进程中的区域发展与协调》，《宁波经济（财经视点）》2004 年第 4 期。

187. 陈振光、宋平：《城市化进程中的区域发展与协调》，《国外城市规划》2002 年第 10 期。

188. 陈伟：《崇启海区域合作：现状、困境与路径选择》，华东政法大学硕士学位论文，2011 年。

189. 周宏兵：《资源开发配置与地区经济发展》，《今日中国论坛》2009 年第 9 期。

190. 朱家良、吴敏一：《中国地方政府调控：障碍与选择——兼论中央和地方的调控关系》，《经济研究》1992 年第 8 期。

191. 李森：《合理界定政府职能是深化市场化改革的关键》，《发展论坛》2003 年第 11 期。

192. 刘迪生、闫海龙：《乌昌地区经济社会发展思路及政策建议》，《经济研究参考》2010 年第 4 期。

193. 贺西安、张小云、任虹、李江：《乌昌经济一体化新阶段发展的探讨》，《科技广场》2010 年第 4 期。

194. 财经网：http://finance.17ok。

195. http://www.sxgh.org。

196. 新华网：http://www.xj.xinhu。

197. 云南民族网：http://www.ynethnic。

198. 北方新闻网：http://www.northnews。

199. http://www.starlunwe.

200. http://www.gov.cn/te.

201. http://blog.southcn.

202. http://www.chinacity.

203. ttp://rcc.zjnu.net..

204. http://www.china.com.

205. http://www.hudong.co.

206. 《新疆日报》。

207. 《昌吉日报》。

208. 《兵团日报（汉）》。

209. 《新疆日报（汉）》。

210. 《中国经济时报》。

二　英文部分

1. Krugman，p.（1995），Development，geography and eeonomietheory，Cmabridge:MIT.

2. Borins，Sanadofdr（1994）.Governrnent in Transition:public management reforms in OECD countries.Paris:organization Mnaagement.

3. Chnad,,Sheeatl,andKarl0.Moene（1999）.ControllingFiscal.CourruPtion. WorldDevelpoment27（7）:1129–40.

4. Adma.M.BnardnabugferanadBarry.M.Nalebuff.Co·opetition.NewYork. Currency Doubled. 1996.

5. Cumberland.J.H.EfficiencyandEquityinInteerrgionalEnviromnenatlMnaag emnet.Review of Regional, study,1981,2（1）.

6. L1Jie，LarryD.QIU.SUNQunyan.lnterregionalProtection:ImPlie ations of fiscal decentralization and trade liberaliaztion.China Eeonomie Review.2003,14:222–245.

7. Huizhong. ImPlication of interjurisdicational ComPetition in Transition:

the Case of the Chinese Tobacco Industry. Jounra] of Comparative Economics. 2001.29（1）:58–182.

8. Sandra PONCET.Measuring Chinese Domestic and IniernationalInetgratino. China EconomieReview.2003.14（1）:1–21.

9. John Burbidge，Kathernie Cuff.Capital tax competition and returns to scale.Regional Seienee and UrbnaEeonomies. 2005, 35: 353–373.

10. John Douglas Wilson，Eckhard Janeba.Deniralization and international txa Competition. Jounral of Public Eeonomics . 2005, 89: 1211–1229.

11. Kolodko.Gzregorz.W.Posteommunist Transition and Post–Washington Consensus:the Lessons for Policy Reofms. in Mario1.Blejer and Makro Skrebeds. Trnasition:the First Decade，Cambridge，MA:MIT Perss.2001,45–83.

12. Kolodko.Gzregorz W.From Shock to Therpay:The Political Eeonomy of Pos–soeialist Trnasofmration，Helsikni，Finland:Unu/Wider Studies in DeveloPment Eeonomies，2000.

13. Konrai.Janos，The Road to a FreeEeonomy. NewYokr:Norton，1990.

14. Lavigne，Marie，The Eeonomics of Transition:From Soeialist Economy to Market Economy. New York:St.Martin'5 Press，1995.

15. Lin，Justin Yifu and YangYao，"Chinese Ruarl Indusrtialization in the Context of the East Asian Miracle,. in Joseph E.Stigilitz and Shahid Yusuf eds. Rethinking the East Asian Miracle，Oxford and New york :the Oxford University Press，2001, 143–195.

16. Lin，Justin Yiuf，"Trnasition to a Market–Oriented Economy:China versus Eastern Europe and Russia". in Yujiro Hayami and Mashiko Aoki，eds.The Institutional Foundations of East Asian Economic Development，New york:St.Matlin5 Press in Association with Interational Economic Association, 1998,215–247.